盐城工学院教材基金资助出版

旅游美学

主编　张苏榕

副主编　刘　鹏　汤　军

江苏大学出版社
JIANGSU UNIVERSITY PRESS

镇　江

图书在版编目（CIP）数据

旅游美学 / 张苏榕主编. — 镇江：江苏大学出版社，2020.6（2023.1重印）
ISBN 978-7-5684-1024-3

Ⅰ.①旅… Ⅱ.①张… Ⅲ.①旅游–美学–高等学校–教材 Ⅳ.①F590

中国版本图书馆 CIP 数据核字（2018）第 289764 号

旅游美学
Lüyou Meixue

主　　编/张苏榕
责任编辑/徐子理　董国军
出版发行/江苏大学出版社
地　　址/江苏省镇江市京口区学府路 301 号（邮编：212013）
电　　话/0511-84446464（传真）
网　　址/http：//press. ujs. edu. cn
排　　版/镇江文苑制版印刷有限责任公司
印　　刷/广东虎彩云印刷有限公司
开　　本/718 mm×1 000 mm　1/16
印　　张/11. 75
字　　数/220 千字
版　　次/2020 年 6 月第 1 版
印　　次/2023 年 1 月第 4 次印刷
书　　号/ISBN 978-7-5684-1024-3
定　　价/49. 00 元

如有印装质量问题请与本社营销部联系（电话：0511-84440882）

前　言

　　近些年来，随着收入的迅速提高，人民生活水平大幅提升，全社会旅游需求十分旺盛，国内旅游、出境旅游、入境旅游都在加速发展，中国旅游业得到了前所未有的历史发展机遇。在这样的背景下，社会对旅游教育和人才素质提出了更高的要求。我们吸收了旅游美学研究的最新成果，在实用性、指导性的原则下编写了这本教材。该教材以美学理论为基础，以旅游景观的分类为线索，深入浅出地介绍了旅游美学的基本理论，较为全面地阐述了国内外旅游景观的类型、审美特征及其欣赏方法，力求做到内容与形式创新，理论性与实用性兼具，使学习者在学习后能够掌握基础的美学理论知识，获得旅游审美的基本方法，提高审美修养，陶冶审美情趣。

　　本书不仅可以作为普通高校旅游专业的教学用书，也可以作为导游从业人员和旅游爱好者的自学读物。

　　本书由张苏榕担任主编，刘鹏和汤军任副主编。各章具体编写分工如下：第一、第二、第三、第五、第六、第七章由张苏榕编写，第四、第十、第十二章由刘鹏编写，第八、第九、第十一章由汤军编写。本书在编写过程中参阅了大量文献资料，得到了有关部门、学校领导、专家学者的大力支持，在此一并致谢！

编　者

目　录

绪 论

第一节 审美是旅游的本质特性

当下，旅游是一种常见的活动，那么，人类为什么要旅游？旅游活动的本质是什么？对于这个问题有各种不同的回答。在一些经济学家看来，旅游是一项经济活动，是一个产业。奥地利经济学家赫尔曼·冯·舒拉的观点最具代表性，他认为"旅游是外国或外地人口进入非定居地并在其中逗留和移动所引起的经济活动的总和"。这种说法混淆了旅游和旅游所牵动的相关现象的区别。应该承认，旅游的普遍性出现，必然要带动为之服务的各种机构的发展和相关行业的兴起，提供出行、餐饮、住宿等配套设施。这样，也就形成了旅游产业。尽管经济性是现代旅游产业的突出特性，但是从旅游者的角度来看，旅游实际上并不是一种经济活动。尽管旅游现象的确与一系列的经济活动相关，但旅游的目的既不是赚钱，也不是为了消费。瑞士学者汉泽克尔和克拉普夫于 1942 年在其合著的《普通旅游学纲要》中提出了旅游的定义，即"艾斯特（AIEST）定义"："旅游是非定居者旅行和暂时停留所引起的各种现象和关系的总和，是不从事任何赚钱活动且不会产生长期定居行为的活动。"这是一个出现较早且相对权威的定义，它引入了旅游的社会属性，但是这一定义在强调旅游目的的非经济性的同时，也把旅游看作是一种由旅游者的活动及旅游者与目的地居民的关系构成的总和现象，这是对旅游者与旅游活动的外延界定的泛化。上述定义都没有指出旅游的本质特性。

旅游活动的本质特性到底是什么呢？旅游的本质特性是审美，旅游活动是审美活动。法国学者让·梅特森认为，旅游是一种休闲活动，它包括旅行或在离定居地较远的地方逗留。其目的在于消遣、休息或为了丰富他的经历和文化教育。这个定义指出了旅游的文化内涵及其休闲特征，对旅游的实质亦有所触及。我国旅游学著名学者谢彦君则强调，旅游的根本目的在于寻求愉悦体验。他提出："旅游是个人利用其自由时间并以寻求愉悦为目的而在异地获得的一种短暂的休闲体验。"这一定义指出了旅游在本质上是非功利的。旅游者在旅游中体验愉悦，陶冶情操，丰富心灵，加深对自然生命的认识，感受人生的美好，这就是审美过程。正如美学家叶朗所言："旅游从本质上说，就是一种审美活动，旅游涉及审美的一切领域，又涉及审美的一切形态，旅游活动就是审美活动。"

想要比较充分理解旅游的审美本质特性，就要从人类审美意识的形成与发展谈起。在洪荒时代，星辰大地、高山大海、绿草鲜花，还有风雨雷电……自然界的这一切都早已存在。然而因为那时缺乏欣赏者，大千世界无所谓美丑、真假、善恶。在人类诞生以后相当长的时间里，依旧没有美丑善恶之分，因为早期人类还不具备对美的感知和判断能力。在原始社会早期，先辈们栖居于森林、岩洞，生活在大自然的酷烈威严之下，狂风暴雨、山洪暴发、大旱酷热、地震海啸往往给人类带来灭顶之灾。人受自然的支配，也仰仗自然的赐予，因而对自然既敬畏，又顶礼膜拜。那时候，自然只是人类顶礼膜拜的对象，而不是审美对象。随着社会生产力的发展，人类认识自然、改造自然的能力不断增强，令人恐惧的大自然虽然依旧那么神秘，但人类不再觉得它不可战胜，自然成了人类征服和改造的对象。在对自然的征服和改造过程中，人类表现出了勇气、力量和智慧。山林、江河、湖泊被人改造，高山、大海被人征服，遥远的月球有了人的足迹，神秘的太空也因人的探索而逐渐露出真容。自然成为人的生存环境、生活和生产资料的来源，这体现了人的本质力量。随着人类的智慧和力量在改造自然的过程中发挥了作用，并取得了一系列成就，人类对自然的恐惧心理逐渐减退，开始以欣赏的目光看待大自然，并从这种欣赏中得到愉悦，于是自然具有了审美属性，成为一种美的存在。

在原始社会早期，面对艰难的生存环境，先辈们为了谋生不停地迁徙，这种被迫进行的旅行，伴随着未知的灾难和未卜的前途。因此，对生命安全都无法得到保障的原始人来说，旅行充满了恐惧、无奈，而绝不是令人欢愉的享受。随着人们对自然的认识与改造不断深入，旅行不再是痛苦和恐惧的事情，人类在旅途中所体验到的是自豪、舒畅、充实、愉悦，这就是美的享受。因此，可以说，旅游是人类社会发展到一定阶段才出现的一种生活方式和社会现象。只有当旅行成为审美活动时，旅游活动才真正产生。不管旅游主体的旅游目的、旅游形式如何不同，就在旅游活动过程中满足寻求乐趣、放逸情感、愉悦身心、陶冶情操、追求美的享受、丰富生活内涵等需求而言，却是一致的。正如美学家叶朗所言："离开了审美，还谈什么旅游？"

"旅游"一词最早出现于南朝梁诗人沈约的《悲哉行》。在这之前，汉语中主要用独立的"旅"和"游"表现旅游活动和旅游现象。按照唐孔颖达《周易正义》的解释："旅者，客寄之名，羁旅之称；失其本居而寄他方，谓之为旅"，其意就是客居他乡。而中国古代的"游"，有游览之意，更有遨游、神游的内涵，是指由旅游审美而达到的自由自在的精神境界及由此形成的审美态度。

旅游作为人类的一项实践活动，主要审美对象除了风光绮丽的自然景观之外，还有文物古迹、建筑园林、民俗风情等人文景观，这些人文景观源于自然而又高于自然，是人和自然相结合的杰作。人们到异地旅行以饱览自然风光，探寻那里的文化古迹，感受那里的风土人情，这在本质上是一种寻求不同的生命体验、获得身心的舒畅、满足精神需求的文化活动和审美活动，如美学家王朝闻先生所说："人们旅游的目的，不是有力无法使，有钱无处花，而是为了丰富自己的精神生活。"

第二节　旅游美学研究的理论基础

美学是从人对现实的审美关系出发，研究美、丑、崇高等审美范畴和人的审美意识、美感经验，以及美的创造发展及其规律的科学，是哲学的一个分支。其源头可以追溯到奴隶社会。古代的思想家对美与艺术问题所做的哲学探讨，对艺术实践经验的总结与研究，这就是美学思想的起源与萌芽。美学作为一门独立的学科是近代的产物。1735 年，德国哲学家鲍姆嘉通（A. G. Baumgarten）在《关于诗的沉思录》中首次使用"美学"这一概念，他把美学从哲学体系中分离开来，初步界定了美学这门学科的研究对象、范围和方法，被誉为"美学之父"。鲍姆嘉通之后，康德和黑格尔对美学做出了卓越贡献。康德在《判断力批判》中提出并论证了一系列美学根本问题，形成了较为完整的美学理论体系。康德之后，黑格尔把德国古典美学推向了顶峰，成为西方各美学思潮的集大成者。

19 世纪中叶以后，美学的重要倾向是逐渐脱离了"美是什么"的纯哲学讨论，而侧重于审美心理的描述，美学逐渐变成一种经验描述性的学科。

这便是美学史上所说的由"自上而下"向"自下而上"的历史转型。在这样的背景下，实用美学作为新兴学科越来越受到人们的关注，美学这门学科出现了许多分支，如艺术美学、生活美学、设计美学、旅游美学、工业美学等。

旅游美学是一门以美学基本原理为指导，研究旅游的审美活动和审美价值的学科，属于美学的分支，是美学理论在旅游活动中的具体应用，是一门边缘性、交叉性的新学科。旅游是一项集自然美、艺术美与社会生活美之大成的综合性审美活动。作为美的欣赏者、接受者，旅游者在旅游活动中从自然、人文景观中得到了美的享受，因而旅游自然成为美学研究的对象。这些便是旅游美学理论得以发展的源泉。旅游美学把旅游作为人类的一种独特的审美活动来加以研究，旨在阐释主体和对象的审美属性，分析各种审美关系，并从中总结其规律性。

第三节　旅游美学的研究对象与范围

一、旅游美学的研究对象

旅游美学属于美学的范畴，是美学研究的对象在旅游方面的具体化。美学的基本问题有美的本质、审美意识同审美对象的关系等，因此，旅游美学的研究对象是旅游活动中美的事物和现象及美感。大体上有以下三方面的内容：一是旅游审美主体的审美心理，如旅游者的审美需求、审美个性、审美心理过程、审美感受层次等；二是旅游审美客体（自然景观、人文景观）的审美特征、审美价值和欣赏方法等；三是旅游审美关系，如旅游从业人员的审美教育、旅游产品与服务的优化等。

首先是关于旅游的审美主体，研究重点是旅游者的审美心理。旅游主体的构成极为复杂，审美主体的个性千差万别。同为旅游者，阶层、文化修养、社会地位等方面不同，审美需求也各异。有的旅游者喜欢自然景观，面对山川河流、高山绿地，心旷神怡，宠辱偕忘；有的旅游者喜欢人文景观，面对秦砖汉瓦、唐风宋韵，流连忘返，感慨万千。旅游者面对同一欣赏对象，由于主观审美能力、文化修养等方面存在差异，获得的审美感受也不同。如同样面对大海，有些旅游者可能只是看看风景，拍几张照片，证明自己曾经在此留下过足迹；有的旅游者会神思飞扬，从大海的浩瀚无垠中体味到宇宙世界的广阔，从而获得对生命意义的感悟。由于审美个性对审美心理的影响很大，对审美个性的研究就成为审美心理研究的重要内容。旅游者外出旅游，其动机、目的、需求各不相同，不同的旅游动机、目的、需求对审美心理的影响也是相当大的，因此也是旅游审美主体研究的重要内容。

其次是旅游客体——旅游景观。这一方面主要阐述旅游的审美对象。导游就是要描述游览、观赏的对象，向旅游者介绍这些对象的审美特征，以便让他们在旅途观赏中更好地体验旅游客体带来的审美享受，更好地感受旅游生活的畅快、愉悦。

旅游者游览、观赏的主要对象有自然风景，也有人文景观。大至园林、建筑群，小至雕塑、绘画、书法，都属于人文景观范畴。阐述这些景观的审美特征，对旅游者领略当地的人文历史、风土人情是极为重要的，对提高旅游者的审美修养和文化教养，也是大有裨益的。如外国游客对中国的古典建筑十分感兴趣，因而旅游美学内容之一就是要阐述中国古典建筑的审美特征，阐述中国古典建筑艺术独特的美学思想，并分析中外建筑艺术不同的审美追求。旅游者通过认识游览观赏对象的审美特征，得到更好的美感享受和审美教育。

二、旅游美学的研究范围

虽然旅游的涉及面很广，牵涉的因素很多，旅游审美研究对象呈现出多样化和复杂性，但是旅游美学是一门具有自身理论知识体系的学科，它的研究范围应该体现旅游美学的基础理论性。具体地说，旅游美学研究应该以现代美学原理、中国古典美学的审美思想为理论基础，围绕旅游审美活动这一核心内容，以审美本质为出发点，以客体和主体为两条线向外延伸，从客体论及审美对象的特征，主体论及审美心理、审美机制，进而扩展到审美应用，由此构建科学的理论框架，而不是相关学科的简单叠加。比如，雕塑、书法、绘画、民俗、表演艺术等原本属于艺术美学的研究范畴，之所以被纳入旅游美学的理论体系，是因为它们也是旅游的观赏对象。

01 第一章　旅游审美心理

　　旅游审美心理是指旅游审美主体即游客对旅游客体的心理反应，它是旅游审美活动的主要方面。旅游审美心理主要包含以下内容：旅游审美需求与动机，旅游审美心理因素及层次，旅游审美意识和旅游审美个性。这些内容紧密联系，有机地构成了旅游审美心理。

第一节　旅游审美需求与动机

　　作为旅游审美活动产生的前提，旅游审美需求的产生和审美动机的激发，在一定程度上制约着旅游审美活动的全过程。

一、旅游审美需求

　　西方心理学家马斯洛提出了人类基本需求层次理论。按照这一理论，人类的需要由低级到高级可分为五个层次：（1）生理需求，是个人生存的基本需求，如衣、食、住、行等；（2）安全需求，包括心理上与物质上的安全保障，如人身安全不受威胁，预防危险事故，职业有保障，有社会保险和退休金等；（3）社交需求，人是社会的一员，需要友谊和群体的归属感，人际交往需要彼此同情互助和赞许；（4）尊重需求，包括要求受到别人的尊重和自己具有内在的自尊心；（5）自我实现需求，指个人通过自己的努力，实现自己对生活的期望，从而感受到生活和工作的真正意义。人必须在各层次的需要都得到最大限度的满足的前提下才能实现全面发展。当生理与安全需求得到满足后，人们将会追求更高层次的需求，即社交、尊重和实现自我的需求，而旅游活动是实现社交、尊重和实现自我这些高层次的需求的一种手段，具有审美的性质。人们通过旅游欣赏旖旎的自然风光，体验异域风情及不同的风俗习惯，获得新的人生感悟；同时，旅游者通过外出旅游，可以结交朋友、给予爱、获得爱、纾解压力、解除人际烦扰等。总之，当温饱问题解决后，人们自然地会产生这些更高级的审美需求。基于这些需求，旅游成为人们向往的一种生活方式。

二、旅游审美动机

人有旅游审美需求，但并不意味着必然真正地进行旅游活动，旅游活动还须要由旅游审美动机来引发。按照需求性质的不同，心理学上将动机分为缺乏性动机和丰富性动机两大类。所谓缺乏性动机，是基于人在生存的迫切需要而产生的动机；丰富性动机指在没有直接的生存与安全情况下，人还渴望进一步满足某种物质与精神的需求。旅游活动主要是与丰富性动机相关。旅游审美动机个体差异很大，有的喜欢欣赏自然山水，渴望在山水中释放自我，寻找自我，与自然山水融为一体；有的酷爱艺术戏剧、园林建筑等人文景观，体验旅游地民族传统艺术的神韵风采；有的喜欢领略独特的民俗风情，古城淳朴的民风、异域的民间节日；有的喜欢品尝旅游地的美食。有了旅游审美动机作为内在的驱动力，旅游活动就能够实现了。

第二节　旅游审美心理要素

从人类旅游的动机来看，审美心理是非常重要的一个因素，而就旅游过程来论，旅游审美心理活动更是贯穿于整个过程，同时审美结果在人们的旅游评价中起着举足轻重的作用。旅游者的审美心理构成要素主要包括审美感知、审美想象、审美理解、审美情感等。这些要素互相作用，在审美心理活动中发挥各自的作用，引发出不同程度的审美愉悦和审美快感。其中，审美感知是基础，审美想象是动力，审美理解是方向，审美情感是主线。

一、审美感知

审美感知是审美感觉和审美知觉的合称。审美感知是人的感官对审美对象、现象外在感性表象的印象与把握，处于审美认识的最浅层。

1. 审美感觉

审美感觉是审美对象外在的、表面的、局部的审美特性在大脑中形成的主观反射、反映和摹写。它以对象的感性形式为源泉，主要通过感官接受外界事物的形状、线条、光线、色彩、声音及其运动、变化的刺激，形成信息，然后传入大脑视听中枢，引起心理反应，并与呼吸、脉搏的节奏及视神经、听神经的感受性相适应，从而形成生理的快感和初级的美感。当我们走在开满鲜花的田野上，看到眼前的姹紫嫣红，听到树林间小鸟的鸣叫，会产生愉快、舒畅的感觉。这种感觉就是具有审美意义上的感觉。审美感觉是人所特有的生理、心理的需求，同时也是人所独具的能力。这种能力既具有遗传获得性，又是在后天的审美实践中形成和发展起来的。旅游者一接近旅游景物，审美感觉通常起先导作用。旅游者在秋天充满诗情画意的晚上欣赏皎洁的月亮时，他首先感觉到的是月亮的颜色、形状等特征，进而才通过知觉获得明月的整体形象。游客到了黄山，黄山的雄奇险峻，首先给游客带来的是视觉上的审美感觉，游客听黄山千峰万壑中的松涛声，又获得了听觉上的享受；走在杭州西湖边上，看西湖淡妆浓抹总相宜，听苏堤岸柳间黄莺的歌声，桂花香气袭来，再吃上一尾西湖醋鱼，视觉、听觉、嗅觉、味觉都获得美的感受。旅游者在选购中国丝绸等旅游商品时，视觉对色彩图案之美的鉴赏固然重要，但触觉对强化其审美感受和刺激其购买欲也起着积极作用。这种对欣赏对象的审美感知，是旅游审美的前提和基础。

2. 审美知觉

知觉是对由事物个别特性组成的完整形象的整体性把握，甚至还包含着对这一完整形象所具有的种种含义和情感表现的把握。审美知觉是审美主体对审美对象的综合的、整体的把握。

审美知觉不是知识的判断，不是科学的归类，而是透过事物的形式达到对它们的情感表现的把握。比如：人们看到潺潺流淌的小溪会感到它的欢快和生机；看到黑云压城的景象会感到威胁和压抑；看到滔滔东去的大江想到"浪淘尽，多少英雄人物"，从而感到岁月的流逝和历史的沧桑；看海上日出会因感慨大自然气象万千、生命勃发而产生激动之情；看到巍峨高山会升腾起崇高壮伟的感觉；看到枯藤、老树、昏鸦会有天涯羁旅的孤独凄凉……这些才是审美知觉。审美知觉在表面上是迅速形成的直觉，但在它的后面却隐藏着审美主体的全部生活经验，包括他的信仰、偏见、记忆、爱好等，因此，个人的想象、情感和理解不可避免地参与其中。作为审美活动的出发点和归宿，审美知觉与其他心理因素是相互联系、相互作用的。

审美知觉是在感觉的基础上发展起来的，又是在社会条件的直接作用下形成的，而审美主体的生活经验、文化修养及不同条件下的心境都直接影响着知觉的内容。主体只有将已有的经验、情绪、兴趣、意志的目的指向性融入当下对象的知觉当中，才能将一般感性印象升华为审美意象。例如，一个有较高文学素养的旅游者在冬天游览杭州西湖孤山时，闻到了蜡梅的清香，看到了枝头金黄色的花瓣、花蕊，可能会联想到宋代林和靖先生的诗句："疏影横斜水清浅，暗香浮动月黄昏。"于是，在脑海里呈现出一幅月下赏梅的优美图画。在秋天的傍晚，站在大江边上，看晚霞满天，白鸥在江面盘旋，有的人只是觉得这景象很美，而有的人则会想起王勃在《滕王阁序》中所描写的景象："落霞与孤鹜齐飞，秋水共长天一色。"

二、审美想象

旅游审美感知的进一步发展，便是旅游审美想象。想象是在原有的感性形象基础上，经过加工、改造，创造出新事物形象的心理过程。审美想象建立在审美联想基础上，分再造性想象和创造性想象两种类型。

1. 审美联想

当旅游者对眼前的景物进行欣赏时，会不由自主地回忆起另一些与此有关的事物，这种心理活动就是审美联想。而引起联想的根源则是客观事物之间的联系及其在人脑中形成的固定反映。在旅游审美活动中，审美联想不仅能使旅游者体验到旅游景观表面的、简单的美感，还能让他们对旅游景观所蕴涵和折射出的内在意蕴有间接而深入的感受，从而丰富和深化审美感受的内容。例如，人们在游览中会由红花想到绿叶，由迎客松想到泰山和黄山，由中国的天安门广场想到俄罗斯的红场等。李白所谓"床前明月光，疑是地上霜"，便是在对月亮的感知基础上把颜色相似的月和霜两种事物联系了起来；苏轼在游览西湖时，由西湖"水光潋滟晴方好，山色空蒙雨亦奇"的美景联想起古代美人西施，吟出了"欲把西湖比西子，淡妆浓抹总相宜"的诗句。由此可见，心理联想增强了欣赏者对自然景物的审美感受。审美想象的最大特点在于美的形象创造，而美的形象创造依赖于丰富的审美联想，也就是说，审美想象的基础是联想。

想象比联想更进一步，它是改造记忆中的表象而创造出新形象的心理过程，它可以在表象记忆的基础上产生出从未感知过的形象。审美想象包括再造性想象和创造性想象两种。

2. 再造性想象

再造性想象是根据他人运用语言、声音、色彩、线条等材料对某一事物所进行的描述，在自己头脑里再现这一事物新形象的心理过程。这类想象不能完全脱离眼前具有感性形象的事物，往往是人们在面对着风光旖旎的自然景观或优秀感人的艺术作品时展开的，源于自然又美于自然。如欣赏中国名曲《梁祝》，曲中两小无猜的学堂情意、依依惜别的十八相送、惊天动地的坟头哭诉、引人深思的化蝶双飞等场景都是欣赏者在音乐情感的推动和审美想象力的帮助下再现的艺术情节。再造性想象在旅途中最为常见。如游览泰山玉皇顶，古代帝王在此举行封禅大典，杜甫曾经写下"会当凌绝顶，一览众山小"的豪迈诗句。当你站在这里，想象一代雄主汉武帝举行封禅大典的壮观场景，年轻的杜甫站在高山之巅时的壮怀激烈、意气风发，自己的审美需求也会得到更大程度的满足。又如黄山怪石星罗棋布，点缀在壮观的黄山峰林中。这些山石的空间构景和形状与人们熟悉的某些形象有着相似之处。于是人们发挥想象力，将这些奇峰异石想象成"猴子观海""松鼠跳天都""仙人下棋""梦笔生花""仙人晒靴""苏武牧羊""太白醉酒""武松打虎""达摩面壁"等。随着观赏者从现实境界进入审美境界，这些本没有生命的石头仿佛活了起来，人们仿佛看到一只孤独的猴子坐在云海边向远方凝望，两个神仙在下一盘千年未决胜负的棋，苏武正手持大汉节杖回望祖国，神情庄重……

3. 创造性想象

创造性想象是指不依据现成的描述而在头脑中创造全新形象的心理过程。一般来说，这种想象较多地表现在艺术创作活动之中。艺术作品的魅力，与创造想象的成功与否关系很大，这种想象越具有新颖性和独创性，这部作品在艺术上也就越加成功。一个旅游者倘若能利用创造性想象，则能够充分地感受、理解和体验景观对象的美。清代李渔曾在泛舟游览西湖时，特将船舱遮蔽，只留左右两面扇面形的窗户，"坐于其中，则两岸之湖光山色、寺观浮屠、云烟竹树，以及往来之樵人牧竖、醉翁游女，连人带马，尽入便面之中，作我天然图画"。这就是旅游者的创造性想象。当然，在旅游活动中，旅游审美欣赏活动以再造性想象为主。

三、审美理解

审美理解是审美认知活动的高级阶段，指审美主体对客体的审美特性进行理性分析，从而掌握其深刻内涵、体验其本质的内在心理过程，是感性的直觉领悟和理性的深刻认识的统一。在审美活动中，比如，由"余霞散成绮，澄江静如练"的景致，联想到在灿烂的霞光映照下的天空五彩斑斓，大江辽阔，江水平静，宛如一条洁白的绸带，人们会得到感官的快意和精神的愉悦。然而，我们要想获得更加强烈的审美体验，那就必须进一步理解美，即审美想象再往内里发展，从而进入审美理解阶段。审美理解一般是指理性思维，即在审美感受基础上，以概念、判断、推理的形式对客观事物做出概括式的反映，把握事物美的内容、内涵和意味，揭示事物的内部联系、本质和规律，从而获得更全面、更深刻、更高级的认识。例如，旅游者游览秦始皇帝陵兵马俑陪葬坑和万里长城时，在审美直觉基础上进一步了解、认识秦始皇统一中国的非凡功业及二世而亡的教训，从而对中国的历史文化有更深的理解。

总的来说，以上三种因素——审美感知、审美想象、审美理解，在旅游审美的认识过程中不是各自独立、互无联系的，而是彼此渗透、相互依赖、相互促进、层层递进的。

四、审美情感

审美情感是指审美经验中所涉及的知觉情感。这种情感通常表现为审美主体在审美活动中对客观事物的一种主观情绪反映，是伴随着知觉活动直接产生的。美学家李泽厚将美感分为悦耳悦目、悦心悦意和悦志悦神三个层次。

1. 感官层次的悦耳悦目

所谓悦耳悦目，是指以耳、目为主的全部审美感官所经历的愉快感受。这种美感形态，通常以直觉为特征，主体在与审美对象的直接交流中，不加思索便可于瞬间感受到对象的美，同时唤起感官的满足与喜悦。一般说来，感官层次的审美愉悦是最普遍的审美感受层次。例如，绚烂的晚霞、满天的繁星、碧蓝的大海、漫山遍野的枫叶、精美绝伦的工艺品、巍峨壮观的宫殿庙宇等，无论是大自然的鬼斧神工，还是人类的非凡创造，都能在第一时间引起人们的感官愉悦。如李白站在庐山香炉峰前，一下子被眼前的瀑布吸引，"飞流直下三千尺，疑是银河落九天"便是大诗人面对如此壮观景色的由衷惊叹！

2. 心意层次的悦心悦意

心意层次的愉悦，是指透过眼前或耳边具有审美价值的感性形象，领悟到审美对象某些较为深刻的意蕴，从而获得审美享受和情感升华的内心满足状态。这种美感有时很难用语言进行充分而准确的表述，"只可意会，不可言传"。感官层次的悦耳悦目通常处于直觉状态。心意层次的悦心悦意则处于和谐自由的想象和理解状态，主体在凝神观照中往往借助想象的飞翼，"精骛八极，心游万仞"，超乎具体形象之外，把握其中蕴含的深广意味。例如，当你到青城山旅游，穿行于山中茂密的树林，听山林里各种鸟儿唱歌，体会山重水复、柳暗花明的妙趣，领略青城山特有的幽静之美，会生出一种超然出世之感；当你到呼伦贝尔大草原旅游，夜宿蒙古包，喝着马奶茶，听蒙古族民间艺人演奏马头琴，沉浸在马头琴深沉粗犷、激昂苍凉的琴声中，不仅能听美妙的乐声，还会思绪翩跹，发思古之幽情。苏东坡到庐山写下《题西林壁》，诗云："横看成岭侧成峰，远近高低各不同。不识庐山真面目，只缘身在此山中。"相较于李白庐山诗的感性直观，苏轼的诗富有哲理意蕴，写出了作者深思后的感悟，更加耐人寻味、隽永悠长，在审美上可以说达到了心意层次的悦心悦意。又如观赏黄公望的《富春山居图》，你不仅能看到草木村树、群峰山峦，还能感受到一种洒脱而极富灵气，洋溢着平淡天真的情思意趣。旅游结束后回归日常生活，最先由景观激起的那种悦耳悦目的直觉性感官享受，会随着时间的推移而淡化，但悦心悦意这种较深层的美感，那种心旷神怡、令人胸襟大开甚至宠辱皆忘的感觉，会在旅游者心中留下深深的印记，进而产生潜移默化的影响。

3. 精神人格层次上的悦神悦志

精神人格层次上的悦神悦志是指主体在观赏审美对象时，经由感知、想象、情感，尤其是理解等心理功能的交互作用，从而激发那种精神意志上的奋昂或愉悦状态，实现伦理道德上的超越。它是审美感受的最高层次。这种美感形态之所以高级而深刻，是因为它体现了审美主体与审美对象在心意层次上的高度融合。按照传统的自然山水审美观，这就是"天人合一"，就是人与大自然完全融合的"物化"。如陶渊明的《饮酒》（其五）："结庐在人境，而无车马喧。问君何能尔，心远地自偏。采菊东篱下，悠然见南山。山气日夕佳，飞鸟相与还。此中有真意，欲辨已忘言。"诗人远离官场回归田园后，面对南山的美好晚景，从中获得了精神上的愉悦和满足，同时也获得了自我的返璞归真。此外，他的"羁鸟恋旧林，池鱼思故渊""云无心以出岫，鸟倦飞而知还"等诗句，都是其心曲的生动反映，体现了自然景物与诗人自我灵魂精神的融合。又比如，张若虚的《春江花月夜》，诗人从对大自然奇丽景色的赞叹，进而进入对宇宙奥秘和人生哲理的探索，感叹宇宙永恒而人生短暂，感叹人的个体生命短暂易逝，但人类的存在绵延久长。诗歌饱含了作者的情感和感悟，可见诗人欣赏美景达到了悦神悦志的层次。苏东坡《题西林壁》："横看成岭侧成峰，远近高低各不同。不识庐山真面目，只缘身在此山中。"前两句写从远处和近处不同的方位看庐山，所看到的山色和气势各不相同。后两句写出了作者深思后的感悟：之所以从不同的方位看庐山会有不同的印象，原来是因为"身在此山中"。也就是说，只有远离庐山，跳出庐山的遮蔽，才能全面把握庐山的真正面貌。从对景观的欣赏中悟出深刻的哲理，这是审美主体在旅游中获得精神人格层次上的悦神悦志的具体表现之一。这种审美情感会恒久地留在旅游者的精神世界中。

第三节　审美意识和审美个性

一、审美意识

1. 审美意识的概念

广义的审美意识是指审美主体反映美的各种意识形式，包括审美感受，以及在审美的基础上形成的审美观念、审美理想、审美趣味、审美标准等。狭义的审美意识，即美感，是指审美主体对于当时当地特定的审美对象的具体感受。当我们面对幽静的山谷、咆哮的瀑布、空旷的塞北荒漠、缥缈迷离的江南烟雨，捧读伟大作家的杰作，聆听《二泉映月》悲怆的乐曲，静静地站在达·芬奇的绘画面前，心底深处经常会不由自主地涌出一种说不清道不明的情绪，会被深深地触动，会进入一种情境，或激动、兴奋，或黯然销魂，低回徘徊。这种特殊的感受完全不同于我们在日常生活中所经常体验到的那种情感。这种特殊的感受即为"美感"。

2. 审美意识的特征

任何审美主体都是客观的历史存在，具有社会性，因而审美主体的审美意识、思想意识、审美趣味、审美理想等，必然要受到时代、民族、阶级、社会经济政治制度、文化程度、文化传统、风俗习惯等因素的影响。

（1）民族性

各民族由于在地理环境、社会氛围、语言文化、政治经济、生活习惯、宗教信仰、价值体系等方面存在差异，因而在审美意识上形成了特定的民族性。如对人体和皮肤的欣赏，不同民族的审美趣味、美感的差异很大，甚至是根本对立的。达尔文在《人类的由来及性选择》一书中提到，非洲西海岸的黑人认为"皮肤越黑越美"；泰国巴东族女子以长颈为美，女子在脖子上戴上铜项圈，慢慢把脖子押长；埃塞俄比亚的穆尔西族姑娘以在嘴唇上装置硕大的陶土盘为美，非如此打扮不能获得男人的青睐。

（2）时代性

美是一种历史现象，它随着时代发展而发展。车尔尼雪夫斯基说："每一代的美都是而且也应该是为那一代而存在：它毫不破坏和谐，毫不违背那一代美的要求，当美与那一代一同消失的时候，再下一代就将会有它自己的美。"这说明不同时代有不同的审美标准。譬如对女性美的审美，随着时代的变化，女性审美有不同标准。唐代国力强盛，文化多元繁荣，社会开放，妇女受礼教约束较少，生活氛围较为宽松。在这样的文化大环境里，唐朝妇女形成了容才并茂，丰腴健硕，颇具阳刚之气的女性美风范。浓丽丰肥是这一时期上层社会妇女形象的特点，她们以丰腴雍容为美。在明清时期，中国封建社会开始走向没落，同时封建礼教对女子的束缚变本加厉，此时最具代表性的女性审美观点是以纤细柔弱为美，与唐朝形成了鲜明的对比。由服饰风尚的演变可知，审美观念是有历史阶段性的，时代性鲜明。18世纪，西方的洛可可式女装，极尽奢华，装饰繁复，为了追求形式上的美观，紧束胸衣的设计甚至背离了人体基本的生理舒适的要求；而20世纪90年代，服饰界掀起了崇尚自然的潮流，宽松、休闲的服饰流行一时。

（3）社会性

美和美感具有社会性。第一，审美主体是社会的、历史的存在，因而必然受到时代、民族、阶级、文化传统、风俗习惯等因素的影响；第二，任何审美活动都是在一定的社会历史环境中进行的，因而必然受到物质生产力的水平、社会经济政治状况、社会文化氛围等因素的影响。例如，青铜器在商朝具有鲜明的"礼器"性质，蕴涵着丰富而深刻的政治宗教意义，以造型凝重结实、纹饰繁丽雄奇为美；从西周晚期到春秋时期，青铜器随着"礼器"性质削弱，以典雅朴实为美，有别于前期之威严神秘风格；从春秋晚期到战国时期，青铜艺术所承载的社会、宗教、政治意义进一步淡化，以世俗化的精巧为美。

（4）阶层性

人们因为经济地位的差别而分属不同的阶层。审美意识作为社会意识的一部分，也被打上了阶层的烙印。不同阶层的个体，审美趣味、审美标准也就存在差异。在一个阶层看来是美的东西，对于另一个阶层来说可能不美。鲁迅先生说："自然，'喜怒哀乐，人之情也'，然而穷人绝无开交易所折本的懊恼，煤油大王那会知道北京捡煤渣老婆子身受的酸辛，饥区的灾民，大约总不去种兰花，像阔人的老太爷一样，贾府上的焦大，也不爱林妹妹的。"这说明经济地位、生活方式、心理和需要等方面的差别影响着不同阶层的趣味和爱好。劳动阶层眼中的美人体格健壮，长得结实，勤劳能干；而封建上流社会的美人标准是林黛玉式的病态、娇弱、纤小。

二、审美个性

审美主体因先天条件、生活环境、人生经历、文化艺术修养、心境各不相同，其性格、需要、爱好和情感亦存在差异，因而在审美趣味和美感上各有偏向性，即形成审美个性。如读诗歌，有人喜欢杜甫的"沉郁顿挫"，有人偏爱李白的浪漫飘逸，有人喜欢李商隐的深情绵邈，等等。即使面对同一审美对象，由于欣赏者的经历、环境、性格和心理的不同，所引起的审美感受和体验也是各不相同的。同样是山中红叶，王维写道："天寒红叶稀""空翠湿人衣"（《山中》），似有若无，似隐若现，扑朔迷离，给人以空静寂寥之感；杜牧则写道："停车坐爱枫林晚，霜叶红于二月花"（《山行》），枫叶层层簇簇，漫山遍野，比二月的鲜花还要艳丽。同是水，苏东坡词中的水令人心潮澎湃："大江东去，浪淘尽，千古风流人物"（《念奴娇·赤壁怀古》）；李后主笔下则载着万斛愁绪："问君能有几多愁？恰似一江春水向东流。"同样是秋天，柳永在羁旅行役中写下："对潇潇暮雨洒江天，一番洗清秋。渐霜风凄紧，关河冷落，残照当楼。是处红衰翠减，苒苒物华休。惟有长江水，无语东流。"（《八声甘州·对潇潇暮雨洒江天》），勾勒出深秋雨后的一幅悲凉图景，也渗透进了天涯游子的忧郁伤感；刘禹锡则写道："自古逢秋悲寂寥，我言秋日胜春朝。晴空一鹤排云上，便引诗情到碧霄。"（《秋词二首·其一》）气势雄浑，意境壮丽，表现出了诗人刚强豪迈的个性和阔大的胸襟。

旅游审美个性指旅游审美主体在审美情趣上的主观偏爱倾向，具体来说，就是因为气质禀赋等先天因素和文化素养、生活阅历等后天因素的综合影响，旅游审美主体对旅游地、旅游审美对象及其审美价值的选择有自己的个人偏好。如有人喜爱观赏大自然的美景，有人喜欢人工创造的景观；有人喜爱在宁静的空山里，倾听桂花在雨中落下、清泉从石头上流过的声音，有人喜欢看怒涛汹涌，卷起千堆雪。

02 第二章 旅游审美的基本方法

旅游是一项综合性的审美活动，其审美对象既有自然景观，也有人文景观。作为观赏客体的自然景观千姿百态，还会随着四季阴晴变化出展现不同的面貌，所以，要想充分领略其中所蕴藏的美，需要掌握旅游审美的基本方法。

第一节 观赏方法

一、动态观赏

动态观赏，是指旅游者在游览过程中，或步行，或乘车，或乘船，沿着一定的旅游线路进行观赏的方法。自然景观往往规模宏大，形态万千，只从一个地点、单个角度观赏，难以获得全面整体的美感。旅游者在移动中变换不同的地点和角度，才能对观赏对象的审美特征有整体的把握和认识。比如，唐代著名山水诗人王维晚年经常徜徉于终南山间，他的诗作《终南山》是一个动态观赏山峦之美的范例。"太乙近天都，连山到海隅。"这是遥望终南山所见的总体轮廓；"白云回望合，青霭入看无。"这是移步换形，近看烟云变幻的奇妙难状之景；"分野中峰变，阴晴众壑殊。"这是登临峰顶览终南山全景；"欲投人处宿，隔水问樵夫。"这是山林深处之景。王维对终南山的观赏，如绘画的"散点透视"一样不断地变焦，在移动中他得以感受终南山高峻入云、变幻莫测的美。李白《早发白帝城》描写的也是动态观赏自然景观的审美感受。"朝辞白帝彩云间，千里江陵一日还。两岸猿声啼不住，轻舟已过万重山。"大诗人李白乘舟顺江而下，三峡两岸雄奇景象尽收眼底，气象万千。张家界十里画廊景区，在约五公里的狭长地带，两边林木葱茏，野花飘香，奇峰异石，千姿百态，像一幅幅巨大的山水画卷，随着游客脚步的移动，一步一景，秀美绝伦。进入十里画廊，沿途有"转阁楼""寿星迎宾""采药老人""两面钟"等 10 个主景点。"寿星迎宾"不远处有一高达百米的石峰侧身而立，酷似一位腰身佝偻的老人，头戴方巾，身着长衫，背着满满一篓草药，两目炯炯逼视对山，若有所思，亦似惊喜之状。从南天门向对面望去，可见三座瘦削石峰，形如美人，亭亭玉立，故名"三女峰"。三女峰尤以第三峰最为奇妙，石峰胸部有一直径约 1 米的乳眼，由孔中可窥山后天光，既像高悬在石壁上的明镜，又像少女佩戴着一枚晶莹透明的玉饰。这些美妙的自然景观非动态观赏无以得之。

二、静态观赏

静态观赏是旅游者在一定的位置上观赏风景，或缓慢地移动视线进行风景欣赏的方式。一些景观小巧精美而奥妙深藏，如苏州的网师园、留园等；一些景观纷繁多姿、层次复杂，如北京颐和园的谐趣园等。这些景观需要观赏者停步仔细玩味。有一些视野开阔、奔腾翻涌的景观，如怒涛汹涌的钱塘江大潮、江上星星点点的白鸥、飞流直下的庐山瀑布、气象万千的泰山日出、变化莫测的黄山云海等，这些景色要在静的状态才能获得好的审美效果。如果视线游移过快，就不容易感知其中的美。

静态观赏可采用登高极目远眺法。从宏观的角度，观看山水的气势，慢慢观赏远处的峰峦叠嶂、城市村庄。如杜甫登上泰山之巅，遂有"一览众山小"的感觉。李白有诗《独坐敬亭山》，李白静坐于敬亭山中，在与大山久久对望中，孤寂的心灵得到慰藉。此外，还可采用近览细品法，如细赏水中的游鱼，看一树梨花的盛放，听一只小鸟的鸣唱等。如谢灵运的《登池上楼》中的千古名句"池塘生春草，园柳变鸣禽"，即是谢灵运站在轩窗前静态欣赏庄园初春景色所得。

动态观赏和静态观赏是相对而言的，受到景观特征的制约和旅游者主观需求的限制。动态观赏和静态观赏又是相互补充的，统一在完整的观赏旅游过程中。只有既在动态中感知景观的全貌，又在静态中深味个中奥秘，观赏者才能获得丰富、完善、强烈的审美愉悦。

第二节　观赏角度

旅游者在观赏风景时，只有善于选择角度，才能获得最佳的审美感受。旅游者在观赏景观时，因所处位置与景观的对应关系不同，从而在平视、仰视、俯视、侧视等不同观赏角度产生视觉差异。不同的观赏角度会产生不同的审美感受。远视整体之美尽收眼底，近视细节之妙慢慢品味，仰视可见雄伟高峻，平视可感旷远辽阔，俯视则探纵深之奥。南朝谢朓的《晚登三山还望京邑》抒写了诗人登上三山时遥望京城和大江美景引发的思乡之情。诗中有描写建康城（今南京）的名句："白日丽飞甍，参差皆可见。余霞散成绮，澄江静如练。喧鸟覆春洲，杂英满芳甸。"从观赏角度看，这几句诗句分别是从不同角度看建康城所获得的审美感受。"白日丽飞甍，参差皆可见"是远视，"馀霞散成绮"是仰视，"澄江静如练"为俯视，"喧鸟覆春洲，杂英满芳甸"则是平视。诗人站在山坡上从不同角度回望深爱的故乡，虎踞龙盘的千古名城在他的深情目光中是那样的美丽多姿。

一、平视

平视是旅游过程中最为常见的一种观赏角度。平视时，观赏者一般站在主景对面，视线平行地向前方观看景观的正貌。平视主要适用于对风景主体或风景的主要特征进行观赏。一般说来，正面是事物主体或能够显示出其特征的部分，正视常使人第一眼就能抓住事物的本质特征，直接进入审美状态。观赏远山平湖、原野大海以平视的角度为佳。苏东坡游杭州西湖，赞美西湖美景"欲把西湖比西子，浓妆淡抹总相宜"，这是平视观赏的效果。柳永在《望海潮》中写杭州，有描写钱塘潮词句"云树绕堤沙，怒涛卷霜雪，天堑无涯"，描写西湖的词句"重湖叠巘清嘉，有三秋桂子，十里荷花"，这也是平视的审美感受。陶渊明的"山气日夕佳，飞鸟相与还"，张若虚的"江流宛转绕芳甸，月照花林皆似霰"，王维的"漠漠水田飞白鹭，阴阴夏木啭黄鹂"，都是平视自然景观后大自然映现在诗人眼中的美。

二、仰视

仰视就是从低处往高处看。李白《蜀道难》开篇"噫吁嚱！危乎高哉！蜀道之难难于上青天！"一千三百年过去了，读者依然能通过诗文强烈地感受到大诗人仰望云雾缭绕神秘莫测的蜀道时大声惊呼的情形。同样，李白在庐山香炉峰，抬头仰望瀑布，感慨道："飞流直下三千尺，疑是银河落九天。"从观赏角度来说，这既是远视也是仰视。被誉为张家界十大美景之一的张家界大峡谷，峡谷中石壁陡峭，溪泉众多，满峡飞流。张家界别的景点都是以平视或俯视来观景，而这里是从谷底仰视，天似穹庐，蓝天可鉴，白云飘荡；山似竹笋，一根根拔地而起，百态千姿。角度不同，境界大不相同。站在布达拉宫前，仰头看宫殿层层叠叠、巍峨壮观，会觉得布达拉宫格外庄严神圣。总的来说，仰视往往能收到崇高伟岸的效果。

三、俯视

俯视就是从高处往下看。观赏自然景观所选择的角度很重要，不然就不易发现美之所在，即使是美景也显得平淡无奇。前人总结出一条观景经验，叫作"仰望峭壁，俯视水波"。近处仰望峭壁显得巍然欲压，远处俯视湖面，水天浩渺。看江河湖海，重在看其势，观其旷，露其曲，因而适宜采用俯视兼远望的方法观赏。庐山五老峰位于庐山的东南侧，为庐山著名的景点。李白曾多次登五老峰并留下诗文："庐山东南五老峰，青天削出金芙蓉。九江秀色可揽结，吾将此地巢云松。"庐山五老峰峭拔秀丽，登上此峰可俯视山下美景。从峰顶俯视山下，鄱阳湖秀丽景色尽收眼底，与站在鄱阳湖边看风景，获得的是不一样的感觉。唐代柳宗元站在柳州城头，看海天茫茫，江流弯曲，联想自己的身世，百感交集，写下《登柳州城楼寄漳汀封连四州》，诗中有名句："岭树重遮千里目，江流曲似九回肠。"这样的诗句非登高望远兼俯视大地而不能得。

四、侧视

侧视即侧面观赏，观赏者与景观构成一定的角度，才可以突出景观的美学特征。侧视能发现某些不易被人发现的美，具有特殊的审美价值。黄山千岩万壑，几乎每座山峰上都有许多灵幻奇巧的怪石。黄山石怪就怪在从不同角度看，就有不同的形状。站在半山寺前望天都峰上的一块大石头，形如大公鸡展翅啼鸣，故名"金鸡叫天门"，但登上龙蟠坡回首再观，这只"一唱天下白"的雄鸡却仿佛摇身一变，变成了五位长袍飘飘、扶肩携手的老人，遂有"五老上天都"之名。安徽宿州小孤山，从南面看像一支笔，从西面看像一口大钟，从东面看像一把太师椅，从北面看像一条腾云驾雾的龙，角度不同使然。浙江雁荡山之右峰灵峰与左峰倚天峰合称和掌峰，夜幕降临时，从山下正观，倚天峰似男人，伸出一手搂着女人的腰肢，灵峰似女人，披着长发，头微微侧向男人的肩膀，二峰如一对情意缠绵的情侣。若在山根底下仰望灵峰，分明是一对硕大无比、丰满结实的乳房。山东烟台的长岛，有一处山崖，从特定的角度看就像一只雄狮的头颅，那雄狮正圆睁双目俯视大海。离开这个角度，狮首则不复呈现。同理，著名的云南石林的阿诗玛石，也必须从特定的角度观察。

第三节　观赏距离

审美距离说由 20 世纪初瑞士心理学家和美学家布洛首次提出。布洛认为，在审美活动中，只有当主体与对象之间保持着恰如其分的心理距离时，对象对于主体才可能是美的。当主体由于种种现实的关系在心理上与客体拉开距离，沉浸于纯粹的审美意识，客体的美就产生了。距离在审美活动中具有重要的价值和意义。布洛强调了心理距离，但实际上时间距离和空间距离对人们的审美活动起着相当大的作用。"横看成岭侧成峰"的美是由空间距离造成的，"秦时明月汉时关"的苍凉凝重美感则是由时间距离造成的。一切景色的美都是在适当的距离中产生的。在旅游审美中，我们应该掌握好、运用好审美距离法则。

一、远距离观赏

只有保持适当的距离，才能感受到景观全景的独特之美。全景、远景、体量大的景观一般适于远距离观赏，如果距离太近就领略不到事物的整体美，正如苏轼诗中所说："不识庐山真面目，只缘身在此山中。"如烟岚中苍翠的群山、晨曦中宁静的村庄、夕阳下薄雾笼罩的湖面、秋日里漫山遍野的红枫等。还有一些自然景观走近看平淡无奇，从远处看则妙趣横生。如桂林的象鼻山，从较远的距离观赏，它酷似一只站在江边伸鼻豪饮漓江甘泉的巨象，一旦走近则面目全非；乐山大佛驰名天下，20 世纪末有人站在江对岸远观大佛，发现对岸除大佛坐像外，还有更大的一尊佛像。这尊巨佛头南脚北，卧于岷江东岸，南北直线距离约 1300 米。乌尤山为佛头，山嘴是肉髻，景云亭如同睫毛，山顶树冠各为额、鼻、唇、颌，凌云山栖鸾、集凤两峰为佛胸，灵宝峰是其腹和大腿，就日峰是其小腿，龟城山南坡则为其足。乐山大佛位于巨佛肩、胸内，寓"心即是佛""心中有佛"之意，形成了"佛中有佛"的奇观。睡佛需要远观，最佳位置在肖公嘴，在此处往南眺望，"巨佛"尽收眼底。那巨大的身影，伴随着三江流水、四季风云，似隐似现，与山水浑然一体，给来来往往的游人带来一种江山多娇的美的享受和妙趣天成的文化体验。

二、近距离观赏

有些景观适宜近距离观赏，如果距离太远，看不清事物的细微之处，也难以欣赏到事物的美。如苍翠欲滴的嫩叶、含苞欲放的花朵、游来游去的池鱼、庙宇中的菩萨塑像、楼观前的楹联、较小的湖沼池塘等，只有近距离观赏这些景致，才能观赏到它们细微的美。当年柳宗元被贬谪到荒凉偏僻的永州，为排解政治打击造成的孤独苦闷，时常流连于永州山水间，不自觉地对永州山间村野的那些不为人知的景致产生了感情。他总是久久地站在小湖、小池塘边，静静地观赏湖面的涟漪、池中的小鱼，以及湖边荒石、池边野树，从中发现并品味它们独特的美。近距离欣赏一些人文景观才能发现动人心魄的妙处，如对中国瓷器的欣赏，在远观其形状之美后，需要近距离观赏釉色、纹饰画工、施彩、底足、胎质、款识等各项元素，这样才能充分领略到瓷器的精美。欣赏瓷器如此，欣赏绘画、书法等也是如此。

第四节　观赏时机

在丰富多彩的旅游景观中，有些景观的美不随时间而变化，尤其是一些人文景观，比如陵寝、寺庙、古人类遗址、古城等，四季变迁而不会影响审美效果。有些旅游景观，只在特定的时间和季节里出现，即使是同一景观，也会因为季节的不同而体现出不同的特征。比如，名山大川形态貌似始终如一，但实际上在不同季节、不同天气、一天中的不同时段都有不同的形态。这是旅游景观在时间上的差异性。欣赏旅游景观，掌握各种景观最佳观赏时机，十分重要。时间选择不当，会影响审美效果。宋代郭熙在其《林泉高致·山水训》中形容四季山色："春山淡冶而如笑，夏山苍翠而如滴，秋山明净而如妆，冬山惨淡而如睡。"这是四季不同山景的审美特征。这段话用来形容庐山美景最为恰当。一年四季，庐山以不同的色彩风光展示自身的美丽。春天，冰裹桃红，雾绕青峰，若梦若幻；夏天，千山滴翠，万木浓荫，云舒云卷；秋天，桂子飘香，枫叶流丹，疏峰吐月；冬天，苍松傲雪，寒梅破冰，银装素裹。

也有一些景观现象只在特定的时间出现，如洛阳牡丹花会、大理蝴蝶泉、吉林雾凇、钱塘江涌潮、香山红叶、黑龙江雪乡等。这些景观的美只有在特定季节才能欣赏到，若时间选择不当，便会影响审美效果，甚至看不到特定的风景美。如黄山云海，特别奇绝，漫天的云雾和层积云，随风飘移，时而上升，时而下坠，时而回旋，时而舒展，构成千变万化的云海大观。但在黄山一年当中只有五十天左右可以看到云海，云海通常出现在雨后转晴或冬天雪后转晴的时候，只有温度、湿度、气压等因素同时具备，才能出现云海奇观，可遇而不可求。这就要求旅游者掌握景观美出现的规律与时机，适时观赏。

第三章　旅游景观的基本美学特性

第一节　自然景观的美学特性

日月星辰、云霞太空、山雾烟岚、江河湖泊、山川林木、瀑布泉涧、奇花异草，珍禽异兽，以及断岩火山、汪洋大海等众多的自然景观，都是大自然在亿万年岁月中的杰作。自然美是指自然物或自然现象在不同的条件下，呈现出的优美状态。初升的朝阳，灿烂的晚霞，西沉的斜月，幽静的深谷，汹涌的海涛，起伏的山峦，无边的森林，盛放的鲜花，碧绿的草地，奔跑的羊群、凶猛的野兽……这些自然物或自然现象呈现出千姿百态的美，强烈地吸引着众多的旅游者去认识、去观赏、去享受。

自人类诞生至今，地球上已经很少存在人迹未至、未受人类影响的景观。因此，很难寻获严格意义上的自然景观。自然景观由此大致表现为三种存在形态：一是没有经过人类生产实践活动加工改造过的自然物，如日月星辰、原始森林、南北两极的大陆和冰盖等，湖北的神农架和四川的九寨沟基本也属于这一类别；二是人类劳动生产场所的自然风光，如江湖渔区、水库景区、草原牧场、山坡林场等，如洞庭湖、呼伦贝尔大草原、漓江山水、婺源油菜花地；三是经过人类生产劳动直接改造的自然物，如广西龙脊梯田、承德避暑山庄、杭州西湖、京杭大运河等。当然，这三种存在形态并无绝对严格的分界，在有些方面三者是相互关联的。不仅如此，在大多数旅游景点，自然景观往往和人文景观紧密结合，交相辉映。自然风景若得人文风景的点缀便显得韵味隽永，人文风景若得佳山秀水相衬托会更具魅力。杭州西湖不仅有山水之胜、林壑之美，更因众多的历史文化名人而增色。岳飞、于谦、张苍水、秋瑾等都埋骨西子湖畔，他们的英名和浩然正气长留于西湖的青山绿水之间。承德避暑山庄，既有平湖烟雨的江南秀景，又有崇山峻岭的塞北风光，亭、台、楼、阁错落其间，是一个自然和人文旅游景观荟萃的旅游胜地。

自然美主要美在形式，欣赏自然美要把握自然美的形态特征。不能说自然美没有内涵，但其内容具有模糊性、不确定性。同一个自然景观在内涵文化上可能有不同的表现。面对同样的自然山川，可能是"仁者乐山""智者乐水"；面对同样的深秋景色，柳永说"是处红衰翠减，苒苒物华休"，他看到的是秋天的寂寞萧索；刘禹锡则说"山明水净夜来霜，数树深红出浅黄"，他赞叹的是秋天的清雅成熟之美。所以，自然美的最大特点，就在于无限多样的表现形态，具体表现在形象、色彩、声响、动态和静态等方面。

一、形象美

形象美是指名山大川等自然景观的总体特征和空间形式的美，是自然旅游景观最显著的特征。地貌是自然景观的构景基础，不同的地貌形态展示出不同的形象美。地貌是构景的骨架，它决定了自然界的总体形态和空间形式。

1. 雄浑之美

雄浑之美是大自然最令人振奋、激动的审美形态之一。"雄浑"在这里也指雄伟、雄奇、壮观，自然景观形象高大，气势磅礴，能引起人们赞叹、震惊、崇敬、愉悦的审美感受。"雄浑"在中国古典美学中是一个非常重要的美学范畴。何谓"雄浑"？清杨廷芝对唐司空图《二十四诗品》所论"雄浑"解释说："大力无敌为雄，浑沌（元气）未分曰浑。"司空图论"雄浑美"着眼于体积的宏大、空间的广阔和时间的悠远。雄浑之美具有体积巨大、宏伟壮丽、粗犷巍峨的特征，给人以拔地通天、气势浩瀚的感受。空间高远博大，恢宏广阔，久远渺茫，来去匆匆又周而复始，给人以无始无终的心灵感受。巍巍珠穆朗玛峰，辽阔无垠的大海，莽莽原始森林，奔腾的长江黄河，浩瀚的撒哈拉沙漠，世界上流量最大的瀑布——尼亚加拉瀑布，都显示出了浑厚磅礴的雄浑之美。

2. 险峻之美

这类自然景观以山为主，往往具有陡峭、险峻、坡度大、山脊高而窄的特点。这是一种动魄惊心的美，常使人有敬畏之感。

华山有"天下险"之称，海拔约 2200 米，且四壁陡峭如刀削斧劈，故有"华山自古一条路"之说，而路宽几乎不容置足，以至出现了"韩愈投书"的典故。黄山"鲤鱼背"、武陵源"天生桥"，以及"三根马尾吊半空"的浑源县悬空寺等，均是险峻之美的具体体现。险峻之美激励人们不畏险阻，百折不挠，奋力进取。

黄山天都峰拔地摩天，险峭峻奇，是黄山群峰之中最为雄伟壮观、最为奇险的山峰。天都峰途中有一段长 10 余米，宽仅 1 米的"鲫鱼背"，两侧是千仞悬崖，深邃莫测，其形颇似出没于波涛之中的鱼之背，故名。自上而下，坡度在 85°左右，若遇风吹云涌，仿佛山摇石动，游客至此无不战战兢兢，故古人有"天都欲上路难通"的感慨。站在峰头远眺，云山相接，江河一线，俯瞰群山，千峰竞秀，风光无比壮丽。古有诗赞曰："任他五岳归来客，一见天都也叫奇。"民谚云："不到天都峰，白跑一场空。"意为此峰为游黄山必游之地。庐山的仙人洞、西岳华山、九华山的天台、峨眉的金顶等都是以险峻著称的自然景观。这些以险峻闻名遐迩的自然景观对有探险心理需求的游客产生了独特的吸引力。

云南省丽江城北 55 公里外的虎跳峡，以其雄伟险峻吸引着成千上万的游客。虎跳峡起自中甸桥头村，止于丽江大具村，迂回线长 20 公里左右，分上虎跳、中虎跳、下虎跳三段，18 个险滩错落排列在峡谷中，玉龙雪山（海拔 5596 米）、哈巴雪山（海拔 5396 米）夹住江面，因而使长江源头——金沙江江面宽缩到 30—60 米左右，加上江心巨石的阻挡，使得江水狂驰怒号，激起凌空浪花，震颤轰鸣。据说，它是世界上最险、最深、最窄的峡谷。这个"险"中蕴藏着一种美，一种摄人心魄的壮美。人们面对自然敢于挑战，敢于征服，越险越引起人们的好奇和向往，因此，虎跳峡吸引着无数勇敢者探险漂流。

3. 奇异之美

奇异之美在于形象之非同一般，变化多端，离奇怪异，出人意表，令人神往、兴奋、惊喜。自古"桂林山水甲天下"，"山青、水秀、洞奇、石美"并称"桂林四绝"。这里的山，平地拔起，千姿百态；漓江的水，蜿蜒曲折，明洁如镜；山多有洞，洞幽景奇。桂林的石美，主要是指桂林至阳朔间的山石奇景，特别是沿江两岸近百里的山石形状奇特，变幻多姿。例如，著名的月牙山，山腰处的岩石酷似一弯新月，所以叫月牙山；山北腰处立一石，端直挺拔，形似剑柄，叫剑柄石；另一山石形似莲蓬为莲房石。还有七星岩的飞来石、云呼石、翠屏石，象鼻山的垂钓石，南溪山的悬云石，叠彩山木龙洞前的龟石、龙石、蛤蟆石等。桂林七星公园普陀山的普陀石林，奇石峥嵘，石骨嶙峋；西山龙头石林，酷似龙头，"龙角""龙叉"

"龙须""龙鳞"鲜明可见。这些形状奇特的岩石,在光线反射、明暗照映、云遮雾绕的衬托下,更显得变幻无穷,形成了一座座天然、抽象的雕塑。有人说,"桂林山水之奇,多半是洞奇"。桂林地区的溶洞约有 2000 多处,千百个溶洞,相互套叠,形状各异,色彩不同。洞内有倒垂的石屏、石幔、石床和石鼓,有宽敞的溶洞地下大厅,有迂回曲折的"长廊",有波状起伏的"石桥",有石笋众生的"竹林"等。

云南石林被称为"天下第一奇观",是中国的四大自然景观之一。走进石林,峭壁万仞,石峰嶙峋,鳞次栉比的奇峰危石,像千军万马,又似古堡幽城,如飞禽走兽,又像人间万物,惟妙惟肖,栩栩如生,构成了一幅神韵流动、蔚为壮观的天然画卷。游客被这鬼斧神工的奇异景色所眩惑,不禁怀疑这是梦幻还是真实。

4. 秀丽之美

秀美又称优美、阴柔之美。秀美以感性形式的和谐为主,审美意蕴、情感力度柔和平稳,呈现为柔媚、优雅、纤巧、飘逸、安宁、淡雅的美,能给人轻松、愉快和心旷神怡的审美感受。秀美是人与自然的和谐统一,如江南烟雨,杨柳依依,山色晕染,溪流清澈,泉水叮咚,莫不使人感受到秀美。秀美的自然景物体现着人类的实践活动与自然规律之间的和谐、一致。秀美所具有的和谐自由的形式特征符合人的心理常态。它能给人带来亲切、舒适、愉悦的心理体验。

以秀美为特点的山岳往往山形绵延起伏,没有突兀陡峭的险峰,线形较为柔和,雄伟中透着迷人的秀色。四川峨眉山山林葱茏,色彩碧翠,线条柔和流畅,山明水秀,是我国风景区中秀美形象的典型,故有"峨眉天下秀"的称誉。西湖也是具有秀丽之美的典范。苏轼的《饮湖上初晴后雨》把西湖比作春秋时代的美女西施,给人以秀美的遥想。西湖的美,不在山高,也不在水深,在于由湖光山色写就的美丽诗篇。行走在西湖之畔,清风徐徐,带来阵阵游人的欢声笑语,树枝摇曳,气氛欢快。西湖的水清澈透明,宛若一面巨大的镜子,蓝天白云倒映在湖水中,天堂美景尽显。抬眼望去,远处是位于夕照山上朦胧的雷峰塔,近观则是树影婆娑、水清鱼乐,搭配上湖中的断桥与来来往往的船只,尽显湖光绝景。

5. 幽深之美

这类景观常以崇山幽谷、山间盆地或山麓地带为地形基础,辅以铺天盖地的高大乔木,形成封闭或半封闭的空间环境。举凡能够产生幽深之美的景观,其形势必曲、必静,多数光线也较暗,游人的视野往往受到限制。

"曲径通幽处，禅房花木深"，这句诗形象地阐释了幽深之美的意蕴。王维的许多山水诗就描写了他在终南山宁静幽美的环境中获得的审美感受。如"空山新雨后，天气晚来秋"（《山居秋暝》）表现的是雨后秋山的空明洁净，色调明朗；"人闲桂花落，夜静春山空"（《鸟鸣涧》）表现了夜间春山的宁静幽深，带有春的气息和夜的安恬；"空山不见人，但闻人语响"（《鹿砦》）则表现了山的空寂冷清，带有幽冷空寂的色彩。

峨眉山黑龙江栈道、雁荡山筋竹洞、武夷山桃源洞、广东肇庆的七星岩、桂林的芦笛岩、普陀山栖霞洞等都是以幽深为美的典型景观。"幽"有"移步换形"之妙，同舒朗旷远形成对照，形成"柳暗花明又一村"的效果。幽深静谧的自然环境，有助于人们进入潜心静思、超然物外的境界。其中最负盛名者，历来首推四川青城山。"巴蜀风光不胜游，青城尽览万重幽"是古人对青城山巍峨风光的无限感慨。青城山因林木葱郁，四季常青而得名，自古就以水秀、林幽、山雄著称，故有"青城天下幽"之誉。"幽"是山形植被的特点。山谷、山间盆地有高大乔木，松、楠、枫、柏等古木遮天蔽日，宫观亭阁掩映于浓荫翠盖之间，通幽小径穿行于丛林深谷之中，处处幽深，处处清静。人行山中，瞻前顾后皆疑无路，竟难辨身处何地，若前行几步，便豁然开朗。这种幽深之美带给游人的体验极为奇妙，丰富了游人的审美体验。

6. 旷远之美

自然景观的旷远之美指视野开阔、意境高远，极目远眺，一望无际。举凡能产生"旷远之美"的自然景观，皆为对视线没有阻隔，四望茫无际涯之景，如高旷的天际、广袤的大平原、浩瀚的戈壁滩、苍茫的原野、空旷的大沙漠、浩渺的水面、连绵的峰峦等。旷美景观使人感到自然的博大，从而产生豁然开朗、旷达畅想的美感体验。杜甫"星垂平野阔，月涌大江流"写的是大江奔流、星垂平野的清旷雄浑之美；"天苍苍，野茫茫，风吹草低见牛羊"表现的是草原天地相连的旷美意境。王之涣"黄河远上白云间，一片孤城万仞山"描绘的是黄河远眺的特殊感受，展示了边塞地区旷远、荒凉的景色。苏东坡泛舟赤壁所得到的感受是："白露横江，水光接天。纵一苇之所如，凌万顷之茫然。浩浩乎如冯虚御风，而不知其所止；飘飘乎如遗世独立，羽化而登仙。"（《前赤壁赋》）大江辽阔旷远的景色和诗人旷达的心胸交融贯通，形成主客体浑然一体的审美境界。

旷景具有雄浑、博大、深沉、单纯的特点。旷远美使人解脱忧烦，心胸开阔，心情豁达，宠辱皆忘。洞庭湖是旷远美的典范。世称"八百里洞庭"的洞庭湖水域广阔，视野开阔，水连天，天连水。"衔远山，吞长江，浩浩汤汤，横无际涯，朝晖夕阴，气象万千"（范仲淹《岳阳楼记》），有"气蒸云梦泽，波撼岳阳城"（孟浩然《望洞庭湖赠张丞相》）的壮阔景象和空旷美感。

7. 野逸之美

"野"是指未受人类干扰、雕饰或破坏的原始自然或"第一自然"景观。野逸之美即通常所谓天然未凿、富有野趣、古朴等。举凡能产生"野"的事物，必须是纯属自然，妙境天成，"天然去雕饰"，或保持较古朴而少受现代文明影响者。中国文化有崇尚没有经过人工斧凿的自然美的传统，这种审美观受到了道家思想的巨大影响。

"道法自然"是老子哲学和美学思想的基石。老庄学派持"道法自然"主张，形成了"崇尚自然"的审美理想。自然就是本然、自然、天然，表现在人和物身上就是天性、本真。道家认为万物应按照自己的自然本性来呈现自己、发展自己，从万事万物到人情世态再到艺术作品，它们的自然状态是最美的状态。庄子曾讲过一个故事：孔子出游，见一男子戏水于"悬水三十仞，流沫四十里"的大瀑之中，不但不惧，而且怡然自得，披发高歌，孔子不无敬佩地问他技能何以如此之高，其中有何诀窍。那男子却道，并无什么诀窍，他之所以能如此，无非是任其自然，与水合一而已。庄子通过这个故事告诉人们，人可以而且也应该与自然融为一体，人与自然的融合是人生的最高境界。在道家看来，自然山水是"道"的最佳表现形式，深谙自然山水之趣的南朝画家宗炳说："山水以形媚道。"自然山水始终保持着最本真的状态，它们是真正自由的，不受秩序规范的约束，远离世俗社会的污染，它们生长、繁荣和老死，是自然界本然的规律，是真正的大美，是虚无、抽象的"道"的外化。魏晋至南朝时期的名士正是由于采取这一审美方式，才一往情深地投入大自然的怀抱。将"我"置入山水之中，视"我"为自然的一部分，对山水之美有了深刻的体察和感悟，中国山水文化遂发扬光大。在这样的文化背景下，欣赏自然的野逸之美成了中国从古到今内涵深厚、历史悠久的旅游文化的一部分。

历代表现野逸之趣尚的诗篇层出不穷。陶渊明的"采菊东篱下，悠然见南山"把野逸的诗篇推向了顶峰，充分显示了野逸之美的风采，奠定了野逸之美的地位。到元代，剧作家马致远一首《天净沙·秋思》："枯藤老树昏鸦，小桥流水人家，古道西风瘦马，夕阳西下，断肠人在天涯。"写出了远方游子在旅途中看到萧条苍凉的秋色所引起的思绪。这也是一种野逸之美，清代人王国维对此推崇备至。"大漠孤烟直，长河落日圆"（王维《使至塞上》），"平沙落日大荒西，陇上明星高复低"（无名氏《水调歌》）等，是大漠荒原之野。"芳树无人花自落，春山一路鸟空啼"（李华《春行即兴》），是山林之野。"见说蚕丛路，崎岖不易行。山从人面起，云傍马头生"（李白《送友人入蜀》），是深山之野。"君不见走马川行雪海边，平沙莽莽黄入天。轮台九月风夜吼，一川碎石大如斗，随风满地石乱走"（岑参《走马川行奉送封大夫出师西征》），是边塞之野。鉴于现代文明的浮躁喧嚣的负面效应，人们产生了强烈的"重返大自然"的渴望，故当今野趣更成了人们追求的目标。如张家界、九寨沟、神农架等地的山、水、石、林、洞仍处于原始状态，保持着纯真古朴的风貌，游历其境，带给人一种远离尘世、返璞归真的"野趣"之美。

野趣富有自在之情，自由之趣，苍凉之慨，悲壮之叹，使人童心不泯，使人率真磊落，人处此境会很自然地抛开社会生活中的等级高低、贫富差别等妨碍人们交往的观念。故探险旅游、访古旅游、采集旅游、自然保护区旅游、森林旅游、绿色旅游、野营野炊等旅游活动日益普遍。

二、色彩美

色彩美指给人以审美愉悦的自然物、自然现象的各种颜色的美。大自然色彩斑斓，蓝天白云、碧海雪原、青山绿水、似锦的繁花、五彩的云霞……大自然是最有创意的调色大师。杜甫有首著名的绝句："两个黄鹂鸣翠柳，一行白鹭上青天。窗含西岭千秋雪，门泊东吴万里船。"这首诗写出了大自然的丰富色调，还写出了构成这丰富色调的各种成分。白居易的诗句："日出江花红胜火，春来江水绿如蓝"，展现了一幅色彩斑斓的江南春色图。王维的"雨中草色绿堪染，水上桃花红欲然""漠漠水田飞白鹭，阴阴夏木啭黄鹂""嫩竹含新粉，红莲脱故衣"，诗中的绿、红、白、黄，色彩丰富鲜明，描画出自然山水的清新鲜润。杨万里"接天莲叶无穷碧，映日荷花别样红"，莲叶和天色的"碧"映衬荷花和落日的"红"，把大自然的色彩描绘得明丽动人；王维的"日落江湖白，潮来天地青"甚至描画出了大自然在动态中光与色的变幻组合。朱自清散文《春》："桃树、杏树、梨树，你不让我，我不让你，都开满了花赶趟儿。红的像火，粉的像霞，白的像雪。花里带着甜味儿；闭了眼，树上仿佛已经满是桃儿、杏儿、梨儿。花下成千成百的蜜蜂嗡嗡地闹着，大小的蝴蝶飞来飞去。"朱自清从色彩的角度描绘这些花儿，使整幅春景图的色彩更为丰富、润泽。

　　色彩进入人们审美世界的第一感觉，是获取形式美感不可缺的要素。色彩美又是人们最易感受到而无其他条件限制的一种美。比起形态来，色彩的审美意味更浓、更普遍、更复杂、更具有独立的审美价值。色彩在某些情况下超过了形象的效果，甚至在一定程度上改变了事物的形象，而赋予事物特有的神韵。红叶自古受到人们的赞赏，其实有些红叶树本身并不很美，但当满山一片火红的时候，人们并不着重欣赏其个体的形象，而是从其整体上感受到了生命的蓬勃活力。正如杜牧《山行》所云："霜叶红于二月花。"秋季的山野色彩斑斓，有黄红（某些变色树叶）、白（白桦树干和芦花等）、绿（长绿树）等颜色，较之其他季节尤为动人；"香雪海"（梅林）、林海雪原以其纯白洁净而富有魅力。野花野草的形象不能与仙苑奇葩媲美，然而当大地上呈现花团锦簇的景象时，其魅力绝非玩赏单独的一支名花可比。江西婺源被誉为"中国最美乡村"，婺源最美的季节是油菜花开放的时候。走进婺源，漫山的红杜鹃，满坡的绿茶，金黄的油菜花，加上白墙黛瓦，五种颜色，和谐搭配，胜过世上一切的图画。江苏东台条子泥湿地，有一片世界上面积最大、保护最完整的盐蒿草滩。每到深秋季节，盐蒿变成红色，为湿地铺上了一层"红地毯"。大自然的鬼斧神工，将特有的湿地面貌与红色的盐蒿地有机结合，呈现出各种奇特形态的画面，让人叹为观止。九寨沟的山美、水美、树也美，然而给人印象最深的却是其斑斓缤纷的色彩。九寨沟的水清纯洁净、色彩丰富，堪称"世界水景之王"，故有"九寨沟归来不看水"之说。黄龙的水含有钙化成分，使得水呈现出五颜六色，尤其是在有阳光的时候，波光粼粼，一个个自然形成的钙化池，变化也比九寨沟多。神奇的大自然，蕴藏万物，身边处处充满着美，它不仅创造了蓝色的大海，还创造了粉色的海滩。巴哈马群岛的哈勃岛就有着世界上独一无二的粉色沙滩，数千米的海滩呈带状，水清沙细，粉色沙砾是其最大特点，曾被美国《新闻周刊》评选为世界上最性感的海滩。澳大利亚的希利尔湖则是一个有着粉色湖水的湖泊，粉色的湖泊被周围葱郁的丛林和碧蓝的海水环绕，这样的"配色"令这块海岸风景就像彩色宝石般璀璨迷人。

三、声响美

　　自然景观中的音响在特定的环境中，能给人以动人心弦的美感享受，如飞瀑喧豗、惊涛拍岸、涧溪潺湲、泉水叮咚、鸟儿清唱、风声低吟、蛙声一片等。王维诗句"万壑树参天，千山响杜鹃""寒山转苍翠，秋水日潺湲""明月松间照，清泉石上流""月出惊山鸟，时鸣春涧中"，描摹的都是大自然美妙的声响。这些声音像交响乐，像小夜曲，为自然山水增添了无限的活力生机和动态美，使人们在游览过程中获得了特殊的心理体验与情感升华。辛弃疾在《西江月·夜行黄沙道中》中写道："明月别枝惊鹊，清风半夜鸣蝉。稻花香里说丰年，听取蛙声一片。"宁静的夜晚，突然间惊鹊离枝飞啼，蝉儿应声而鸣，真是一支奇妙的小夜曲，而稻花香里的连成一片的蛙声又跟着加入这个天籁之音的合唱。朱自清散文《春》对大自然发出的声音也有精彩的描绘："鸟儿将窠巢安在繁花嫩叶当中，高兴起来了，呼朋引伴地卖弄清脆的喉咙，唱出宛转的曲子，与轻风流水应和着。牛背上牧童的短笛，这时候也成天在嘹亮地响着。"这样的描写展现出了大自然一片喧闹沸腾，一派春意盎然、生机勃勃的景象。

　　声音效果有时是某些旅游景点的特色。俞樾的《九溪》诗真切地描写出了杭州九溪十八涧的美景："重重迭迭山，曲曲环环路，东东丁丁泉，高高下下树。"这里既有形、色，也有声音之趣。浙江普陀山潮音洞有声若雷鸣，四川阆中"音乐崖"有步移声异之奇，峨眉山万年寺"弹琴蛙"可一唱百和，河北嶂石岩近年发现了高100米、长达300余米、弧度250度的天然回音壁。浙江雁荡山的大龙湫瀑布，水从190米高处飞流直下。盛夏季节，雷雨甫歇，大龙湫像一条发怒的白龙，从半空中猛扑下来，轰雷喷雪，吼声震天，百米之外，振聋发聩。清代袁枚的《峡江寺飞泉亭记》："登山大半，飞瀑雷振，从空而下。瀑旁有室，即飞泉亭也。纵横丈余，八窗明净，闭窗瀑闻，开窗瀑至；人可座，可卧，可箕踞，可偃仰，可放笔砚，可瀹茗置饮；……僧澄波善弈，余命霞裳与之对枰，于是水声，棋声，松声，鸟声，参错并奏。顷之，又有曳杖声从云中来者，则老僧怀远，报诗集尺许，来索余序。于是吟咏之声，又复大作；天籁人籁，合同而化。不图观瀑之娱，一至于斯，亭之功大矣。"

　　古典园林的建造也常叠石为峡、为涧、为坝，植荷，种芭蕉，以获得声音之美感。正如清初陈扶摇所著《秘传镜花·卷六》中所言："花开叶底，若非蝶舞蜂忙，终鲜生趣；至于反舌无声，秋风萧瑟之际，若无蝉噪夕阳，蛩吟晓夜，园林寂寞，秋与何来？"张潮的《幽梦影》中亦有类似的描写，"春听鸟声，夏听蝉声，秋听虫声，冬听雪声；白昼听棋声，月下听箫声，山中听松风声，水际听欸乃声，方不虚此生耳"。这些高论，发人深思，启人解悟园林独特的声音价值。在中国传统园林营造中，直接或间接以声音美为主题的景观营造比比皆是。光杭州西湖十景就有"曲院风荷"

"南屏晚钟""柳浪闻莺"等；苏州拙政园的"听松风处""留听阁""听雨轩""梧竹幽居"等景观分别以松风、雨声、竹韵、梧音为欣赏对象；而承德避暑山庄更有"远近琴声""风泉清听""万壑松风""水流风拂""夹镜鸣琴"等多处声音"风景"。苏州拙政园的听雨轩，轩前一泓清水，植有荷花；池边有芭蕉、翠竹，轩后也种植一丛芭蕉，前后相映。这里有芭蕉、翠竹、荷叶，无论春夏秋冬，雨点落在不同的植物上，心情各异的游客能听到各具情趣的雨声，境界绝妙，别有韵味；拙政园留听阁得名于李商隐的诗句"留得枯荷听雨声"，四周开窗，阁前置平台，是赏秋荷听雨的绝佳处。无锡寄畅园的"八音涧"，引借惠山泉水，促其层层跌落，空谷回响，既徐纡欢畅，又抑扬顿挫。明代书法家王樨登在他著的园志《寄畅园记》中，将"八音涧"的潺潺天籁视为园中最精彩之所在，曰"其最在泉，得泉多而工于泉"。

四、动态美

自然景观的动态美指运动或相对运动的景物给人带来的美感，如波涛、飞瀑、溪泉、流云、烟岚、蝶舞、鱼游等。人动物静，物动人静，都会产生动态的变化，使景观更加生动活泼，呈现出多层次的动态美。山中观瀑布，远望如匹练垂空，似为静态；而近观飞瀑，则如龙飞凤舞，充满活力。观三峡，游漓江，乘船顺流而下，或逆流而上，相对来说，作为客体的景观是静态的，而作为主体的游客是动态的，但最终欣赏到的却是景观的动态美，正如"船上看山如走马，倏忽过去数百群"。所谓"山重水复疑无路，柳暗花明又一村"，便是静态的景观在连续时空变化中产生的动景。

欣赏景观的动态美，更多的是人静物动。例如，大海波涛汹涌，钱塘江大潮涌动，庐山瀑布飞流直下，"落霞与孤鹜齐飞"，"晴空一鹤排云上"，"海上生明月"，"清泉石上流"等，都是大自然的动态美。李白的"君不见黄河之水天上来，奔流到海不复回"，杜甫的"无边落木萧萧下，不尽长江滚滚来"，还有苏轼的"乱石穿空，惊涛拍岸，卷起千堆雪"，都生动地描绘了江河的动态美。南朝陶弘景的《答谢中书书》称道江南山水之美，文辞清丽，是六朝山水小品名作。文中写出了江南景色的动态之美："晓雾将歇，猿鸟乱鸣；夕日欲颓，沉鳞竞跃"，短短十六个字，令梦幻江南跃然纸上。贵州的黄果树瀑布、云南的大叠水瀑布、雁荡山的大龙湫、泰岳的黑龙潭、庐山的三叠泉等，均是典型的动态景观。三叠泉瀑布汇集五老峰、大月山诸水，循着天工琢成的三级"冰阶"断崖折叠而下，故名，亦名三级泉、水帘泉。飞瀑流经的峭壁有三级，溪水分三叠泉飞泻而下，落差共155 米，极为壮观，撼人心魄。三叠泉每叠各具特色。一叠直垂，水从 20多米的巅其背上一倾而下；二叠弯曲，直入潭中。古人赞其："上级如飘云拖练，中级如碎石摧冰，下级如玉龙走潭，散珠喷雪，真天下绝景。"站在第三叠抬头仰望，三叠泉抛珠溅玉，宛如白鹭千片，上下争飞；又如百副冰绡，抖腾长空；又如万斛明珠，九天飞洒。如果是暮春初夏多雨季节，飞瀑如发怒的玉龙，冲破青天，凌空飞下，雷声轰鸣，令人叹为观止。

五、象征美

自然景观的美可以通过某些物体形象和意境表现出象征意义或象征美。在中国古典美学思想中，儒家美学思想占主体地位。儒家的山水比德思想深刻地影响了中国人观照山水自然的思维方式。所谓"比德"，就是将审美主体的道德情操与审美客体的某些自然属性联系起来，使自然物成为人的道德美、人格美的象征。自然物象之所以美，在于它作为审美客体使人从中可以感受到某种人格美，即可以与审美主体"比德"。

儒家的"比德"思想首先来自孔子。《论语》中，孔子以山水自然比德，将自然物的习性与君子的品质相联系。他提出"知者乐水，仁者乐山"的观点。孔子在《论语·雍也》中有这么一段话："知者乐水，仁者乐山。知者动，仁者静。知者乐，仁者寿。"孔子的"知者乐水，仁者乐山"既有对山水的自然观照，又有对仁智的精神赞美，二者被孔子恰到好处地联系在一起，成为一个整体。除了"知者乐水，仁者乐山"的比德名言之外，还有对于花木的比德，孔子说"岁寒，然后知松柏之后凋也"，其意图不只是在描述一种自然现象，而是在以自然现象附会于人类的道德观念，把松柏拟人化。冬季万木凋零之时，松柏依然青翠不凋，让人联想到那些不随波逐流、在世俗中保持高尚节操的人。又如"子在川上曰：'逝者如斯夫！不舍昼夜。'"孔子感叹时光就像这流水一样昼夜不停地流失，喻人生之短暂。孔子将自然山水和某种精神内容结合起来思考的思想方法，对中国美学和艺术的影响深远。中国古人喜欢观山察水，享受山水之乐，在他们的思维中早已形成了一种山水情结，从人的伦理道德观点去看自然现象，把自然现象看作是人的某种精神品质的对应物。于是，因为松柏岁寒而不凋，后人就把它们比德于君子、丈夫、英雄，寓以正直长青之意，崇高景仰之情；松、竹、梅世称"岁寒三友"，喻不畏逆境、战胜困难的坚韧精神；松柏苍劲耐寒，象征坚贞不渝；竹虚心有节，象征谦虚礼让，气节高尚；梅迎春怒放，象征不畏严寒，纯洁坚贞；兰居静而芳，象征高风脱俗、友爱情深；菊傲霜而立，清廉高洁，象征离尘居隐、临危不屈；红枫老而尤红，象征不畏艰难困苦；柳灵活强健，象征旺盛的生命力，亦喻依依惜别之情；玫瑰花活泼纯洁，象征青春、爱情……这些例子都说明自然美的一个极其重要的事实，那就是人所欣赏的自然，并不是同人无关的自然，而是同人的精神生活、人的内在情感需求密切联系在一起的自然。一些旅游景观因其象征意义而为人所熟知。云南的石林阿诗玛石峰象征着美好坚贞的爱情；黄山迎客松象征着中华民族的热情、好客、有礼；万里长城犹如一条腾飞的巨龙，蜿蜒于崇山峻岭之间，象征着中华民族不屈不挠的精神……

第二节　人文景观的基本审美特性

人文景观是人类创造的具有文化价值、艺术欣赏价值，对旅游者有吸引力的各种事物和现象。人文景观涵盖的范围很广，涉及面很宽，类型多样。归纳起来，人文景观主要包括历史古迹、古典园林、宗教文化、民俗风情、文学与艺术、城镇与产业观光等类型。从远古的人类生活遗址到繁华的现代都市；从宗教的古塔寺庙到庄严的皇家宫殿；从各类工艺美术到各种民族服饰；从纯朴的民俗民风到优美的神话传说等，都在人文景观之列。自然美景固然是旅游审美活动的重要内容，但实际上，自然美景往往是同人文景观联系在一起的。

与自然景观不同的是，人文景观的形成过程渗透着人类自身的意志及审美意识，因此人文景观是由有形的物质景观和无形的氛围共同构成的。人文景观与历史、政治、经济、文化、民族、地域等因素有密切的关系，具有较高的思想价值和艺术价值、深厚的历史意蕴、鲜明的民族特色和地方特色。它是人类按照美的规律创造出来的艺术品，蕴涵丰富多样的美学意义，具有鲜明的美学特征。

人文景观的审美特征主要表现在艺术美、文化意蕴美、风情特色美等几个方面。

一、艺术美

艺术美是艺术家利用美的艺术语言，并按照美的规律和法则对现实生活进行抽象、归纳、概括、综合甚至改造的结果，它反映了艺术家个人和时代的精神与审美理想。艺术美的种类繁多，存在于一切种类、样式的艺术作品中。造型艺术如工艺美术、建筑、园林、雕塑、绘画等，表演艺术如音乐、舞蹈等，综合艺术如戏剧、电影、电视剧等，语言艺术如文学等，这些都是艺术美存在的具体形态。从旅游的角度看，艺术美的这些具体形态都可包括在旅游人文景观的范畴之内。

　　人文景观中有一些属于纯粹的艺术作品，如绘画、雕塑、戏剧、音乐等；相当多的人文景观最初并非用于审美欣赏，而是为了满足社会生活的实际需要，如建筑园林艺术景观、部分工艺美术景观等。北京的故宫建筑群，占地 72 万多平方米，房屋 9000 余间，分外朝、内廷两大部分。外朝的太和、中和、保和三大殿雄伟排列在中轴线上，气势磅礴，富丽堂皇，把皇帝的权威渲染得淋漓尽致，从而使人感受到皇权的至高无上。但它们首先是明清两代皇家行权、生活的场所，其次才是中国古建筑的杰出代表。苏州园林的设计建造者，以精妙的构思布局，运用各种造园技巧，将山石、林木、水池、游廊、亭台、曲桥等元素有机结合，构建出闹市洞天的景观。但它们最初都是具有居住功能的私家花园宅邸。长城雄伟壮观，给人以庄严崇高的感受，但最初长城的功能是防御外敌。都江堰是闻名世界的最古老的水利工程，赵州桥是保存最完整的中国古代单孔敞肩石拱桥，等等。人文景观的审美价值是与它们的功能分不开的，要欣赏它们就必须结合它们的功能和设计目的。只是众多的人文景观随着历史和时间的不断绵延，原有的实用功能相对淡化，而审美功能更加突出，从而成了内涵丰富的人文景观。所以，我们今天更多的是从艺术美的角度去欣赏它们。人文景观的艺术美主要表现在以下几个方面。

　　1. 形式美

　　形式美法则是人们在长期的审美实践中研究和总结出来的。构成形式美的各种物质材料，必须按照一定的规律组合起来，才会具有一定的审美特性。由于人们的经济地位、文化素质、思想习俗、生活环境、价值观念等方面存在差异，其审美和追求亦各不相同，然而单从形式条件来评价某一景观时，对于美或丑的感觉却往往使大多数人对规律性的东西，存在着一种相通的共识。这种共识并不是凭空想象出来的，而是人类在长期的生产和生活的实践中积累而成的。无论是有实用功能的人文景观，如建筑、园林、陵墓等，还是不具实用功能的纯艺术品，如绘画、雕塑艺术等，都需要遵循形式美的共同法则。按照形式美学的一般法则分析，人文景观的形式美主要体现在以下几个方面：

（1）统一与变化

统一是对变化的整体统辖，将变化进行有内在联系的设置与安排。呈现在视觉上的统一，是形象之间、色彩之间密切结合的结果，是有秩序有条理的一致性。如广西龙脊梯田整齐有序，梯田形成的线条如彩带一样把山峰一圈一圈地缠绕，给人一种单纯的节奏感和秩序感；罗马大斗兽场由多个圆（包括半圆、椭圆）组成，通过圆实现了完整统一性；埃及金字塔群，虽然各自大小不一，但均取规则的正方锥体，体现了一种秩序，达到了统一的效果。变化是突出形象中的差异性，变化不是无序的，受统一的支配。变化使形体具有动感，克服了呆滞、沉闷感，唤醒了新鲜活泼的韵味。在中国古典园林中，不同形态、不同功能的元素如楼、阁、亭、台、假山等，通过顶部、檐、拱、长廊等结构连成一体，变化中有统一，统一中有变化，在统一与变化中形成了一个有机的整体。

（2）对称与均衡

对称指以一条线为中轴，左右、上下两侧均等。由于保持了整齐一律的长处，同时避免了完全重复的呆板，对称既有庄重、安稳之感，又起到了衬托中心的作用。对称法则在中国古建筑的布局和结构上有广泛的应用。如故宫宫殿沿着一条南北向的中轴线排列，三大殿、后三宫、御花园都位于这条中轴线上，并向两旁展开，南北取直，左右对称。这条中轴线不仅贯穿在紫禁城内，而且南达永定门，北到鼓楼、钟楼，贯穿了整个城市，气魄宏伟，规划严整，极为壮观。

均衡是对称的变体，即处于中轴线两侧的形体并不完全等同，只是大小、虚实、轻重、粗细、分量大体相当。较之对称，均衡显示了变化，在静中趋向于动，给人以自由、活泼的感受。绘画、雕塑、建筑等造型艺术中常有采用。中国书画家便经常用题字和钤印来调整、实现作品画（字）面的均衡。东汉铜雕《马踏飞燕》，马的三条腿都腾空而起，只有一条后腿踏在一只飞燕背上。由于飞马的倾斜角度和前后身体的重量比例均衡，因而在充满动感之际，又有一种均衡感。中国园林的布局不同于西方天平式的中轴对称布局，而是采用不对称的均衡布局，根据自然地势，将建筑、山水、植物自由和谐地组成一个整体。承德避暑山庄的烟雨楼看似不对称，但建筑群格局的均衡设计，使园林建筑的性格特征得到了突显。

（3）调和与对比

调和是把近似的东西并列，使人在微小的变化中看到统一，给人一种融洽、平和、安定与自然之感。如传统建筑中的深蓝色的琉璃瓦与浅蓝色的天空配合在一起就会显得很协调，使整体更显沉稳雅致。天坛的祈年殿，在圆形的回音壁中看到的大小基座、叠檐与上接蓝天的皇穹宇，这种在形体上由曲线构成的调和现象，具有浑然一体和融洽适宜的特点。

对比是把两种相互差异的形式因素并列在一起，其反差性大，跳跃性强，给人一种鲜明、醒目、活泼之感。以中国古代建筑外观上最显著的特征——屋顶形式为例：故宫外朝三大殿（太和殿、中和殿与保和殿）的屋顶各不相同。太和殿是重檐庑殿顶，中和殿为四角攒尖顶，保和殿则是重檐歇山顶。不同屋顶形式的运用，除了体现封建等级观念外，也使这三座宫殿的建筑形象显得更加个性鲜明。

（4）比例匀称

比例是指事物形式因素中部分与整体、部分与部分之间合乎一定的数量关系；匀称则指一事物各部分之间合乎一定的比例关系或比例适当。它们是一切形体造型的普遍法则，也是人们对形式因素最基本的认识之一。匀称的比例关系使形象更加严整和谐，比例失调就会出现畸形——形式上的丑。所以，中国画很讲究这种比例和匀称，画人物有头与身长"立七、坐五、盘三半"的比例关系，画人物面部有"五配三匀"的比例关系，画山水则有"丈山、尺树、寸马、分人"的布局比例。西方学者更对什么样的比例才是美做过精确分析。毕达哥拉斯学派就曾认为"黄金分割比例"最美，即大小（长宽）之比应相当于大小（长宽）之和与大（长）者之间的比例。其公式为 $a : b = (a+b) : a$，其比例大约是 $1 : 0.618$ 或五比三。由于这一"黄金分割"比例关系是人们最常见的一种合理比例关系，所以它在历史上曾被许多艺术家运用于创作之中，达·芬奇名作《蒙娜丽莎》的各个部分就是按这一比例绘制的。

（5）节奏韵律

节奏是一种连续而合乎规律的、呈周期性变化的运动形式。世界上没有一样事物没有节奏。季节有春夏秋冬，月有阴晴圆缺，气候有寒暑往来，人有生老病死，连人的脉搏、呼吸都有一定的节奏。而韵律是在节奏的基础上形成的，它比节奏更丰富，是一种有规律的抑扬顿挫的变化，表现出一种特有的韵味及情趣。在人类的创造中，音乐是运用节奏和韵律最好的例子，体现在抑扬顿挫、婉转悠扬的旋律上。许多音乐作品千百年来经久不衰，也正说明节奏和韵律所具有的魅力。我国著名建筑学家梁思成先生就曾经专门研究过故宫的廊柱，并从中发现了十分明显的节奏感与韵律感，从天安门经过端门到午门，就有着明显的节奏感，两旁的柱子有节奏地排列，组成了连续不断的空间序列。

2. 意境美

意境是关于艺术美的重要标准，也是美学中的一个重要范畴。意境就是艺术中一种情景交融的境界，既有来自艺术家主观的"情"，又有来自客观现实升华的"境"，境中有情，情中有境，是主观情感与客观景物统一的产物，是情与景、意与境的统一。意境这一美学概念贯穿了中国传统艺术发展的整个历史，渗透到几乎所有的艺术领域，成为中国美学中最具民族特色的艺术理论概念。一切艺术作品，包括大多数可以作为人文景观的艺术创作，都以有无意境或意境的深邃程度来确定其格调的高低。人文景观中，设计和创作者以客观景物为基础，融入自己的审美情感和审美体验，并用独特的艺术语言表现出来，就成了"意境"。意境美在中国建筑、园林、雕塑、绘画艺术中表现得尤为突出。

中国古典园林的独到之处就是融自然景观与人文景观于一炉，创造出令人神往的美的意境。中国古典园林的意境，即是通过对自然景物的典型概括和提炼，赋予景象某种精神情感的寄托，运用一定的景观组合手段，加以引导和深化，从而达到一种理想的审美境界。中国自古就有崇尚自然、喜爱自然的传统。经过漫长的历史而积淀为民族的文化心理结构，在哲学上表现为"天人合一"的思想，中国古典园林的审美也深受中国传统自然观影响。中国古典园林之所以崇尚自然，追求自然，实际上并不在于对自然形式美的模仿本身，而是在于对潜在自然之中的道与理的探求。在意境上表现为崇尚自然、逍遥虚静、无为顺应、朴质贵清、淡泊自由、浪漫飘逸。

中国传统绘画主要讲究的是意境美，追求意境的表现是中国传统美学思想的重要组成部分，所以中国传统绘画常以意境美取悦于人。中国传统绘画尤其是中国山水画更是如此，意境是山水画的灵魂。当画家所描绘的生活图景、自然物象和激发出的思想感情融合一致，便能形成一种艺术境界，达到情景交融、情与景汇、意与境通的效果。艺术作品所提供的有限而具体的画面，经过欣赏者的想象和联想会产生形象之外的更深刻、更丰富的东西。所谓象外之旨、弦外之音、味外之致，便是意境。清初画家朱耷，擅画水墨花卉禽鸟，笔墨简括，形象夸张，所画鱼鸟，每作"白眼向上"的情状，具有浓郁的缘物寄情的特征，清代画家郑板桥在评价他的画时说："横涂竖抹千千幅，墨点无多泪点多"。元代王冕所画的寒梅傲然怒放，表达了他对"虎狼白日行"的黑暗现实的不满；郑板桥的竹石，分明是板桥人格的自我写照；关山月的松姿梅态，蕴涵着画家火一样的激情。打开一幅幅经典的画卷，我们不难看出，意境是情与景的协奏，写景就是写情。见景生情、情景交融是艺术家面对客观事物怦然心动的自然流露，是绘画意境构成的基石。在情景交融的基础上，虚与实的统一、显与隐的统一、有限与无限的统一也是绘画意境构成的重要方面。

建筑美的意境是指建筑设计者运用空间的表现形式，赋予其相关的人文内涵，从而创造出的良好建筑意境。意境是中国古典艺术中的最高审美追求，集中体现在"天人合一"的哲学理念贯穿于艺术的各个领域。以徽派民居建筑为例，黑白古朴的徽派民居建筑将"天人合一"的核心思想表现得淋漓尽致。自古徽派建筑就有"无山无水不成居"之说，村落建筑的选址都以环境的自然生机和山水灵气为重要依据。村落不仅布局考究，建筑工艺精湛，同时又能与周围的山水自然景致紧密结合，浑然一体。西递、宏村作为徽派建筑群落的代表，整个村落以黑白为主调，加之灰色调渐变，散发着清雅恬淡的韵味。素雅的色彩，错落的层次，整齐的黛瓦，斑驳的粉墙，深碧的湖水，像一幅天然的素色山水画，成就了建筑形态中独一无二的"徽州古韵"。

二、文化意蕴美

1. 社会历史生活方式的见证

人文景观作为人类社会实践的产物，蕴含着丰富的历史文化意蕴。人文景观是历史的积淀和载体，反映了一定时期的社会历史生活方式和文明成果。人文景观每一种形式都在一定程度上向人们昭示着特有的文化内涵。从北京猿人到秦始皇帝陵兵马俑，从"温泉水滑洗凝脂"的骊山华清池到香港夜幕下璀璨的维多利亚港，从古罗马的斗兽场到美洲玛雅人的神庙，从柬埔寨的吴哥窟到中国的万里长城，这些人文景观无一不凝聚着各自的文化与传统，展现出各个社会历史文化的风貌，反映着不同历史时期人们的思想观念、价值观念、情感模式和行为模式。无数的风云人物化作尘埃，无数惊心动魄的大事件已成历史，但是与之相关的人文景观却留存了下来。人们从这些人文景观中回溯历史，凭吊怀古，得到充满历史气息的审美感受。

位于河南省安阳市的殷墟博物馆，馆内展出的是中国社会科学院考古研究所自新中国成立以来在殷墟发掘出土的一系列文物精品，包括陶器、青铜器、玉器及甲骨等国宝级文物共500多件。这些出土文物充分反映了商代高度发达的手工业制造水平。其中青铜器反映了殷商以青铜礼器为基础、以等级为核心的礼制制度。

一代名将霍去病墓前的大型石刻群，多是根据原石自然形态，稍加雕琢而成，形象古拙，手法简练，风格浑厚。石像中最著名的是"马踏匈奴"主像，它艺术地概括了霍去病一生抗击匈奴的丰功伟绩。石像长1.9米，高1.68米，用灰白红砂石雕琢而成。石马昂首站立，长尾拖地。腹下雕有手持弓箭、匕首，长须仰面、蹙眉挣扎的匈奴人像。高大的战马四蹄踏翻凶恶敌酋，是最具有代表性的纪念碑式的作品。两千年过去，这些栩栩如生的巨型石雕，依旧用无言的声音，向人们讲述着遥远的汉武时期威加海内、镇抚四方的历史。

中国历史上第一位也是唯一一位女皇帝武曌，生前总揽大权，治国安邦，而在她死后，碑上却一个字都没有留下。她知道对自己的一生，人们会有各种各样的评价，碑文写好写坏都是难事，因此决定立"无字碑"，千秋功过任由世人评说。游客站在高大的碑前，定会感慨万千，在想象中还原这个极具争议的传奇女性的非凡一生。

走进成都武侯祠，游客为祠中所呈现的诸葛亮的风采、运筹帷幄的才略、鞠躬尽瘁的精神所打动。徜徉在古柏参天、绿草萋萋的祠堂，默念一千三百多年前杜甫在这里写下的诗句"出师未捷身先死，长使英雄泪满襟"，游客定会有一种拂去历史的烟尘，穿越时间隧道的感觉。

在人文景观中，人们在接触历史的过程中，仿佛身临其境，能触碰到历史的质感，听到远古的回声。日本人来华旅游，很多人都抱着访旧怀古、文化寻根的目的，如追踪隋唐使节的足迹，考察佛教文化，以及以书法绘画为内容的文化交流等。同样很多国人赴日旅游，也希冀从京都、奈良等千年古都保存完好的古建筑中寻找大唐的影子，回味盛世的荣光。如果你站在岳阳楼上，一定会想起北宋名臣范仲淹也曾站在这里，一定会想起"先天下之忧而忧，后天下之乐而乐"的千古名句。人文景观使旅游者亲身走近历史，走进现实，体验不同的文化和生活，获得精神上的满足和享受。

2. 价值观念和信仰的载体

作为一定社会历史条件下产生的人文景观，总是或隐或显地体现一定社会的价值观念和信仰观念。上至帝王宫殿，下至百姓民居，无一例外。

从建筑布局上看，北京故宫中轴线式布局，左右对称，体现了森严的等级制度和皇权的独尊。从建筑样式上看，中国古代五大屋顶等级的排列如下：庑殿顶、歇山顶、悬山顶、攒尖顶、硬山顶。太和殿是皇帝进行朝会和举行重要典仪的地方，是故宫前朝三大殿中最重要的大殿，其屋顶样式采用重檐庑殿顶；中和殿是皇帝到太和殿举行重要典仪前做预备的地方，在前朝三大殿中地位最低，其屋顶样式采用重檐攒尖顶；保和殿是清代皇帝举行宴会和进行科举制度中最高一级的考试"殿试"的地方，其屋顶样式采用重檐歇山顶；午门是紫禁城的大门，它是当年皇帝颁布诏书和战役后举行"献俘"仪式的地方，在整个紫禁城建筑群中居于重要的地位，其主楼屋顶样式采用重檐庑殿顶；太和门是紫禁城外朝三大殿中太和殿的大门，其屋顶样式采用重檐歇山顶。

在中国传统文化中，宗族观念是非常重要的内容，特别是儒学所提倡的宗法伦理成为封建社会正统思想后，对中国传统社会产生了深远的影响。在中国传统建筑中，宗族观念与思想都有着明显的体现。中国传统居室建筑生动形象地阐述了宗族家庭伦理。从平面布局来说，民居通常由多个单体建筑组合为庭院，多个庭院集合在一起就形成了村落。庭院是同祖同宗家庭共同生活的地方，而村落为同族同姓之人共同活动的地方。这种布局方式以血缘为纽带，突出了族群的重要性，有效提高了家庭凝聚力，体现出了传统家族特有的宗法特点。此外，居民庭院内部布局同样有着丰富的内涵，为体现长幼有序、父尊子卑，通常将家长居住的正室建于正上方，并安排有家庭聚会与祭祀祖先的地方。正室两侧房屋归晚辈居住，与正室分属主从地位，体现了居住者的家庭地位。

除此之外，中国的古典园林依山傍水、效法自然，追求远离尘世喧嚣、回归自然的旨趣，则与中国人的"天人合一"思想有很深的渊源关系。基于"天人合一"的哲学观，古人认为人与自然可以融为一体，并且把人与自然合一作为一种最高的境界，道家思想就是这方面的代表性思想。基于对自然朴素美的意识，古人把崇尚自然、乐山悦水作为造园的指导思想，使得中华民族成为世界上最早以大自然为原型进行园林设计的民族之一。中国古典园林的创作思想就是对大自然的认识进行抽象和提炼，使中国古典园林之本来源于自然，而其诗情画意又高于自然。所以，无论是北方的皇家园林，还是南方的私家园林，在审美意趣、内涵上都体现出对自然天成意趣的追求。

三、风情特色美

我国地大物博、人口众多、民族多，经济、人文和自然景观的结合，产生了多样化韵味的地域文化，如文化遗产、风俗习惯、历史传承等。例如，就饮食文化而言，由于我国南北自然条件差别很大，北方人爱面食，南方人爱吃米饭；江浙一带偏爱甜食，四川两湖则无辣不欢。从戏剧文化来看，曾经盛行于南方的昆曲柔婉优雅，而无论是河南的豫剧，还是陕西的秦腔，都是高亢激越的。因开发历史和经济发展等方面的差异，像主题公园、游乐园等影响力较大的现代娱乐旅游资源，主要集中在东南沿海；文物古迹旅游资源主要集中于开发历史较为久远的黄河流域、长江流域和历史文化名城等；具有很大吸引力的民族风情旅游资源则集中于少数民族集聚的西南和西北地区。不同地域集中的人文旅游景观的造物风格多样化，对比十分鲜明。以园林为例，北方园林以皇家园林居多，规模宏大，庄重、宁静；江南则以私家园林居多，玲珑、纤巧、精致、秀丽。从民居来看，湘西吊脚楼属于古代干阑式建筑的范畴。所谓干阑式建筑，即是体量较大，下屋架空，上层铺木板作为居所的一种房屋。这种建筑形式主要分布在南方，特别是长江流域地区及山区。因这些地域多水多雨，空气和地层湿度大，而干阑式建筑是底层架空，有利于防潮和通风。蒙古包是蒙古族牧民居住的一种房子，建造和搬迁都很方便，适于牧业生产和游牧生活。蒙古包的架设很简单，一般是搭建在水草丰沛的地方，根据蒙古包的大小先画一个圆圈，然后便可以开始按照圈的大小搭建。蒙古包看起来外形虽小，但蒙古包内使用面积却很大，而且室内空气流通，采光条件好，冬暖夏凉，不怕风吹雨打，非常适合于经常转场放牧的牧民居住和使用。

04

第四章　中国古典园林的审美

中国古典园林是中国传统文化的重要组成部分之一。作为一种文化载体，它不仅客观而又真实地反映了中国历代王朝不同的历史背景、社会经济的兴衰和工程技术的水平，而且特色鲜明地折射出中国人自然观、人生观和世界观的演变历程，体现了儒、释、道等哲学或宗教思想及山水诗、山水画等传统艺术形式对人造园林的深刻影响。

第一节　中国古典园林的审美历程

中国古典园林的发展始于原始文明后期，贯穿整个农业文明和工业文明的初期。基于地理位置和社会历史的发展等原因，中国古典园林的发展处在一个相对封闭的稳定状态下，故而能在传承中前进变化，发展出独具特色的中国古典园林风格。

一、先秦时期——田猎型自然山水园林

在我国古代第一个奴隶社会国家夏朝的时候，宫殿建筑的雏形就已经出现。夏人在台地上建造围合建筑，在前庭植满花草以供观赏。商朝出现了"囿"，即为了方便打猎、训练，用墙垣围筑起来的自然地块。周朝的"囿"内有花果树木和珍禽异兽。上古时代，人们敬畏自然现象，为了从自然现象中获得神启，人们模拟山岳的样子堆石夯土，于是"台"便产生了。《诗经·大雅·灵台》就记叙了百姓为周王建造灵台和灵沼的过程。在"囿"的基础上，发展出更具观赏娱乐性、规模性和完整性的园林形式——"苑"。春秋战国时期，各国在称霸的同时大兴土木，竞相建造宏伟壮观的宫廷苑囿。《孟子·梁惠王上》："孟子见梁惠王。王立于沼上，顾鸿雁麋鹿，曰：'贤者亦乐此乎？'……"这段话从侧面反映了战国魏国宫廷中苑

圃的情况。这一时期的园林可以称为田猎型自然山水园林。

二、秦汉时期——壮丽、豪放的皇家园林

秦统一六国后，依照六国建筑形式大兴土木，"苑"的规模布局与造型都得到了很大发展。汉武帝扩建秦时的上林苑，方圆已达数百里，并开凿了昆明、太液两池。太液池中修建了三座仙山，分别命名为蓬莱、方丈和瀛洲，比秦苑更加壮丽、豪放。汉朝私家园林以西汉梁孝王刘武的兔园最为突出。汉初，文帝的次子梁孝王刘武，在其封地商丘修建兔园，据《三辅黄图》记载："梁孝王刘武好宫室营苑圃之乐，作曜华宫，筑兔园。园中有百灵山，有肤寸石、落猿岩、栖龙岫，又有雁池，池间有深鹤州、凫渚。其诸宫观相连，延亘数十里，奇果异数，珍禽怪兽毕有，王日与宫人宾客弋钓其中。"园中以土为山，以石叠岩，首创中国园林土石结合的假山。

三、魏晋南北朝时期——田园型山水园林

魏晋南北朝时期，社会动荡不安，消极悲观的情绪普遍流行，催生了崇尚隐逸、归隐田园、皈依山门、寄情山水等思想旨趣，涌现出一大批可以称为田园型山水园林的私家园林。最为著名的有北方西晋石崇的金谷园和南方谢家庄园。石崇在《金谷园诗序》中说道："有别庐在河南县界金谷涧中，去城十里，或高或下，有清泉茂林，众果竹柏、药草之属。金田十顷，羊二百口，鸡猪鹅鸭之类，莫不毕备。又有水碓、鱼池、土窟，其为娱目欢心之物备矣。"由此可见，这是一座巧妙利用地形和水利的园林化庄园。谢玄、谢灵运祖孙在会稽郡始宁县营建了一座规模宏大的庄园——始宁墅。据谢灵运《山居赋》记载："其居也，左湖右江，行渚还汀，面山背阜，东徂西倾，抱含吸吐，欸跨纡萦，绵连邪亘，侧直齐平。"庄园周围山水环抱，一派旷远、幽静的景色。这一时期，建筑作为一个造园要素，与山水地形、花木鸟兽等自然要素形成了较为密切的协调关系，从此，园林的规划由粗放的营造转变为细致精密的设计，升华到艺术创作的境界，奠定了中国山水风景式园林大发展的基础。

四、唐宋时期——写意山水园林

唐朝国力强盛，都市发达，园林建筑更为繁盛，帝王与文人士大夫都在城内城外广筑园林，享受山林之乐。唐代山水诗兴盛，山水画进入成熟阶段，山水文化开始影响造园艺术，园林艺术开始呈现诗情画意。大诗人

兼画家王维曾于辋川山谷建有辋川别业。此地山清水秀、林木茂盛、风景优美，既激发了王维的诗兴，也是王维山水诗意境的取材之所。宋代重文轻武，有宋一代，书卷风流，文质彬彬。在此影响下，园林进一步文人化，园林中熔铸的诗画意趣比唐代更为精致，使写意山水园林向更高水平迈进，达到诗、画、园三位一体的艺术境界。宋代的私家园林已分南北，北以洛阳为主，南以苏州为盛。洛阳私园常以花卉取胜，苏州私园的造园艺术更为精湛，以足以乱真的叠石假山名世。著名的苏州沧浪亭就是宋代私园的杰作。据《沧浪亭记》记载："前竹后水，水之阳又竹，无穷极，澄川翠干，光影会合于轩户之间，尤与风月为相宜。"沧浪亭之景呈现出一派充满野趣的诗意画面。

五、元明清时期——造园艺术的顶峰

元明清时期，商业繁荣，富商巨贾热衷造园，北方以承德避暑山庄、圆明园等皇家园林为代表，南方以苏州、扬州私家园林为代表。在这一时期，中国古典园林的造园艺术达到了顶峰。明代中后期追求个性解放的思潮反映在园林艺术上，进一步深化了私家园林的文人风格，将园林艺术推向了更高的境界。无论是皇家园林，还是私家园林、寺观园林，都已经完全具备文人园林简远、疏朗、雅致、天然的特点。在文化最发达的江南，元四家、吴门画派等山水画派相继崛起，文人造园更为普遍。苏州有"江南园林甲天下，苏州园林甲江南"的美称，私家园林遍布古城内外，拙政园是苏州最大的一处园林，以其布局的山岛、竹坞、松冈、曲水之趣，被誉为"中国园林之母"。

第二节　中国古典园林的审美要素

中国古典园林主要是由山石、水体、建筑、花木、园林小品五大要素构成的综合艺术体。

一、堆山叠石

我国园林堆山历史悠久。秦汉上林苑用太液池所挖土堆成岛，象征东海神山，开创了堆山的先河。东汉时期，外戚梁冀模仿伊、洛二峡，堆土构石为山。魏晋南北朝的文人雅士用概括、提炼手法努力呈现自然山峦的形态和神韵，堆山的尺度大大缩小。唐宋以后，由于山水诗、山水画的发

展，堆山艺术更为讲究。宋徽宗设计的亘岳堪称历史上规模最大、结构最奇巧的石假山。到了明代，堆山艺术更为成熟和普及，明末造园家计成所著的《园冶》对此有精辟的总结。清代，园林艺术家创造了穹形洞壑的堆砌方法，用大小石钩带砌成拱形，比明代以条石封合收顶的叠法更为巧妙。堆山注重模拟真山之美，要求达到脉向贯通，高低起伏，大小协调，远近呼应，具备真山的气势和活力。

布石要了解真山的石形、纹理与色彩，有目的地取材，以便更好地表现设计意境。古人品石有八大标准：瘦、透、漏、皱、清、丑、顽、拙。中国古典园林叠山所用石料主要有湖石和黄石两种，因其质地、色泽、形态不同，所叠假山风格相异。湖石山秀丽玲珑，有空灵精巧的美感；黄石山浑厚拙朴，有雄伟朴素的气质。

二、理水

水是园林景观的灵魂和血脉，造园必有水，"园不在大，有水则灵"。水可以增加园林的生气，产生流水潺潺的声音美；可以消除沉闷感，给人以洁净、清爽的感觉；可以形成倒影，扩展视觉空间，丰富园林景色。园林的理水之法，有掩、隔、破三种。掩，即以建筑和绿带将曲折的池岸加以掩饰，临水建筑前部架空挑出水面，水似自其下流出，用以打破岸边的视线局限，或临水栽种花草杂木，造成池水无边的视觉印象；隔，或筑堤，或架曲桥，或步石，增加景深和空间层次，使水面有幽深之感；破，指在水面很小时，以乱石为岸，怪石纵横，配以细竹野藤。

三、景观建筑

就形式而言，园林建筑有门、厅、堂、轩、斋、室、馆、楼、阁、亭、台、舫、榭、桥、廊、架等多种类型，不同建筑形式在园林中的作用不同，布局要求各异。

厅、堂是园林中的主体建筑，体量较大，空间环境相对开阔，为会客、议事的场所，多置于园林与住宅的结合部，兼顾生活起居和观景。

楼、阁是园林中较高层的建筑。楼多用于观景，供游人登高俯景，使自然景色更具诗情画意。楼者，透也。园林建楼必空透。阁多具有凌空高耸之势，在园林中常置于显要部位，成为景观构图中心。

舫为园林中的傍水建筑，仿舟楫之形，用于观赏和社交休息。

榭建于水边或花畔，为台上开敞的房屋，常伸向水中、花中，上悬下挑，将人带入景中。多用于点缀水景或花景，或作为休息纳凉之所。

轩、斋为开敞而居高的有窗的小建筑物，多作观景之用。斋即书房和学舍，是园主人静修、读书的场所。

廊是我国园林中一种独特的带状建筑物，是虚实结合的建筑形式。形曲而空长，"随形而弯，依势而曲"，在具有遮风避雨、休憩功能的同时，还发挥着引导游览和分割空间、组合景物、丰富景观等作用。廊可分为直廊、曲廊、抄手廊、回廊、波形廊和复廊，以及水廊、桥廊、爬山廊（步廊）、叠落廊、花架廊、沿墙廊、波形廊等形式。颐和园的长廊全长 728 米，是我国园林中最长的廊，以建筑精美、曲折多姿和丰富多彩的绘画装饰闻名于世。

亭是一种开敞的小型建筑物，一般设于山巅、林阴、花丛、水际、岛屿、路旁等处，为园林中使用数量最多、形式变化最丰富、空间选址最灵活的建筑，多用于驻足观景、休憩、纳凉、避雨、引导游览、点明主题。其形态多样，按照平面形状划分，常见的有方亭、圆亭、角亭（如三角亭、六角亭、八角亭等）、扇面亭、梅花亭等；按屋顶形式划分，常见的有单檐亭、重檐亭、攒尖亭、盖顶亭、歇山亭等，檐宇如飞，形象十分生动空灵。亭是园林中的主要建筑物之一，在园林风景中，亭是富有生机的点睛之笔。

架桥隔水是造园技艺常用的手法之一，桥主要有拱桥、平桥、亭桥、廊桥、折桥（曲桥）等几种类型。它能在平静的水面绘出可变的低视野空间。园林中的桥有简洁明快、质朴清新的平直桥，蜿蜒曲折、造型优美的曲桥，形如半月、优雅别致的拱桥，还有石、竹、木等不同材质的桥，富有特色。桥在园林中除了供人行走等实用功能外，更主要的是联结风景点，点缀风景，增加园林的情趣和意境美。颐和园的 17 孔桥，宛如长虹横跨湖上，拱洞形成一连串美丽的倒影，呈现为连珠似的圆环，富有韵律美。

墙是围合空间的构件之一。园林中多采用院落式布局，园墙不可或缺。南方园林往往在园墙上设置多种形式的漏窗、洞门、空窗等构件。

四、花木配置

园林花木选择讲究姿美、色美、味美。配置方法多样，有孤植、丛植、片植、带植等方式，有大小高低配合、明暗疏密相间的布局之巧。花木配置的方式仿效自然，以不整形、不对称的自然式布置为基本方式，追求植物与山石、水面、建筑的有机结合，点化主题，互为组景。例如，景窗配置以一叶芭蕉、几枝瘦竹营造出绿意满窗之景，还可以根据植物自然成长所具有的疏密、明暗、大小、花果等生态变化，构建不同的四季景观，充分发挥植物的生态景观特性，将观形、观色、闻香、赏花、品果、观叶集于一体。

五、园林小品

园林小品是指园林之中体量小巧、造型别致、富有情趣、功能明确的构筑物。这些构筑物可以点缀环境，活跃景色，烘托气氛，加深意境，使园林景观更加富于表现力，是园林构成必不可少的要素。园林小品类型多样。园门、景墙、景窗、雕塑、花坛、园路、桌凳等在满足实用功能的同时，其造型、色彩、质地、布设的追求，也可成为造景的点睛之笔。

第三节　中国古典园林的审美特性

人生存于天地之中，只是天地万物中的一分子，也是宇宙的一个不可缺少的组成部分；人必须顺应自然规律，追求自然之道和人为之道的统一，以及人与自然和谐的价值目标。中国传统哲学的"天人合一"思想渗透到了各个领域，也包括园林。中国古代造园家为体现这一思想，将自然和人工融为一体，使中国的园林可行、可望、可游、可居，既有曲径通幽处、玲珑雅致的意趣，也有山重水复、柳暗花明的境界，充分展现了大自然的神妙之处。中国园林的美学特征具体表现在以下几个方面。

一、虽由人作，宛自天开

中国古典园林表现出迥异于西方古典园林的审美旨趣。西方园林所体现的是人工美，布局多采用几何规则形式，以恢宏的气势，开阔的视线，严谨均衡的构图，以及丰富的花坛、雕像、喷泉等装饰，体现一种庄重典雅、雍容华贵的气势，并呈现出一种几何图案美。中国古典园林则追求山林野趣，崇尚自然天成。"虽由人作，宛自天开。"既不求轴线对称，也没有什么规则可循，根据自然地势，将建筑、山水、植物自由和谐地组成一个整体。园内景物，树无行序，石无定位，山有峰回路转之势，水呈迂回萦绕之态，建筑物也随地形变化而高低起伏，参差错落。这种灵活多变、不求齐一的布局充分显示出中国古典园林浑然天成的气韵。

中国古典园林在规划设计时，从选址定位、总体布局到景观配置、尺度比例都充分利用原有的自然条件，有山依山，有水傍水，按自然山水风景的形成规律来塑造园中的风景，使园内景色富有自然天真的魅力。北京的颐和园就是利用原有的自然山水修建成的大型园林。颐和园的前身是一座荒山和一片湖泊，始建于清代乾隆年间，在原有地势条件的基础上，扩湖堆山，遂有了峰峦凝翠、碧波荡漾的湖山风光。苏州私家园林的特点之一，也是顺应江南水乡的自然条件，布局灵活，变化有致。如拙政园的原地是一片积水洼地，造园时利用洼地积水，开挖成池，水面占全园面积的五分之三，不同形体的建筑多临水而筑，错杂环列，呈现出一派江南水乡风光。各地众多的寺观园林多分布于风景区之中，或居山巅，或置山脊，或入山坳，完全融入自然山水之中，如福州鼓山涌泉寺、杭州灵隐寺、峨眉山报国寺等，都是依山傍水，与自然山水融于一体的寺观。

中国古典园林绝非一般地利用或者简单地模仿自然的原始状态，而是有意识地加以改造、调整、加工、剪裁，从而表现一个精练概括的、典型化的自然。这个特点在人工山水园林的叠山、理水方面表现得尤为突出。造园家利用不同形式、色彩、纹理、质感的天然石，塑造具有峰、岩、壑、洞等景致的假山，使人们仿佛置身于大自然的崇山峻岭之中——假山遂成为中国古代园林中最富表现力和最有特点的形象。而人工理水也都是河、湖、溪、涧、泉、瀑等自然水的形态的艺术概括与应用。水面曲折有致，以山石为驳岸，以及筑岛、架桥等手法，尽显天然水景的意蕴。园林植物的栽植也同山水造景一样，要顺应自然。我国古典园林中栽花种树的原则，是让其自然生长，不进行过度的人工约束。因此，在中国古典园林中几乎看不到西式花园中那种笔直的林荫道，修剪成几何形体的树木和十分对称、规整的花台，园中植物几乎都是姿态舒展、生意盎然的。而且它们往往间杂种在一起，就像在山野中一样。有姿态古拙可以入画的老树，有随时节变化的各色花果，诸如桃、李、海棠、柿子等花果树木，在园林中相映成趣，平添了不少山野气息。

二、咫尺山林，小中见大

荟萃于江南的中国古典园林，尤以苏州为胜，多为明清时代的遗存。从造园的历史发展来看，明清园林较之唐宋园林的空间范围小了很多。在本已不大的空间里，再构建许多庭院，空间上的矛盾也就更加尖锐。然而，经过造园者的精心构思、巧妙安排，空间有限的园林却小中见大，以有限的景物呈现出广阔的空间。南朝宗炳说："昆仑山之大，瞳子之小，迫目以寸，则其形莫睹，迥以数里，则可围于寸眸。"计成也在《园冶》中说：

"多方胜景，咫尺山林。"可见"咫尺山林，小中见大"不仅是绘画的表现手法之一，也是园林意境的重要表现手法，即通过这种手法将大自然的广阔风光浓缩于小而精的园林之中。具体手法主要有如下几种：

（1）聚天下之精华，再现大千世界

古典园林之所以能产生小中见大、咫尺千里的效果，是因为造园者在有限的空间里，营造了包括山水、建筑、植物等元素在内的丰富多彩、千姿百态的景观体系，再现了令人目不暇接的"天上人间诸景备"的大千世界。山水是园林的主体。造园叠山，总是尽可能在不大的空间内，叠建起峰峦起伏、意态万千的山陵，最大限度地利用山石的高低凸凹、聚散开阖，构成千变万化的悬崖、峭壁、涧壑、洞穴、蹬道、麓脚……充分发挥山体的空间变化。如苏州的环秀山庄的叠石是举世公认的好手笔，自然山川之美经概括、提炼后，浓缩到一亩多地的有限范围之内，形成了峰峦、峭壁、山涧、峡谷、危径、山洞、飞泉、幽溪等一系列精彩的园林景致，通过"寓意于景"，使人产生"触景生情"的联想。这种联想的思路，必能飞越那高高围墙的边界，把人的情思带到浩瀚的大自然中去，这样的意境空间是无限的。这种传神的"写意"手法的运用，正是中国园林布局的高明之处。庭园建筑总是形态各异，如楼、阁、厅、堂、馆、轩、斋、室、亭、榭、廊、舫、塔、台等。这些建筑既是人们观景休憩的所在，又是与山水融为一体的景观。园内还遍植名卉嘉木，丰富、美化了山水、建筑景观。总之，面积有限的园林，容纳了众多的景观，穿行园中，处处有景，令人应接不暇，流连忘返，从而扩大了人们心理上的空间感。

（2）借园外之风景，收无限于有限之中

中国古典园林还常常运用借景的艺术手段。所谓借景，就是将本来不属于园内的风景通过一定的叠合、引入等方式组合到园内，从而弥补古典园林空间小等不足之处，使园林通过引入其他风景而更为丰富，更富魅力。借景有多种方式。借用远处景物为远借，如无锡的寄畅园远借惠山，济南的大明湖远借千佛山，苏州的寒山寺远借狮子山、天平山和灵岩山，北京的颐和园远借西山群峰和玉峰塔。借用本园附近的景物为邻借，如苏州的沧浪亭，园的北部临河，造园者于此处不筑高墙，而循岸建造了一条曲折长廊，将园外河水纳入园景。借用高处景色为仰借，如南京玄武湖之借钟山、北京北海公园之借景山等。其他诸如借天光云影、借黄莺或鸿鹄等，也都属于仰借。居高临下，俯视地面景物为俯借。如登上杭州葛岭，可以俯赏西湖全景；身在镇江金山寺塔，可将滔滔长江尽收眼底。此外，可以借虚景，如借助于傍晚的晚霞，借助于深夜的弯月与圆月，借助于雨后的朝霞与彩虹，借助于日出日落、春风冬雪等景象，使得园林具有更为别致之美。而声音作为虚景的一种，也可以丰富园林内的实景。如鸟唱蝉鸣可以增添园林内部的幽静与恬然，残荷夜雨则使园林更具有清幽之美。

（3）欲露而藏，先抑后扬

为了使园林避免直率浅露，一览无余，造园者往往采用欲显而隐或欲露而藏的手法，把某些景观或藏于偏僻幽深之处，或隐于山石、树梢之间，使其伴随着游客的游览而一点一点地呈现出来，给游客"柳暗花明"的豁然之感。这种欲露而藏的手法，开拓了园林的境界，给人们的联想与想象留下了极大的余地。在中国古典园林中，许多园林都采用了这一手法。如颐和园入口处一组大殿（如仁寿殿、乐寿殿等）挡住了游人的视线，过了大殿，眼前豁然开朗，秀美无比的万寿山和烟波淼淼的昆明湖映入眼帘，那湖光山色美不胜收，尽收眼底，此时真正的画面才在游人面前展开。又如苏州留园，它的入口是一条狭窄的走廊，将全园分割成几个小小的庭院，透过走廊上一排排形态各异的漏窗，园中部的池、台、亭、榭若隐若现，使景物不至一览无余。人们穿过"涵碧山房"，步入近水凉台，但见周围山石峻峭，高低错落，远望迂回曲折，仿佛深不见底，步移景异，变幻无穷，有"山重水复疑无路，柳暗花明又一村"的惊喜，游客不禁被园内的美景而打动；网师园入口处的处理则是通过几重小院落，逐层递进，逐步揭开内部精彩空间的面纱；拙政园入园便有山石，用以遮挡视线，使园景随着步移景异，逐步出现在游客眼前。

（4）扩大景深，增加层次

在江南园林中，造景深多利用水面的长方向，往往在水流的两面布置林木或建筑，形成两侧夹持的形式。借助于水面的闪烁无定、虚无缥缈、远近难测的特性，从流水两端对望，无形中增加了空间的深远感。同时，园林中景物的层次越少，视野就越开阔，即使是大的空间也会感觉变小。相反，层次多，景越藏，空间就越显幽深。所谓"景愈藏，景界愈大；景愈露，景界愈小"，因此，在较小的范围内造园，设计者为了扩大空间的感受，在景物的组织上，一方面运用对比的手法创造最大的景深，另一方面运用掩映的手法增加景物的层次。以拙政园中部园林为例，游客由梧竹幽居亭沿着水的长方向西望，不仅可以获得最大的景深，而且大约可以看到三个景物的空间层次：第一个空间层次结束于隔水相望的荷风四面亭，其南部为邻水的远香阁和南轩，北部为水中的两个小岛，分列着雪香云蔚亭与待霜亭；通过荷风四面亭两侧的堤、桥可以看到结束于"别有洞天"半亭的第二个空间层次；而拙政园西园的宜两亭及园林外部的北寺塔，高出低矮游廊的上部，形成最远的第三个空间层次。一层远似一层，空间感比实际的距离深远得多。

三、诗情画意，意境幽远

中国的诗歌、绘画及戏曲等传统艺术都十分注重意境的营造，讲究心与物、情与景、意与境的交融与渗透，园林艺术也不例外。中国园林的意境是通过园景形象反映出来的，它使游览者触景生情，产生共鸣和联想，感悟到景象所蕴藏的情感、观念，进而感知情景交融的艺术境界。在中国古人那里，很多造园者甚至园主本人即为诗人或画家。造园者在构造景观时，不是单纯地模山范水，再现客观的自然景色，而是在山水、花木与建筑之间，融入自己的思想感情，使和谐优美的园林景观不仅只是一种客观的物质对象，还是造园者主观意识的显现。在意境的创造中，"意"起着统摄的作用。境随意高，意随景深。深邃的意境离不开创作者高远澄明的志向和超凡脱俗的情趣。园林意境的创造重在立意，大至全局整体，小至片石株树，都要以意为聚焦点，把各种造景因素——组织起来，构成情与景谐、意与境合的园林意境。

以居苏州四大名园之首的拙政园为例。明嘉靖十八年（公元1540年），园主王献臣因仕途不得志，隐退苏州，借西晋潘岳《闲居赋》中"庶浮云之志，筑室种树，逍遥自得，池沼足以渔钓，春税是以代耕，灌园鬻蔬，以供朝夕之膳，牧羊酤酪，俟伏腊之费，孝乎唯孝，友于兄弟，此亦拙者之为政也"之说，以寄托思想感情。拙政园景点之中远香堂、荷风四面亭、与谁同坐轩等，便是当时造园者看淡世事，寄情于景物之中的具体体现。《庄子·秋水》记载，有一次庄子和惠施游于濠梁之上，庄子说："水里的鱼游来游去，多么快乐呀。"惠施说："你不是鱼，怎么知道鱼的快乐呢？"庄子回答道："你不是我，怎么知道我不知道鱼的快乐呢？"这段对话充满了智慧和情趣，流传极广，后世不少园林作品都引用了这个典故。如无锡的寄畅园中有"知鱼槛"，颐和园的谐趣园中有"知鱼桥"，香山静宜园中有"知鱼濠"，圆明园中有"知鱼亭"，北海公园中有"濠濮间"，所追求的都是乐而忘忧、自得放达的境界。拙政园中的与谁同坐轩出自苏东坡词"与谁同坐？明月、清风、我"。扇窗单座被这样渲染，显现出诗人流连山水、孤芳自赏、希求超脱的感情。"岁寒，然后知松柏之后凋也"，松被赋予了拟人化的象征含义，松树象征端庄正气、坚韧不拔、生命力旺盛、孤傲清逸等精神品质，因此，历代文人皆爱植松柏以比德。松风水阁位于拙政园中部景区西南，水阁东南种有一片松林，每当风入松林，声如波涛。如此的设计传递的是园主对高洁清逸人格的追求。听雨轩巧妙应用听觉感官营造了一种特殊的意境；其在园内的一角种有芭蕉，每当下雨，雨打芭蕉叶的声响便烘托了雨景的氛围，院内的池边桂花、玉兰、桃、竹等作为陪衬，丰富了四季景色的变化。留听阁里赏雨景的亭子，其东面和南面两侧均临水池，池内培植荷莲，荷叶尽铺池面；取意于李义山的诗句"留得枯荷听雨声"的留听阁，每逢入秋时分，秋雨连线，雨滴在残荷上跳跃滚动，于阁内品茗听雨甚有诗情。

　　园林意境也不只是指眼前实际的山水或建筑，还包括欣赏者通过联想与想象，超越眼前有限的景象，从而感受到的"象外之象""景外之景"，以及幽远深邃的艺术空间。拙政园中有一个名为"待霜"的小亭，亭周种植橘树，环境优雅，即使在无桔之时，寒霜降临、橙桔满树的秋色也值得期待。苏州狮子林内赏梅处有问梅阁，阁上窗格都有梅花纹，室内桌、椅都制成梅花式样，即使在梅花未开的时节，也会使人产生梅花盛开的联想。

　　中国山水园林是山水诗、画的物化形态，一向被称为"凝固的诗""立体的画"。具有文学内涵的园林命名，富有文采韵致的景观题名，高人雅士所置景观，如庄子的濠上观鱼、濮水钓鱼，孔颜乐处，王羲之兰亭雅集，谢安的东山风流，陶渊明的桃花源，陶弘景的爱听松风，王维的竹里馆，都是古典园林及园中景点立意构思的主要艺术蓝本，即造景依据。庄骚的理趣、唐诗的风韵、宋词的清雅，集于一体。徜徉园中，犹穿行回旋于古代诗文阡陌之中，给人以无尽的回味。

　　在园林设计中，造园者往往根据文学家的名诗佳句来进行构思立意，以创造引人遐想的园林意境。在园林建成后，需要点景题名，这些题名也多借助文学手法或点化前人诗文句意，如画龙点睛一般道出景点的主题或意境。如拙政园的远香堂与留听阁都是夏日赏荷的景点，远香堂取意于周敦颐的《爱莲说》："香远溢清，亭亭净植，可远观而不可亵玩焉"；留听阁取意于李商隐的诗句："留得枯荷听雨声。"两处题名，一从嗅觉感受入手，一从听觉感受入手，沟通了各种审美感受之间的联系，丰富了游园者的美感，形成了含蓄蕴藉、耐人寻味的意境。拙政园梧竹幽居位于水池的尽头，对山面水，在游廊后面种了一片梧桐和竹子，是一个幽深之处。其额曰"月到风来"，楹联为"爽借清风明借月　动观流水静观山"，不仅用清波和假山的动静加以对比，还引入了清风与明月，使"梧竹幽居"充满了诗情画意。杭州中山公园内有一座极为普通的四方亭，亭上有一副对联："水水山山处处明明秀秀 晴晴雨雨时时好好奇奇"。额为"西湖天下景"。这副对联使这个原来不足为奇的园林空间意境倍增。网师园中有"月到风来亭"，因唐代诗人韩愈"晚年将秋至，长风送月来"之句而得名，因亭的位置宜于秋季赏月，有"月到天心，风来水面"之意趣。

"画意"则是中国风景式园林所共有的特征。中国古典园林与中国绘画一样被美学界公认为同属于写意的艺术范畴。中国山水画并不拘泥于客观对象，而是以画家的主观感受为主，用最简约的笔墨点染最深远的艺术效果。这一点与中国园林艺术对大自然的概括、提炼十分相似。中国古典园林处理手法从立意构思到具体技法都借鉴绘画，力求达到高度的情景交融境界，因而形成了"以画入园，因画成景"的传统。中国园林画意的表现方法主要有以下几种：

（1）烘托主景

中国山水画大多数有主景，有中心。所谓"画中有宾有主，不可使宾胜主"，这就是说园林造景，往往以一个主景为中心，或以山，或以水，或以建筑。以山见胜的环秀山庄，以水见长的网师园，以建筑称雄的北海白塔等，都是突出一个中心的生动体现。树、石、竹等元素的应用以衬托主题为佳。

（2）虚实相生

山水画非常讲究"虚实相生，无画处均成妙境"（清代画论家笪重光《画筌》），讲究留白。但画面的留白，并不是空无一物，而是以虚代实。建造园林十分注重布置与处理空间，即在"空"的地方，也要达到"虚中有实，实中有虚"。常见的手法有：用水面衬托庭院，延伸空间，以虚代实。圆明园的"上下天光"一景，似镜借的手法，以实代虚；苏州怡园面壁亭，用镜子把对面的假山和螺髻亭收入镜内，扩大了境界。另外，借用粉墙而使树影倒映其上，以产生虚实相生的景色。扬州的寄啸山庄（何园）后山上的小亭与曲树，在粉墙上产生的影子，则构成了一幅美丽的"抽象画"。

（3）散点透视

山水画为了加深层次，常用散点透视法。北宋郭熙在《林泉高致》中提出"三远法"（高远、深远和平远），即通过不同的视觉角度来传递不同的艺术魅力。视平线（视觉消失线）在等分线以上的为"平远"，而视平线（视觉消失线）高于等分线以上，一半位置以上的甚至超出画面顶端的为

"深远"，只有"高远"视平线（视觉消失线）会在等分线之下，这是三远法透视的基本概念。其中，深远法对园林影响最大。因为它可以用层次重叠来加强景深感。山外有山，虽隔而不断；树外有树，似连而非连。一处园林就是一处空间，但大多数面积是有限的。为了创造出比实际空间更深更远的意境，常用借景和空间渗透来扩大空间。另外，造园者还吸取了山水画中建筑与树木交叠的方法，直接应用画论于园林之中。树石排齐，以屋宇间之，屋后再作树石，层次则更深矣。山水画忘平、忘齐、忘均，有疏有密就打破了平均。园林造园者受其影响很深，非常注意疏密变化。疏密处理得好，便于形成生动活泼、各式各样的空间。

第四节　中国古典园林的审美方法

观赏中国古典园林，可以采用动观与静观的方法，选择不同的视距与视角；还可以利用与园林相关的文学作品，以文导游，或者运用绘画的经验与知识，以画观园，从而把握园林景观丰富的审美因素。

一、动观与静观

古典园林有山有水，景物多变，要想全面细致欣赏园内的美景，须将动观与静观结合起来。既要动观，即漫步园中，景随步移，一一游遍园内的各个景点；又要静观，即驻足凝神，静心观赏园林的美。

动观是欣赏园林美的必不可少的方式，只有动态观赏，才能有步移景异的效果，将园中之景尽收眼底。要取得较好的动观效果，必须选择一条合适的观赏路线，尽可能达到在行进中眼前园林美景如画卷般徐徐展开的效果。要选择较好的观赏路线，又必须了解园林布局的特点。"园有一定之观赏路线，正如文章之有起承转合，手卷之有引首、卷本、拖尾，有其不可颠倒之整体性。"（陈从周《说园》）游览还要控制行走的速度与节奏，日常行走可以快速，游园则必须缓缓而行，正如陈从周所说："旅须速，游须缓，相背行事，有负名山"（陈从周《说园》），游园的魅力在于游的过程之中。正是在移步换景的缓缓游览动态观赏过程中，游者才能领略到时而峰峦叠翠，时而小桥流水的空间变换，感受到疏密相间、虚实相生的如画意境，体验到峰回路转、曲径通幽的乐趣。游者只有行进在园林之中，才能获得酣畅淋漓的审美享受。

除了动观以外，还要有静观。中国古典园林景物含蓄，意境深邃，只有凝神入静，细心品味，才能感受到其中的美，若匆匆一瞥，浮光掠影，往往难以把握其中的精髓。造园者为了便于游者静观，往往在园中设置了许多观赏点，让游者驻足小憩，静观细赏。适合静观的位置多在厅堂、轩榭、楼阁、亭台等处，这些地点往往视野开阔，面对着园中最精彩的景致。游园时，宜坐、宜留，既可以在岸边细数池中游鱼，赏水底摇曳的青苔，也可以在亭中迎风待月，发思古之幽情。如北京颐和园谐趣园中的饮绿亭、苏州留园的濠濮亭、拙政园的与谁同坐轩、扬州瘦西湖的吹台，都建于池岸石矶之上或凸入水中，十分适宜闲坐静观。欣赏小型园林往往以静观为主，大园因为有较长的游览路线多以动观为主，实际上二者又是交互结合在一起的。

二、视距与视角

欣赏园林美，要选择恰当的观赏距离与观赏角度。面对同一个观赏对象，不同的观赏距离与观赏角度会带来不同的观赏效果，所谓"横看成岭侧成峰，远近高低各不同"。视距是指游者与景物画面之间的视觉距离。一般来说，视距较远，能看到物体的全貌及其背景；视距较近，可以看清物体的局部与细节。宋代画家郭熙在谈到欣赏山景时曾说："真山水之川谷，远望之，以取其势；近看之，以取其质。"（郭熙《林泉高致》）这里所说的"势"，是指山水整体所具有的气势；这里所说的"质"，是指山林泉石所具有的形状、质地、纹理及色彩。在游园中，要把握景物整体的美，就要与对象保持较远的距离，远观其势；而要欣赏景物的细微之处，就要走到近处，近品其质。大型园林空间广阔，山水、建筑的体量与面积都较大，要把握景物的整体之美，需要相对较远的视觉距离。如北京颐和园的知春亭是园中的主要观景点。处在这个位置，游人可以纵观前山前湖景区的主要景色，将北面的万寿山、西堤直至南面的龙王庙、十七孔桥、廓、如亭等景观尽收眼底。位于亭中，平移视线，犹如在观看一幅中国山水画的长卷。从视距上说，知春亭距万寿山前山中部排云殿、佛香阁等建筑群及龙王庙小岛各为500至600米，这一距离是人们正常视力能看清物体轮廓的极限。在这一视距内的景物构成了长卷画面的中景。而1000米以外的西堤、玉带桥则成画面的远景。私家园林中的假山受空间限制，一般仅有数米高。观赏私家园林中的假山，视距不宜过远，否则会使山石显得过于低小。

视角是指游者的视线与景物所形成的角度。在园中漫步，随着地形起伏或建筑的高低错落，游客既可仰观天地之悠悠，又可俯视众景之渺渺，视角多变，美景无限，妙趣横生。在北京颐和园内，万寿山前山的佛香阁扼全园制高点，巍然雄踞山腰，仰观时气势恢宏；而登临阁上，俯视开阔的湖面，水光潋滟。扬州的寄啸山庄也是充分利用了俯仰观景的妙趣，用上下两层的廊子和假山磴道贯通全园，形成了观赏的立体路线，湖光山色与楼阁廊道相映成趣。

三、带着诗情游览

古典园林是"凝固的诗"，园中的景名、匾额、楹联、题咏等都是散发着盎然的诗情和隽永的诗味，它们起到了揭示景物特色、深化景观境界、激发游者情感与想象的作用。在游园中，游者要带着诗情，充分发挥想象，根据一些经典的文学作品，去体悟景物的特征和造园者的立意，从而得到最大的审美享受。比如，读过周敦颐的《爱莲说》，理解《庄子》的鱼之乐，知闻兰亭集宴的故事，当你游览"远香堂""濠濮间""流杯渠"等景点时，就会在更深层次上获得人生感悟，获得一种心领神会的精神享受。

楹联是中国独有的文学艺术形式，以隽永之文辞点景，加以美妙之书法，常常令人一唱三叹，徘徊不已。在济南大明湖的北岸，铁公祠西圆门两侧镶嵌着一副名联："四面荷花三面柳　一城山色半城湖"。此楹联是由清代诗人刘凤诰吟咏、大书法家铁保书写，而被人刻在条石上的。济南大明湖自古遍生荷花，湖畔垂柳依依，花木扶疏，湖光山色，美不胜收。这副对联正是它风景的最好写照，而且对仗工稳、平仄协调，二百多年来一直被人传诵。苏州拙政园远香堂东侧黄石假山山顶处有绣绮亭，其名取自杜甫诗："绮绣相辗转，琳琅愈青荧。"亭内悬"晓丹晚翠"匾，亭柱上挂竹刻楹联一副："生平直且勤　处事和而厚"。又雪香蔚亭，有联一对"蝉噪林愈静　鸟鸣山更幽"，以蝉噪和鸟鸣来衬托此亭之幽静。荷风四面亭对联为"四壁荷花三面柳　半潭秋水一房山"，点出了此亭之特色。沧浪亭的楹联为"清风明月本无价　近水远山皆有情"，此联出自园主苏舜钦和欧阳修的唱酬诗中。苏舜钦罢官流寓苏州筑沧浪亭，寄书欧阳修，欧阳修作"沧浪亭"长诗回赠，诗中有"清风明月本无价　可惜只卖四万钱"之句。下联取自苏舜钦《过苏州》诗"绿杨白鹭俱自得　近水远山皆有情"之句。苏州留园的闻木樨香轩，位于黄石假山之上，山上桂树丛生，八月中秋，桂花盛开，香飘四方，故取名"闻木樨香轩"。上书对联"奇石尽含千古秀　桂花香动万山秋"，恰到好处地点明了此处怪岩奇石、月桂飘香的迷人景象。

　　总之，中国古典园林中的景名、楹联、匾额等，虽仅片言数语，却意蕴隽永，游者很容易由欣赏这些文学作品而激起强烈的情感反应，然后再移情入景，更深切地把握园林景观的情感意蕴。

四、走在立体画中

　　古典园林是立体的画，造园者在园景的构思上与山水画审美同构，因此游客可以运用赏画的方法来观园。

　　绘画作品一般都有画框。画框起着从整体景物中分离画面、凸现画面和组织画面的作用。游园者可以采用绘画以画框取景的方式选择佳景，将某一局部从整体背景中分离出来，组织画面。园林中的门洞窗户及树枝空隙，都可以构成"框景"的效果。

　　中国画多表现在不同视点所看到的景物，并将在不同时间、地点所见到的景物并列于同一个画面之中。中国园林是空间与时间的综合艺术，景观布置呈线性排列，实际上与山水画的连续构图相通。游客可以按照赏画的方法欣赏园林。驻足观望时，可看到一幅幅静态的绘画；人边走边看、移步换景时，似在展开一幅连续的风景卷轴画。

第五章　中外古建筑的审美

　　建筑本身除了具有最初的供人生活居住的实用功能外，还是人类社会最早出现的艺术门类之一，建筑中的美学问题也是人们最早探讨的美学课题之一。当建筑还处于手工业生产的时代，无论是建筑师自觉的创作还是工匠们不自觉的劳作，他们都是把建筑作为艺术品对待的。我们今天欣赏古代建筑，从巍峨的宫殿、教堂到简朴的民居、作坊，总能从中感觉到醇厚的艺术风味。

　　什么是建筑美，这种美是怎样产生的，它对人对社会有什么作用等问题，都是属于建筑审美功能的范围。建筑艺术是按照美的规律，运用建筑艺术的独特语言，使建筑形象具有文化价值和审美价值，具有象征性和形式美，体现出民族性和时代感。

第一节　中国古建筑的审美历程

　　中国古代建筑体系在三千多年前的殷商时期就已经初步形成，其发展历程大致可分为商周、秦汉、三国两晋南北朝、隋唐五代、宋辽金元、明清等六个时期。直到 20 世纪，中国古建筑始终保持着独特的结构和布局。中国古建筑既求实用，又突出高雅品位和东方神韵，其背后深蕴中华文化之精义，宜合地理之气候特征，与风水之调和，与人居之生息，与自然之融通，无不恰到好处地体现了中国传统文化中"天人合一"的理念，反映古人之生活态度和价值观念，是华夏大地这方水土之上人们生存和生活的重要印记，是集物质功能与精神功能于一身的特殊艺术形式。

一、古城建筑

古城建筑主要包括城墙、城楼与城门，还有钟楼和鼓楼。城墙材料以夯土为主。三国至南北朝时期出现了在夯土城外包砌砖壁的做法。明代，重要城池大多用砖石包砌，城门是重点防御部位，门道深一般在 20 米左右，最深达 80 米。唐代边城中出现瓮城，明代在瓮城上设置箭楼，北京内城正阳门城楼及箭楼、城东南角楼是明代城墙建筑中的优秀作品。钟楼、鼓楼是古代城市中专司报时的公共建筑。宋代就有专建高楼安置钟、鼓的记载。明代在北京城中轴线北端建鼓楼和钟楼，其下部是砖砌的墩台，上为木构或砖石的层楼。具有代表性的古城建筑有淹城商末周初遗迹、唐都长安、古城南京、古城北京、平遥古城等。

实例欣赏：平遥古城

城墙是中国古代重要的军事防御工事，平遥城墙历史悠久、保存完整。相传始建于西周宣王姬静时期，距今已有 2700 多年的历史。最初是低矮的城垣，为了满足军事防御的需要，在明洪武三年（1370 年）扩建，改筑为今日所见到的砖石城墙，而在明清两代 500 余年间，先后有 26 次修缮补建，所以至今保持着明清两代的城墙风貌。

现存的平遥城墙，是我国现存完整的三座县城城墙之一，而其规模之宏大、建筑之完整又雄踞三城之冠。其城墙高 10 米左右，环城 6 道城门，南北各一，东西各二，并且六座城门外均筑有瓮城，城墙外每隔 40 至 60 米建有一座突出于墙外的马面，也叫"敌台窝铺"。从建筑的角度讲，马面加固了墙体，使整座古城更坚固敦实，突出了军事防御的功能。敌人如果攻城的话，处于马面间的守兵可以从一个正面及两个侧面来攻击敌人，使之腹背受敌，这便是军事上所谓的左右夹攻、两台相应和旁敲侧击的兵法。每个马面上都筑有一座敌楼，敌楼在平日供士兵遮风避雨，战时则存放武器军械，借助这些凌空的建筑，守城将士可"眼观六路，耳听八方"，有效地组织火力，以抗击敌人。

瓮城是建在大城外的一座小城，用于增强城池的防御能力，它共设里外两道门，并且呈 90°。从科学角度讲，平遥古城位于山西中部黄土高原地区，风沙比较大，这样修建可以防止风沙直直地侵袭城内街道；从军事角度讲，当敌人攻进了瓮城的第一道门，但他们没有想到里面还有一道门，这样守城士兵便能居高临下，四面组成交叉射击网，给瓮城内敌人以致命的打击，成语"瓮中捉鳖"可以说是对瓮城功能最生动有趣的描述了。

另外，城墙上的垛口和眺望孔用来射击和监视来犯之敌，环城有 3000
垛口、72 敌楼，隐含了孔子 3000 弟子、72 贤人的历史典故。在庞大的军事
设施上体现了浓厚的儒家思想，隐含着古代人们厌恶战争、祈求和平、崇
尚仁政的理想。其中 72 座敌楼也是观察敌情、组织火力的瞭望台，一字长
蛇状的敌楼守将，把观察到的敌情飞马禀告角楼，再层层呈报给城楼上的
主将，点线结合，整体配合，形成了城楼阻击攻门的敌人主力，角楼主辅
助，城楼主坚守，敌楼以攻为守，形成以三面火力击杀敌人的作战态势。

虽然平遥不是军事重镇，也不是天险关隘，但其精妙的设计和完备的
功能就足以体现古人"居安思危，防患于未然"的意识和智慧了。历史上，
这座古城曾凭借这座坚固的城墙，抵御过金兵的南下，打退过蒙古兵的掠
夺，更痛击过日寇的入侵，如今城墙外侧墙体上留存的累累弹痕仍在讲述
着以往的故事。

平遥城墙设计严谨，雄健壮观，据说是依"龟前戏水，山水朝阳"之
法选址，"以险制塞"之理修筑，数百年来虽经风雨侵蚀，战火硝烟，仍然
坚固如初，相传此为长寿永固的"龟城"。南门为首，北门为尾，东西四门
为四肢，加上城池内四大街、八小街、七十二条蚰蜒巷按纵横有序的八卦
龟纹排列，寓意平遥古城金汤永固、万代吉祥。

整个城区布局有序，设计精妙，严格按照汉民族的礼制和传统的城市
规划思想及布局程式修建，是中国明清时期汉民族地区县城的活标本，城
的中心为市楼，南大街为中轴线，形成"左城隍、右县衙、左文庙、右武
庙、东道观、西寺院"的对称布局，颇有《周礼》"左祖右社，前朝后市"
的礼序遗风。整座城池又是由城墙、街道、店铺、寺庙、民居组成的一个
庞大的古文物建筑群。

二、宫殿建筑

宫殿专指帝王举行仪式、办理政务与居住之所。宫殿建筑是由封建王
朝集中当时国内的人力、财力和物力，以最高的技术水平建造而成的。宫
殿建筑与其他官方建筑相比有如下特点：军事上的防御功能；政治上以皇
权为中心的等级观念；外观上既庄严宏伟又富丽堂皇。已知最早的宫殿遗
址，发现于河南偃师二里头村，建于公元前约 1500 年的商代。故宫是中国
宫殿建筑最后的、也是最成熟的形态。故宫是中国明清两代的皇家宫殿，
旧称紫禁城，位于北京中轴线的中心，是中国古代宫廷建筑之精华。

实例欣赏：明清皇宫

北京故宫是中国明清两代的皇家宫殿，旧称为紫禁城，位于北京中轴线的中心，是中国古代宫廷建筑之精华。北京故宫以三大殿为中心，占地面积约 72 万平方米，建筑面积约 15 万平方米，有大小宫殿七十多座，房屋九千余间，是世界上现存规模最大、保存最为完整的木质结构古建筑群之一。北京故宫于明成祖永乐四年（1406 年）开始建设，以南京故宫为蓝本营建，到永乐十八年（1420 年）建成。它是一座长方形城池，南北长 961 米，东西宽 753 米，四面围有高 10 米的城墙，城外有宽 52 米的护城河。紫禁城内的建筑分为外朝和内廷两部分。外朝的中心为太和殿、中和殿、保和殿，统称"三大殿"，是国家举行大典礼的地方。内廷的中心是乾清宫、交泰殿、坤宁宫，统称"后三宫"，是皇帝和皇后居住的正宫。

故宫严格按照《周礼·考工记》中"前朝后市，左祖右社"的帝都营建原则建造。整个故宫，在建筑布置上，根据形体变化、高低起伏的手法，组合成一个整体；在功能上符合封建社会的等级制度，同时达到了左右均衡和形体变化的艺术效果。中国建筑的屋顶形式是多样的，在故宫建筑中，不同形式的屋顶就有 10 种以上。三大殿的屋顶各不相同。故宫建筑屋顶铺满各色琉璃瓦件。主要宫殿建筑以黄色为主，绿色用于皇子居住区的建筑。其他如蓝、紫、黑、翠及孔雀绿、宝石蓝等五色缤纷的琉璃，多用在花园或琉璃壁上。太和殿屋顶当中正脊的两端各有琉璃吻兽，稳重有力地吞住大脊。吻兽造型优美，是构件又是装饰物。一部分瓦件呈现出龙凤、狮子、海马等立体动物形象，象征吉祥和威严，这些构件在建筑上起到了装饰作用。

三、礼制与祠祀建筑

凡是官方用于举行祭祀、纪念活动的建筑统称为礼制建筑；凡是民间用于祭祀的建筑，称为祠祀建筑。礼制和祠祀建筑大略分为四类：祭祀天地社稷、日月星辰、名山大川的坛、庙；从君王到士庶崇奉祖先或宗教祖的庙、祠；举办以行礼乐、宣教化为目的的特殊政教文化仪式的明堂、辟雍；为统治阶级所推崇、为人民所纪念的名人专庙、专祠。

实例欣赏：北京天坛

北京天坛是古代坛庙建筑中最重要的遗存。天坛位于北京城的南端，是明清时期皇帝祭天和祈求丰年的地方，始建于明初永乐十八年（1420 年），经清乾隆年间改建后成为今天这一辉煌壮观的建筑群。当时北京还没有外城，所以地点属南郊。因为古代以南为阳，天是阳性，所以必须建在南郊。后来嘉靖时筑外城，才将天坛包在外城之内。

天坛东西长约 1700 米，南北宽约 1600 米，总面积为 273 万平方米。天坛包括圜丘和祈谷二坛，围墙分内外两层，呈"回"字形。北围墙为圆弧形，南围墙与东西墙成直角相交，为方形。这种南方北圆，统称"天地墙"，以应"天圆地方"之说。天坛分为内坛和外坛两部分，主要建筑物都在内坛。南有圜丘坛、皇穹宇，北有祈年殿、皇乾殿，这两组建筑由一条高约 2.5 米、宽约 28 米、长约 360 米的甬道连接起来。

祈年殿是天坛的主体建筑，又称祈谷殿，是明清两代皇帝孟春祈谷之所。它是一座由鎏金宝顶、蓝瓦红柱、金碧辉煌的彩绘构成的三层重檐圆形大殿。祈年殿采用的是上殿下屋的构造形式。大殿建于高约 6 米的白石雕栏环绕的三层汉白玉圆台上，即为祈谷坛，颇有拔地擎天之势，壮观恢宏。祈年殿为砖木结构，殿高约 38 米，直径约 32 米，三层重檐向上逐层收缩作伞状。建筑独特，无大梁长檩及铁钉，28 根楠木巨柱环绕排列，支撑着殿顶的重量。祈年殿是按照"敬天礼神"的思想设计的，殿为圆形，象征天圆；瓦为蓝色，象征蓝天。祈年殿的内部结构比较独特：不用大梁和长檩，仅用楠木柱和枋桷相互衔接支撑屋顶。殿内柱子的数目，据说也是按照天象建立起来的。内围的四根"龙井柱"象征一年四季春、夏、秋、冬；中围的十二根"金柱"象征一年十二个月；外围的十二根"檐柱"象征一天十二个时辰。中层和外层相加的二十四根，象征一年二十四个节气。三层总共二十八根象征天上二十八星宿，再加上柱顶端的八根铜柱，总共三十六根，象征三十六天罡。殿内地板的正中是一块圆形大理石，带有天然的龙凤花纹，与殿顶的蟠龙藻井和四周彩绘金描的龙凤和玺图案相呼应。六宝顶下的雷公柱则象征皇帝的"一统天下"。祈年殿的藻井是由两层斗拱及一层天花板组成，中间为金色龙凤浮雕，结构精巧，富丽华贵，整座殿堂显得十分富丽堂皇。

四、陵墓建筑

陵墓建筑一般由地下和地上两大部分组成。地下部分用以安葬死者及放置遗物、代用品、殉葬品等；地上部分专供举行祭祀和安放死者神主之用。古人视死如视生，尤以帝王为甚。陵寝建筑的特征主要表现在：第一，大多数利用自然地形，靠山而建，也有少数建在平原上。第二，多数依照帝王生前所居的宫殿形制来模拟建造地下宫殿。第三，从建筑材料来看，陵寝建筑以砖石结构为主，尤其是主体部分，且以灰色为基调。这与宫殿建筑以木结构为主，以明朗、艳丽的色彩为基调形成极大反差。第四，陵寝前建有神道，神道上建有门阙，两边有石人、石兽等石象生，有较浓厚的象征意义。陵寝建筑由于它的特殊性，即一帝一陵，因此保留下来的数量要远远大于宫殿的数量。大致说，汉代以后，帝王墓葬称陵，臣庶称墓。陕西西安临潼区秦始皇帝陵，是中国第一座皇帝陵。明清时期的皇陵保存较完整。明十三陵中长陵和定陵规模最大、最宏伟。清陵共分三处：辽宁省有老陵三座（永陵、福陵、昭陵）、河北省遵化市马兰峪的清东陵、河北省易县境内的清西陵。其中清东陵是我国现存陵寝建筑中规模最宏大、建筑体系最完整的皇家建筑陵寝。

实例欣赏：明长陵

明长陵位于天寿山主峰南麓，是明朝第三位皇帝明成祖文皇帝朱棣（年号永乐）和皇后徐氏的合葬陵寝，是十三陵中建筑规模最大、营建时间最早、地面建筑也保存得最为完好的陵墓。长陵的陵宫建筑，占地约 12 万平方米。其平面布局呈前方后圆形状，前面的方形部分由前后相连的三进院落组成。

第一进院落，前面设陵门一座，其制为单檐歇山顶的宫门式建筑，面阔显五间，檐下额枋、飞子、檐椽及单昂三踩式斗拱均系琉璃构件；其下辟有三个红券门。陵门之前建有月台，左右建有随墙式角门（已拆除并封塞）。院内，明朝时建有神厨（居左）、神库（居右）各五间，神厨之前建有碑亭一座。神厨、神库均毁于清代中期，碑亭则保存至今。

第二进院落，前面设殿门一座，名为祾恩门。据《太常续考》等文献记载，天寿山诸陵宫殿名为"祾恩殿"，殿门名之为"祾恩门"，明世宗朱厚熜亲易佳名。其中，"祾"字取"祭而受福"之意，"恩"字取"罔极之恩"意，长陵祾恩门，为单檐歇山顶形制，面阔五间（通阔约 31.44 米），进深二间（通深约 14.37 米），正脊顶部距地面高约 14.57 米。檐下斗拱为单翘重昂七踩式，其平身科斗拱耍头的后尾作斜起的杆状，与宋清做法皆不相同。室内明间、次间各设板门一道，稍间封以墙体。其中明间板门之上安有华带式榜额，书"祾恩门"三金字。"稜"字系后世修葺时误写。门下承以汉白玉栏杆围绕的须弥座式台基。其栏杆形制为龙凤雕饰的望柱和宝瓶、三幅云式的栏板。台基四角及各栏杆望柱之下，各设有排水用的石雕螭首（龙头）。台基前后则各设有三出踏跺式台阶。其中路台阶间的御路石上雕刻的浅浮雕图案十分精美：下面是海水江牙云腾浪涌，海水中宝山矗立，两匹海马跃出水面凌波奔驰；上面是两条矫健的巨龙在云海中升降飞腾，追逐火珠，呈现出一派波澜壮阔的雄伟景象。祾恩门两侧还各有掖门一座，均最随墙式琉璃花门，门上的斗拱、额枋，门顶的瓦饰、椽飞均由黄绿琉璃件组装而成，在红墙的映衬下格外醒目。院内，北面正中位置建有高大巍峨的祾恩殿。这座大殿在明清时期是供奉帝后神牌（牌位）和举行上陵祭祀活动的地方。

五、宗教建筑

寺庙是我国宗教建筑的主要类型，是佛教进行宗教活动的主要场所，主要用于供奉佛像、佛骨，进行佛事佛学活动，有寺院、塔和石窟三大类型。中国民间建佛寺始自东汉末。最初的寺院是廊院式布局，其中心建塔，或建佛殿，或塔、殿并建。佛塔按结构材料可分为石塔、砖塔、木塔、铁塔、陶塔等，按结构造型可分为楼阁式塔、密檐塔、单层塔。石窟是在河畔山崖上开凿的佛寺，渊源于印度，约在公元3世纪传到中国，其形制大致有塔庙窟、佛殿窟、僧房窟和大像窟四大类。中国石窟的重要遗存，有甘肃敦煌莫高窟、山西大同云冈石窟、河南洛阳龙门石窟等。代表性佛教寺院有洛阳白马寺、西安法门寺、河南少林寺、北京龙泉寺等。

道教建筑宫观是道教修道祀神和举行仪式的场所。从旅游欣赏的角度看，道教宫观具有以下特征：其一，木构院落式，群体建筑组合，一般由神殿、膳堂、宿舍及园林四个部分组成。其二，虽是宗教建筑，但却不失清新舒适的世俗意味。著名道观有北京白云观、西山万寿宫、茅山道院、苏州玄妙观、武汉长春观等。

实例欣赏：洛阳白马寺

洛阳白马寺位于河南省洛阳市洛龙区白马寺镇内。创建于东汉永平十一年（公元68年），中国第一古刹，世界著名伽蓝，是佛教传入中国后兴建的第一座官办寺院，有中国佛教的"祖庭"和"释源"之称，距今已有1900多年的历史。现存的遗址古迹为元、明、清时所留。寺内保存了大量元代夹纻干漆造像，如三世佛、二天将、十八罗汉等，弥足珍贵。

整个寺庙坐北朝南，为一长形院落，总面积约4万平方米。白马寺的主要建筑有天王殿、大佛殿、大雄宝殿、接引殿、毗卢阁等，均列于南北向的中轴线上。虽不是创建时的"悉依天竺旧式"，但寺址都从未迁动过，因而汉时的台、井仍依稀可见，有五重大殿和四个大院及东西厢房。整个寺庙布局规整，风格古朴。寺大门之外，广场南有近些年新建的石牌坊、放生池、石拱桥，其左右两侧为绿地。寺门之前有左右相对的两匹石马，大小和真马相当，形象温和驯良。这两匹宋代的石雕马，身高约1.75米，长约2.20米，作低头负重状。相传这两匹石雕马原在永庆公主（宋太祖赵匡胤之女）驸马、右马将军魏咸信的墓前，后由白马寺的住持德结和尚搬迁至此。

走进山门，西侧有一座《重修西京白马寺记》石碑。这是宋太宗赵光义下令重修白马寺时，由苏易简撰写，并于淳化三年（992年）刻碑立于寺内的。碑文分五节，矩形书写，人称"断文碑"。山门东侧有一座《洛京白马寺祖庭记》石碑，记载了元太祖忽必烈两次下诏修建白马寺的事迹，由当时白马寺文才和尚撰写，至顺四年（1333年）著名书法家赵孟𫖯刻碑立于寺内的，人称"赵碑"。

白马寺山门采用牌坊式的一门三洞的石砌弧券门。"山门"是中国佛寺的正门，一般由三座门组成，象征佛教"空门""无相门""无作门"的"三解脱门"。由于中国古代许多寺院建在山村里，故又有"山门"之称。明嘉靖二十五年（1546年）曾重建。红色的门楣上嵌着"白马寺"的青石题刻，它同接引殿通往清凉台的桥洞拱形石上的字迹一样，是东汉遗物，为白马寺最早的古迹。山门内东西两侧有摄摩腾和竺法兰二僧墓。五重大殿由南向北依次为天王殿、大佛殿、大雄殿、接引殿和毗卢殿。每座大殿都有造像，多为元明清时期的作品。毗卢殿在清凉台上，清凉台为摄摩腾、竺法兰翻译佛经之处。东西厢房左右对称。

整个建筑群宏伟肃穆，布局严整。此外，还有碑刻40多方，对研究寺院的历史和佛教文化有重要价值。

六、园林和园林建筑

中国传统园林是具有可行、可望、可游、可居功能的、人工与自然相结合的形体环境，其构成的主要元素有山、水、花木和建筑。它是多种艺术的综合体，体现着传统哲学、美学、文学、绘画、建筑、园艺等多门类科学艺术和工程技术的成就。按隶属关系，传统园林可分为皇家园林、私家园林、寺观园林和风景名胜四大类。其中现存最具代表性的园林有苏州网师园、拙政园、留园，扬州个园，无锡寄畅园，北京颐和园、圆明园，承德避暑山庄及外八庙等。

实例欣赏：承德避暑山庄及外八庙

两千多年来，历代皇帝为便于出行在全国各地修建了许多离宫（又称行宫），至今保存完好的主要有清代建造的避暑山庄及外八庙。它是目前中国最大的园林，占地达 5.64 平方千米。承德避暑山庄始建于 1703 年，历经清朝康熙、雍正、乾隆三代皇帝，耗时约 90 年建成。与北京紫禁城相比，避暑山庄以朴素淡雅的山村野趣为格调，取自然山水之本色，吸收江南塞北之风光，成为中国现存占地最大的古代帝王宫苑。山庄建筑规模不大，殿宇和围墙多采用青砖灰瓦、原木本色，淡雅庄重，简朴适度，与北京故宫的黄瓦红墙、描金彩绘形成鲜明对照。山庄的建筑既具有南方园林的风格、结构和工程做法，又多沿袭北方常用的手法，成为南北建筑艺术完美结合的典范。

七、居住建筑

中国疆域辽阔，不同的地理条件、气候条件及不同的生活方式，再加上经济、文化各方面的差异，造就了多样的居住房屋样式及风格。北方民居从平面布局到外观造型都体现了均衡对称的建筑美感，不足的是略显刻板，故而在色彩上加以弥补，所以显得比较艳丽。北京四合院是典型的北方民居建筑，此外最著名的是明清时期晋中一带晋商们修建的豪宅大院，如祁县乔家大院、灵石王家大院。南方地形、地貌较复杂，民居建筑往往因地制宜，因此南方民居往往更有立体感且富于变化，相对于北方民居而言，色彩却比较朴素、淡雅，如徽州民居主要是方形或矩形的四合院，大多为二层。正房朝南，面宽三间，楼下明间为客厅，次间主房，楼上明间祖堂，次间住人。外观简朴，以白色高墙为显著特征，最突出的特点是马头墙和青瓦。马头墙墙头都高出于屋顶，能把屋顶都遮挡起来，起防火的作用。门楼用石雕和砖雕进行装饰。江南民居以周庄、义乌明清民居为代表。由于地理原因，水资源丰富，建筑基本上立于河岸两岸，两岸的建筑将河流围成一条水街。

实例欣赏：曲阜孔府

孔府，旧称衍圣公府，在曲阜市内孔庙东邻。为历代衍圣公的官署和私邸。始建于宋仁宗宝元年（1038 年），为我国仅次于北京故宫的贵族府第，号称"天下第一家"。孔府有楼轩厅堂 463 间，院落九进，布局分东、西、中三路：东路为家祠所在地，有报本堂、桃庙等；西路为旧时衍圣公读书、学诗学礼、燕居吟咏和会客之所，还有忠恕堂、安怀堂，南北花厅为招待一般来宾的客室；中路是孔府的主体部分，前为官衙，设三堂六厅，外辖和勾、百户、孔庭族长及曲阜县衙四个衙门。往后是住宅，最后是孔府花园。孔府是我国封建社会中典型的官衙与内宅合一的贵族庄园。

第二节　中国古建筑的美学特征

中国古建筑类型丰富，具有多种多样的美。皇家宫殿巍峨壮观，气势磅礴；江南园林柔和秀丽，清新淡雅；佛寺庙宇庄重浑厚、深沉阔大……但是，它们在总体审美理想和文化内蕴上具有共同点，主要表现在结构、屋顶、色彩和布局等方面。

一、木结构的独特神韵

从历史上的皇家宫殿建筑群到普通的民居，中国古建筑一律都是土木的"世界"。西方古代建筑多以石料砌筑。古希腊的神庙和古罗马的神庙及广场等世俗类建筑都是石造的，这种石结构建筑影响深远，如文艺复兴时期的教堂、十七世纪古典主义建筑、十八世纪的宫殿及宗教建筑，其主要形式也都是石结构的。中国古建筑则以土木为主要材料，建材的特点决定了中国古代建筑木架结构的发展方向。木架结构不但具有工程技术的意义，还因其巧妙的组合而具有独特的结构美和装饰美。木结构体系的复杂与精微是砖石结构建筑所无法比拟的，这也充分体现了中国人的智慧。这种以土木为材的建筑从中国原始社会末期起，一脉相承，并影响了日本、朝鲜等国的建筑风貌。

中国古代建筑的木架构在质地上所具有的独特美感，源于木这种材料的性能。以石为材的欧洲建筑质地坚硬沉重，阳刚气十足，但可塑性较差。以土木为材的中国建筑质地熟软而自然，可塑性较好，木材的自然纹样给人以大自然的温馨美感，一些质地优良的木材还会散发出芳香的气味，使人感到置身于大自然的温柔拥抱之中，契合中国人回归自然、"天人合一"的生存理想和审美追求。受木材长短的限制，中国古代建筑的高度不会超出木材承受的极限范围，于是有了逐层升高的层叠梁架，有了屋顶瓦坡既自然又特别的曲线之美。又由于木材有轻巧、便于加工制作的优点，木结构古建筑呈现出玲珑、轻盈的外表，即使庄严神圣的高等级建筑也有生动、活泼的一面。

西方建筑尤其是欧洲建筑，并不执着于结构之美，而是追崇一种雕塑般的建筑美。欧洲建筑尤其是神庙及其他重要建筑物的立面上，往往设以柱廊，从外表看，欧洲石构建筑的雕塑感尤为强烈。建筑师们带着追求雕塑美的强烈创作冲动与情结，来处理建筑的结构问题。中国古代建筑在木结构体系的基础上形成了与之相适应的结构方式，最主要、使用最广的便是梁柱式。此外还有穿斗式和井干式。无论是梁柱式结构还是穿斗式结构，承重与围护结构都分工明确，即木构是承重结构，墙壁本身不受力，仅仅起到围护、分割空间的作用。因此，墙壁在组织空间时比较自由，被赋予了很大的灵活性，于是在房屋内部也就有了美观的隔扇、轻便的板壁等隔断物，对环境的装饰起到了极好的美化作用。

榫卯连接是古建筑木构件连接的主要方法。榫卯连接的特点是越压越紧、越拉越松。由于梁架结构墙体具有不受力的特性，加之构架的节点又采用榫卯结构，因而建筑整体结构有一定的伸缩余地，在一定限度内可以减少由地震引起的危害，所谓的"墙倒屋不塌"由此而来。

木构架的承重特点和榫卯的连接方式造就了斗拱构件。它是中国木构架体系建筑独有的构件，在横梁和立柱之间挑出以承重，将屋檐的荷载经斗拱传递到立柱（从柱顶上探出成弓形的一层层承重结构叫拱，拱与拱之间垫的方形木块叫斗，两者合称斗拱）。斗拱是中国古典建筑的显著特征之一，蕴含着丰富的中国传统文化，体现着中国古代森严的等级体系。等级越高的建筑斗拱越复杂、繁华。斗拱向外出挑，可把最外层的桁檩挑出一定距离，使建筑物出檐更长，造型更加优美、壮观。斗拱构造精巧，造型美观，如盆景，似花篮，是很好的装饰性构件。

总之，木结构的特点使中国古建筑表现出朴素淡雅、亲切平易、灵动浪漫、诗意盎然的建筑性格，形成了特有的神韵和风采。

二、庭院建筑的典雅含蓄

中国古建筑群多是内敛、含蓄的庭院式布局。欧洲建筑通常是围绕着一座或几座具有市民公共活动中心性质的建筑如教堂等进行发展布局，街道或自由曲折，或呈放射状自发伸展，城市外围形状一般也不规则，商店、作坊满布全城，面向大街。因此可以说欧洲建筑的布局是"广场式"的。由于木材制作的梁柱不易形成巨大的内部空间，中国古建筑便巧妙地利用外埠自然空间组成庭院。两千多年前的汉墓砖画上已经有了院落建筑的表现，至明清时期，最宏大的建筑群——紫禁城，仍采用是复杂的围合形式。

从建筑文化的角度而言，中国古代建筑既重视现实人生，具有实用理性的倾向，也融入了中国人的人生观与宇宙观。西方的宗教建筑为体现神圣性，多采用独特的设计。以哥特式教堂为例，其特点是尖塔高耸，在设计中利用十字拱、立柱、飞券及新的框架结构支撑顶部的力量，使整个建筑高耸而富有空间感，再结合镶嵌有彩色玻璃的长窗，在教堂内营造出一种浓厚的宗教氛围。中国古代建筑始终是以现世的君权为核心，渗透着中国人的伦理观念，重视现实人生，讲究人伦次序，淡化宗教信仰，始终灌注着重生知礼的现世精神，体现着传统儒家重视人的群体生命意识和传统美学神韵。故而，中国古代建筑尤为强调礼制秩序，并在住宅布局上体现儒家尊卑、男女之礼的基本思想，从而构成了反映人际关系的建筑空间模式。宫殿、寺庙一类比较庄严的建筑，往往沿着中轴线一个接一个地纵向布置主要建筑物，两侧对称地布置次要建筑物，布局平衡舒展，引人入胜。如北京故宫，作为一个完整的建筑群非常均衡对称，每座建筑物都在一条由南到北的中轴线上展开。高大的太和殿是整个建筑群的中心，整个建筑群以太和殿为中心由南向北伸展，故宫宫殿建筑的布局沿南北中轴线向东西两侧展开。在审美上，故宫显示出均衡、对称、协调、典雅、庄重的美感，是中华民族建筑群形象美的集中体现。

三、屋顶的飞动之美

中国建筑的屋顶的基本造型是曲线形，无论是呈垂脊四面坡的庑殿顶，还是歇山顶、攒尖顶，莫不如此。曲线形屋顶的轮廓，上部巍然高耸，檐部如翼轻展，使本来极无趣、极笨拙的实际部分，成为建筑物美丽的冠冕，这是其他的建筑所没有的特征。这"翼角翘起"，在结构上是极合理、极自然的布置，看似不可信的简单和自然，但在美观上不知增加了多少神韵。宗白华认为，中国建筑特有的"飞檐"起到了一种动态的作用，呈现出飞动之美了。"如跂斯翼，如矢斯棘；如鸟斯革，如翚斯飞。"《诗经·小雅·斯干》中的这句诗，是以鸟的飞势来形容中国古代飞檐的飞动之美。本来建筑物是以静态而存在的，而这种反宇飞檐的匠心独创，化静态为动态，显得轻盈俏丽，翩翩欲飞给人带来了极大的美感享受。再加上一些装饰，诸如在正脊两端装设以"鸱尾"（实乃海鱼）以示能激浪引起降雨，浇灭淫火；在垂脊之前装设以"钱兽"，在角脊上装设以"套兽"，如龙、凤、狮、天马、海马、狻猊（或麒麟）、牙鱼、獬（或孚）、吼（或斗牛）等群雕，在这群雕之前再装设以风神飘举的仙人形象——"仙人指路"。这种仙人在前，群兽随后的文化构思，不仅体现了渗融着儒、释、道教神仙思想，反映着以人统领神怪来"防火""降火"的民俗观念，而且也使笨重的大屋顶显得更加富有情趣而显得轻巧活泼。在故宫建筑中，不同形式的屋顶就有十种以上。以三大殿为例，其屋顶各不相同。太和殿是重檐庑殿顶，中和殿为四角攒尖顶，保和殿则是重檐歇山顶。不同屋顶形式的运用，除了反映封建等级观念之外，也使这三座紧密相连的宫殿，在建筑形象上通过明显的对比而使特点显得更加鲜明。故宫的四座角楼的屋顶结构更为复杂、奇巧，各部分比例协调，檐角秀丽，造型玲珑别致，是北京故宫的象征。

四、色彩的大胆惊艳

大胆惊艳的色彩是中国建筑的主要特征之一。中国古代建筑在用色方面极为大胆，惯用大面积的原色——黄、红、青、绿、蓝、黑、白等。在木料的表面涂上油漆，是为了达到防腐的目的，因其色彩分配得当，还达到了美观的艺术效果。中国建筑色彩的分配是非常慎重的，并且在鲜明色彩的对比与调和方面积累了不少经验。檐下阴影掩映部分，主要色彩多为冷色，如青蓝碧绿；柱和墙壁则以红色为主，与檐下的冷色正相反，加强了阴影部分的对比。在山清水秀、四季常青的南方，房屋色彩受气候、环境、社会等方面的影响，多用白墙、灰瓦和黑、墨绿等颜色的梁柱，形成了与环境相调和、秀丽淡雅的格调。明清时期的皇家建筑，其基本、典型的色调为黄红两色，大凡品位较高的建筑，均以黄瓦红墙为基本特征。黄瓦红墙交相辉映，色彩协和悦人，与皇家华贵、庄严、兴旺的气象联系起来，给人一种庄严肃穆的崇高感。

在表现中国古建筑色彩这一艺术特征中，彩画是很重要的一个方面。天安门城楼、故宫三大殿及天坛、雍和宫等建筑的室内外，特别是屋檐下的金碧红绿彩画增强了阴影部分构件的色彩对比，同时使黄绿各色的屋顶与下部朱红柱子及门窗之间有一个转换与过渡，从而让整个建筑看上去更辉煌绚丽。当然，相比彩画的绚烂华丽，朴素淡雅的色调同样深受人们喜欢。一些园林、寺观及江南民居多为洁白的粉墙，青灰瓦顶掩映在丛林翠竹、青山绿水之间，清秀宜人，浸透雅趣。

第三节　外国古建筑的主要风格特色

西方古典建筑狭义上特指古希腊、古罗马建筑，广义上指按照古希腊、古罗马建筑原则来设计的建筑。西方古典建筑在公元前 5 世纪古希腊的古典时期发展成熟，并通过政治、军事、宗教的影响，扩展至整个欧洲大陆及周边岛国，其发展历程延续了 2000 多年。这中间，既有继承，更有创新和发展，从而在不同地域、不同时期发展出既有共性又各具特色的多种建筑风格，这些建筑风格或以"地区"命名，或以"时期"命名，或以与"古典"之间的关系命名，这些现象勾勒出了西方古典建筑发展的历史。

西方古典建筑一直在艺术史上占据着首要位置，每一个时代的艺术风格都最集中地体现在建筑艺术之中。西方的建筑师有着崇高的地位，它们不仅在工程上，更在文化思想上推动着西方艺术和文明的发展。

一、古埃及建筑

埃及建筑是西方建筑的源头，其宏大的建筑格局和几何形的建筑风格对后世的建筑产生了深远的影响。埃及建筑中最著名者当属金字塔。埃及人认为灵魂如果想要在死后继续在冥界生存，就要保存遗体，金字塔就是用来保存埃及法老遗体的巨型石制建筑。

古埃及在几千年的历史中，出现了不少金字塔，但是遗存下来的只有几十座，其中以开罗郊外的金字塔群规模最大。这三座金字塔呈立方锥形，由大块的石材砌成，每块石头重达数吨。最高的金字塔高约 146 米，每边宽度约 230 米，塔基总面积约 52900 平方米，相当于 10 个足球场那么大。在 19 世纪以前，金字塔一直被认为是世界上最高的建筑物。金字塔内部的结构也令人惊叹，其中一条通向法老的墓室。墓室在大金字塔的中央，承受着石头巨大的压力。墓室的顶部砌有五层房间，每层用石板相间，最上方的顶盖为三角形，这样就减缓了来自上方的压力。

金字塔的稳定形式、庄严气派，体现了古埃及人对永恒秩序的尊崇，具有明显的精神象征意义，在古代经济、技术十分落后的情况下完成的这一浩大工程，堪称西方古代七大建筑奇迹之首。

二、古希腊建筑

古希腊建筑风格的特点主要是和谐、完美、崇高。古希腊位于欧洲西部爱琴海和地中海沿岸，是欧洲文明的摇篮，它的建筑奠定了西方古典建筑最基本的法则。公元前 5 世纪，古希腊建筑的类型除了神庙以外还有露天剧场、广场和竞技场等公共场所及各式民居，充分体现了古希腊的城邦民主政治。当时的建筑风格开敞明朗，讲究雕塑般的外观美。

由于希腊多山，盛产大理石，希腊人很早就开始利用石材建造房屋，并创造了柱廊和三角形山墙的建筑形式。柱子多用垂直线条装饰，尤其是柱顶都有装饰花纹，形成了独特的标志。沿口山墙多用水平线条装饰，与山墙上的雕塑一起构成了三角形山花的建筑特色。

希腊建筑讲究严谨庄重，建筑形式遵循严密的逻辑关系和严谨的数化美学观念，艺术和功能统一协调，尤其是其柱式的造型对建筑艺术的影响最为深远，以下三种柱式最具代表性：一是代表男性美的多立克柱式，彰显了粗壮刚挺而起的雄伟感；二是代表女性美的爱奥尼克柱式，修长俊美，柱头有蜗旋纹饰，下有柱础，颇有亭亭玉立之感；三是科林斯柱式，柱头多用植物叶片花纹装饰，代表了丰收的喜悦。这三种柱式一直沿用至今，成为经典建筑装饰的模式。

古希腊建筑的杰出代表帕提侬神庙，它位于卫城最高点，造型庄重，是卫城的主体建筑。神庙是神灵居住的场所，多采用长方形平面的列柱围廊样式。古希腊的神庙内部供奉的是神像，一般人不得进入，人们只是围绕着神庙外围露天祭祀，因此神庙的外围设计采用了一种具有雕塑般厚重、庄严的风格。神庙建筑一般建在一个三层的台阶上，柱子采用敦实的多立克柱式。

三、古罗马建筑

古罗马建筑是对古希腊建筑的继承和发展，建筑风格的特点如公元 1 世纪初一位罗马工程师马可·维特鲁威在其著作《建筑十书》中所说："须讲求规则、配置、匀称、均衡、合宜以及经济。"古罗马帝国是一个统治整个地中海、跨越三大洲的伟大帝国，为了炫耀其霸主地位，它在自己的首都兴建了大量的公共建筑，其中有道路、输水道、公共浴场等。如果说柱式是希腊建筑的灵魂，那么圆拱就是罗马建筑的核心元素了。在屋顶造型方面，在古希腊建筑中很难见到的"穹拱"屋顶出现了。这种"穹拱"屋顶成了古罗马建筑特别是房屋类建筑与古希腊房屋类建筑最明显的区别。以"圆"为主的风格，是典型的古罗马建筑的特点。

古罗马建筑中最出名、最典型的是圆形竞技场。它基本上采用的是实用性的建筑结构，有三层拱，一层压一层地承载着巨大圆形剧场内部的重量。各种柱式装饰着圆拱外围，这里的柱式已经不起承重作用，只是为了划分墙面，体现一种符合希腊审美原则的比例与均衡。

四、哥特式建筑风格

自 12 世纪到 15 世纪，城市已成为各个封建王国的政治、宗教、经济和文化中心。这一时期，封建社会大发展的产物——哥特式艺术兴起了。"哥特"是指野蛮人，哥特艺术是野蛮艺术之义，是一个贬义词。在当时欧洲人眼里，相对于处于正统地位的罗马艺术而言，继而兴起的新的建筑形式就被贬为"哥特"（野蛮）了。

哥特式建筑的总体风格特点是空灵、纤瘦、高耸、尖峭。尖峭的形式是尖券、尖拱技术的结晶。高耸的墙体包含着斜撑技术、扶壁技术的成就。而那空灵的意境和垂直向上的形态，则是基督教精神内涵最确切的表述。高而直、空灵、虚幻的形象，似乎直指上苍，启示人们脱离这个苦难、充满罪恶的世界，而奔赴"天国乐土"。

意大利米兰大教堂是欧洲中世纪最大的教堂，可供 4 万人参加宗教活动。它始建于 1386 年，到 1485 年才完成。这座教堂全由白色大理石筑成，大厅宽约 59 米，长约 130 米，中间拱顶最高达 45 米。教堂的特点在它的外形。除了尖拱、壁柱、花窗棂，还有 135 个尖塔，像密集的塔林刺向天空，并且每个塔尖上都有神的雕像。教堂的外部总共有 2000 多个雕像，甚为奇特。如果加上内部雕像，米兰大教堂总共有 6000 多个雕像，因此，米兰大教堂也就成了世界上雕像最多的哥特式教堂。因此，教堂建筑显得格外华丽，具有世俗气氛。这个教堂有一个高达 107 米的尖塔，出于 15 世纪意大利建筑巨匠伯鲁诺列斯基之手。塔顶上金色的圣母玛利亚雕像在阳光下显得光辉夺目，神奇而又壮丽。

在艺术造型上，哥特式教堂建筑有以下特点：首先在体量和高度上创造了新纪录，从教堂中厅的高度看，德国的科隆中厅高达 48 米；从教堂的钟塔高度看，德国的乌尔姆市教堂高达 161 米。其次是形体向上的动势十分强烈，轻灵的垂直线直贯全身。无论是墙还是塔，都是越往上划分越细，装饰越多，也越玲珑，而且顶上都有锋利的、直刺苍穹的小尖顶。不仅所有的券是尖的，而且建筑局部和细节的上端也都是尖的，整个教堂处处充满向上的冲力。这种以高、直、尖和具有强烈向上动势为特征的造型风格是教会弃绝尘寰的宗教思想的体现，也是显示城市强大向上、蓬勃生机精神的反映。如果说罗马式以其坚厚敦实、不可动摇的形体来显示教会的权威，形式上带有继承传统的复古意味，那么哥特式则以蛮族的粗犷奔放、灵巧、上升的力量体现教会的神圣精神。它的直升的线条，奇突的空间推移，透过彩色玻璃窗的色彩斑斓的光线和各式各样轻巧玲珑的雕刻的装饰，综合打造了一个"非人间"的境界，给人以神秘感。有人说罗马建筑是地上的宫殿，哥特建筑则是天堂里的神宫。

五、拜占庭式建筑

拜占庭原是古希腊的一个城堡，公元 395 年，显赫一时的罗马帝国分裂，西罗马的首都仍在当时的罗马，而东罗马则将首都迁至拜占庭，其国家也就因此被称为拜占庭帝国。拜占庭建筑，就是诞生于这一时期的拜占庭帝国的一种建筑文化。

拜占庭建筑是古西亚的砖石拱券、古希腊的古典柱式和古罗马的宏大规模的综合。教堂格局有巴西利卡式、集中式、十字式。多用彩色云石琉璃砖镶嵌和彩色面砖来装饰建筑。

拜占庭建筑分为三大阶段。前期建筑的主要代表是按照古罗马城的格局修建的君士坦丁堡，主要建筑有城墙、城门、宫殿、广场、输水道与蓄水池等。因基督教是其国教，6 世纪时出现了规模宏大的、以一个大穹窿为中心的圣索菲亚大教堂。中期指 7 世纪至 12 世纪，建筑规模大不如前，特点是向高发展，中央大穹窿没有了，改为几个小穹窿群，并着重于装饰，具有代表性的教堂如威尼斯的圣马可教堂和基辅的圣索菲亚教堂。后期则在 13 世纪至 15 世纪，拜占庭帝国因战争大受损失，其建筑在土耳其人入主后大多破损无存。

圣索菲亚大教堂不仅综合地体现了拜占庭建筑的特点，而且也是拜占庭建筑成就的集大成者。圣索菲亚大教堂是集中式的，东西长约 77.0 米，南北长约 71.0 米，布局属于以穹隆覆盖的巴西利卡式。中央穹隆突出，四面体量相仿但有侧重，前面有一个大院子，正南入口有二道门庭，末端有半圆神龛。中央大穹隆直径约 32.6 米，穹顶离地约 54.8 米，通过帆拱支撑在四个大柱敦上。其横推力由东西两个半穹顶及南北各两个大柱墩来平衡。穹隆底部有 40 个窗洞，密排成一圈。教堂内部空间饰有金底的彩色玻璃镶嵌画。

六、巴洛克建筑

巴洛克建筑是 17 世纪至 18 世纪在意大利文艺复兴建筑基础上发展起来的一种建筑和装饰风格。其特点是外形自由，追求动态，喜好富丽的装饰和雕刻及强烈的色彩，常采用穿插的曲面和椭圆形空间。"巴洛克"一词的原意是畸形的珍珠，古典主义者用它来称呼这种被认为是离经叛道的建筑风格，这种风格在反对僵化的古典形式，追求自由奔放的格调和表达世俗情趣等方面起了重要作用，对城市广场、园林艺术以至文学艺术部门都产生了影响，一度在欧洲广泛流行。意大利文艺复兴晚期，著名建筑师和建筑理论家维尼奥拉设计的罗马耶稣会教堂是由手法主义向巴洛克风格过渡的代表作，也有人称之为第一座巴洛克建筑。巴洛克建筑的特点主要表现在下面几个方面：

（1）宣扬豪华奢侈、过度的装饰，追求强烈的感官享受。

（2）打破古典建筑的和谐平静，追求夸张的、非理性的、幻想的和浪漫的情调。

（3）大量采用起伏曲折的交错曲线，强调力度变化和运动感，使整个建筑充满了紧张、激情和骚动。

（4）强调建筑的立体感和空间感，追求层次和深度的变化。

（5）注意和周边环境的综合协调。建筑是开放的、外向的，广场、花园、雕塑、喷泉和建筑组成一个有机的整体。

手法主义是16世纪晚期欧洲的一种艺术风格。其主要特点是追求怪异和不寻常的效果，如以变形和不协调的方式表现空间，以夸张的细长比例表现人物等。建筑史中则用以指1530至1600年间意大利某些建筑师的作品中体现的前期巴洛克风格的倾向。

罗马耶稣会教堂平面为长方形，端部突出一个圣龛，由哥特式教堂惯用的拉丁十字形演变而来，中厅宽阔，拱顶满布雕像和装饰，两侧用两排小祈祷室代替原来的侧廊，十字正中升起一座穹隆顶。教堂的圣坛装饰富丽而自由，上面的山花突破了古典法式，呈现圣像和装饰光芒。教堂立面借鉴早期文艺复兴建筑大师阿尔伯蒂设计的佛罗伦萨圣玛丽亚小教堂的处理手法。正门上面分层檐部和山花做成重叠的弧形和三角形，大门两侧采用了倚柱和扁壁柱，立面上部两侧有两对大涡卷。这些处理手法别开生面，后来被广泛仿效。

巴洛克风格打破了对古罗马建筑理论家维特鲁威的盲目崇拜，也冲破了文艺复兴晚期古典主义者制定的种种清规戒律，反映了向往自由的世俗思想。同时，巴洛克风格的教堂富丽堂皇，营造了相当强烈的神秘气氛。因此，巴洛克建筑从罗马发端后，不久即传遍欧洲，其影响甚至远达美洲。有些巴洛克建筑因过分追求雍容华贵甚至到了烦琐堆砌的地步。

从17世纪30年代起，意大利教会的财富日益增加，各个教区先后建造了巴洛克风格的教堂。由于规模小，不宜采用拉丁十字形平面，因此这些教堂多改为圆形、椭圆形、梅花形、圆瓣十字形等单一空间的殿堂，在造型上大量使用曲面。典型实例有由波洛米尼设计的罗马的圣卡罗教堂，它的殿堂平面近似橄榄形，周围有一些不规则的小祈祷室，此外还有生活庭院。殿堂平面与天花装饰强调曲线动态，立面山花断开，檐部水平弯曲，墙面凹凸度很大，装饰丰富，光影效果强烈。尽管设计手法纯熟，却也难免有矫揉造作之感。17 世纪中叶以后，巴洛克式教堂在意大利风靡一时，其中不乏新颖独创的作品，但也有手法拙劣、堆砌过分的建筑。

七、洛可可建筑

洛可可建筑风格于 18 世纪 20 年代产生于法国并在欧洲流行，是在巴洛克建筑的基础上发展起来的。"洛可可"一词由法语 rocaille 演化而来，原意为建筑装饰中一种贝壳形图案。1699 年，建筑师、装饰艺术家马尔列在金氏府邸的装饰设计中大量采用这种曲线形的贝壳纹样，由此而得名。洛可可风格最初出现于建筑的室内装饰，以后扩展到绘画、雕刻、工艺品和文学领域。洛可可风格的基本特点是纤弱娇媚、华丽精巧、甜腻温柔、纷繁琐细。它表现了没落贵族阶层颓丧、浮华的审美理想和思想情绪。他们摒弃了古典主义的严肃理性和巴洛克的喧嚣放肆，追求华美和闲适。

洛可可风格艺术家常在室内应用明快的色彩和纤巧的装饰，家具精致而偏于烦琐，不像巴洛克风格那样色彩强烈，装饰浓艳。德国南部和奥地利洛可可建筑的内部空间显得非常复杂。风格细腻柔媚，惯用不对称手法，喜欢用弧线和 S 形线，尤其爱用贝壳、旋涡、山石作为装饰题材，卷草舒花，缠绵盘曲，连成一体。天花和墙面有时以弧面相连，转角处布置壁画。为了模仿自然形态，室内建筑部件也往往做成不对称形状，变化万千，但有时流于矫揉造作。室内墙面粉刷，爱用嫩绿、粉红、玫瑰红等鲜艳的浅色调，线脚大多用金色。室内护壁板有时用木板，有时做成精致的框格，框内四周有一圈花边，中间常衬以浅色东方织锦。这种风格曾风靡欧洲，代表作是巴黎苏俾士府邸公主沙龙和凡尔赛宫的王后居室。杜赛尔多夫的本拉特宫和慕尼黑宁芬堡也是这种建筑。

第六章　中外雕塑艺术的审美

第一节　中国古代雕塑艺术的审美历程

中国古代雕塑艺术，具有鲜明的民族特色，体现了特有的东方艺术之美，凝结了中华民族的审美情感、审美理想。中国古代雕塑艺术的创作均来自于名不见经传的能工巧匠，创作中虽受到礼制观念、等级制度等思想观念的束缚、制约，但他们还是向世人展示了富有创造性的中国古代雕塑艺术的辉煌成就和独有的审美特征。

一、先秦时期——序幕

中国古代的雕塑艺术历史悠久。石器和陶器的出现，拉开了中国雕塑史的序幕。早期的雕塑作品主要是动物外形的器皿、饰物和人物的捏塑，形体小巧，造型粗略，带有浓厚的人情味。从出土文物来看，先秦的雕塑数量可观，有陶土、玉石和骨牙等多种材质，其中有浮雕，也有圆雕。先秦早期的雕塑作品以河南省偃师二里头文化遗址出土的陶羊、陶虎、陶龟、陶蟾蜍为代表。

商周时期，统治阶级将为礼仪制度服务的青铜礼器视同神器，倾注了那个时代人们的最高智慧，集中体现了时代精神。商周青铜工艺高度发展，成为后世难以企及的典范。其发展历程大致可分为以下三个时期：

盛期：商中期至周初，礼器的特征更加鲜明，蕴涵着丰富而深刻的政治宗教意义。这一时期的青铜器造型特别，庄重典雅，古朴雄奇。器纹多全身施饰，多用饕餮纹、夔龙纹等神秘纹样，具有"狞厉美"。代表作品有后母戊方鼎、人面方鼎、虎食人卣、四羊方尊、三羊罍、人面盉等。四羊方尊是中国现存商代青铜方尊中最大的一件，其每边边长为约 52.4 厘米，高约 58.3 厘米，重量约 34.5 公斤，长颈，高圈足，颈部高耸，四边装饰有蕉叶纹、三角夔纹和兽面纹。尊的中部是器的重心所在，尊四角各塑一羊，肩部四角是 4 个卷角羊头，羊头与羊颈伸出器外，羊身与羊腿附着于尊腹部及圈足上。同时，方尊肩饰高浮雕蛇身而有爪的龙纹，尊四面正中即两羊比邻处，各有一双角龙首探出器表，经方尊每边右肩蜿蜒于前居的中间。据考古学者分析，四羊方尊是用两次分铸技术铸造的，即先将羊角与龙头单个铸好，然后将其分别配置在外范内，再进行整体浇铸。整个器物用块范法浇铸，一气呵成，鬼斧神工，显示了高超的铸造水平。四羊方尊集线雕、浮雕、圆雕等手法于一体，把平面纹饰与立体雕塑融会贯通，把器皿和动物形状结合起来，恰到好处，以异常高超的铸造工艺制成。在商代的青铜方尊中，此器形体的端庄典雅是无与伦比的。此尊造型简洁，优美雄奇，寓动于静，被史学界称为"臻于极致的青铜典范"。这件器物被认为是传统泥范法铸制的巅峰之作，由于这件杰作达到的水平令人难以置信，一度被误以为采用了新的铸造工艺。

转折期：大致从西周晚期至春秋中期。形制较前期简便，器纹刻镂趋于浮浅，纹饰采用自由朴素的窃曲纹、重环纹、垂鳞纹、蛟龙纹、波纹等。风格典雅、洗练朴实，有别于前期威严神秘的风格。代表作品有毛公鼎、散氏盘、颂壶等。毛公鼎出土于陕西省岐山周原，其造型浑厚而凝重，饰纹也十分简洁有力、古雅朴素，标志着青铜器已经从浓重的神秘色彩中摆脱出来，淡化了宗教意识而增强了生活气息。

衰落期：大致从春秋晚期至战国初。青铜艺术所承载的社会、宗教、政治意义消失了，呈现出世俗化的精巧气象，器物形制轻便适用而多样，质薄形巧、花纹多，全身施饰，纹饰主要为精细的几何图案，并装饰有现实性的动物。代表作品有立鹤方壶、宴乐攻战铜壶等。立鹤方壶壶身为扁方体，壶的腹部装饰着蟠龙纹，龙角竖立。壶体四面各装饰有一只神兽，兽角弯曲，肩生双翼，长尾上卷。圈足下有两条卷尾兽，身作鳞纹，头转向外侧，有枝形角。承托壶身的卷尾兽和壶体上装饰的龙、兽向上攀缘的动势，互相呼应。壶盖被铸造成莲花瓣的形状，一圈肥硕的双层花瓣向四周张开，花瓣上布满镂空的小孔。莲瓣的中央有一个可以活动的小盖，上面有一只仙鹤站在花瓣中央，仙鹤似在昂首振翅，翘首望着远方，造型灵动。

二、秦汉时期——第一个高峰

秦汉雕塑突飞猛进，形成了中国雕塑发展史上的第一个高峰。史载秦代阿房宫前有雕饰，咸阳宫前置十二金人，秦始皇帝陵前立石兽等。这些虽已不复存，但陕西临潼秦始皇帝陵出土的数千件兵马俑，向世人展示了秦代雕塑艺术的辉煌成就。纵观这千百个兵马俑，其雕塑艺术成就完全达到了一种完美的高度。无论是千百个形神兼备的官兵形象，还是那一匹匹栩栩如生的战马雕塑，都不是机械的模仿，而是着力显现它们内在的生气和精神。绝大部分陶俑形象都充满了个性特征，自然而富有生气。如将军俑身材魁梧，身着双重短褐，外披彩色鱼鳞甲，头带双卷尾长冠，昂首挺胸，巍然伫立，有非凡的神态和威严的魅力。一般的战士有的嘴唇努起胡角反卷，内心似聚结着怒气；有的立眉圆眼，眉间的肌肉拧成疙瘩，似有超人的大勇；有的浓眉大眼，阔口厚唇，性格憨厚纯朴；有的舒眉秀眼，头微低垂，性格文雅；有的侧目凝神，机警敏锐；有的垂着首，似乎若有所思。秦俑表现的是古代军事题材，它既没有选择双方交战、将士厮杀的战争场面，也没有选择将士修整屯兵防守的场面，而是捕捉了将士披甲、直兵列阵、严阵以待的临阵场面。尽管是静态的军阵，但制俑工匠在单个陶俑的雕塑上，还是力求寓动于静之中。那一件件披甲执锐的武士俑，昂眉张目，肃然伫立，神态坚定而勇敢，他们好似整装待发，又好似处于临战状态。还有那一件件驾车的御手俑，双臂前伸，紧握辔绳，目视前方，待命而发；那一匹匹陶马，膘肥体壮，张鼻嘶鸣，双目圆睁，两耳竖立；那一件件骑士俑，右手牵马，左手提弓，机警地立于马前，似乎随时准备驰骋疆场。这千百个充满生气、神态各异的陶俑构成的军阵，达到了一种意想不到的艺术效果。总体而言，所有的秦俑表现出了秦人独有的威严与从容，具有鲜明的个性和强烈的时代特征。

汉代雕塑在继承秦代恢宏庄重风格的基础上，更突出了雄浑刚健的艺术个性。成就最高的是大型纪念性石雕，而遗留下来最多的是贵族、文武官员及富家豪室墓前的牌坊石碑和石人石兽雕刻。汉代最具艺术价值和艺术魅力的石雕首推霍去病墓前石雕。它是西汉纪念碑群雕中最具划时代意义的作品，是雕塑在塑造形象方面打破了旧的程式，取得进一步发展的里程碑。墓前十六件石雕以动物为主，仅马的形象就有马踏匈奴、跃马、卧马三件，作者运用寓意的手法，用彪悍的战马来象征这位青年将军的英姿。这批石雕体现了汉代艺术特有的古拙美。雕刻手法采用"因材施雕"，即因石成形，顺势雕琢，赋予顽石以昂扬的生命力。刀法简洁洗练，造型朴拙粗放。单纯自然的外部形式中蕴涵着深沉的思想、豪放的精神，形成了惊心动魄的气势和运动感。整个作品风格庄重雄劲，深沉浑厚，寓意深刻，耐人寻味，既是古代战场的缩影，也是霍去病赫赫战功的象征。雕塑的外轮廓准确有力，形象生动传神，刀法朴实明快，具有丰富的表现力和高度的艺术概括力，是我国陵墓雕刻作品的典范之作。

　　与墓葬制度联系紧密的俑像是汉代雕塑艺术中的重要门类。与秦代兵马俑相比，汉代俑像则主要塑造的是社会各阶层的人物，且形象更生动活泼。其中最受人称赞的是东汉的击鼓说唱俑。击鼓说唱俑出土于四川成都天回山东汉崖墓，俑通高约 55 厘米，以泥质灰陶制成，俑身上原有彩绘，现已脱落。陶俑蹲坐在地面上，右腿扬起，左臂下挟有一圆形扁鼓，右手执鼓槌作敲击状。俑嘴部张开，开怀大笑，仿佛到了说唱表演的精彩之处，真实地刻画了说唱者充满感情的神态和手舞足蹈的忘我境界，极富戏剧性的神情，堪称写实主义的杰作。与之异曲同工的另一件陶说唱俑，出自郫县宋家林汉墓，表现的是一名说唱艺人在表演中的一个瞬间——他大半身袒露，肥大的裤子系在脐下，两足踺蹴，歪头耸肩，舌头舔着上唇，神态非常滑稽。重庆鹅石堡山汉墓所出的一件以红砂石雕琢而成的俳优俑，坦腹仰首而坐，一手握拳，一手伸开，说唱到忘情处，也吐出舌头。

　　无论在数量还是雕刻技艺上，汉代的青铜造像都达到了新的高度。长信宫灯出土于河北省满城中山靖王刘胜之妻窦绾墓。宫灯灯体为一通体鎏金、双手执灯跽坐的宫女，神态恬静优雅。灯体通高约 48 厘米，重约 15.85 公斤。宫灯设计十分巧妙，宫女一手执灯，另一手袖似在挡风，实为虹管，用以吸收油烟，既防止了空气污染，又有审美价值。此宫灯因曾放置于窦太后（刘胜祖母）的长信宫而得名。马踏飞燕出土于甘肃武威，器主为东汉的一名将军。奔马作飞驰状，四蹄翻腾，昂首扬尾，张口作嘶鸣状，以少见的"对侧快步"飞驰向前，三足腾空，而右后足正踏在一只疾飞的燕子背上。燕子吃惊回首反顾，与之相呼应，奔马头微左顾，似乎也想弄清楚发生了什么事。作者以无比高超的技艺将马踏飞燕这一惊心动魄的瞬间表现得淋漓尽致，无以复加；以烘云托月的手法，反衬出奔马的神骏，设想奇绝。该器为我国古代雕塑艺术史上神奇而稀有的瑰宝。

三、魏晋时期——空前发展

　　佛教雕塑在这一时期居于主体地位，成就最为突出，其风格的多样化与技巧的纯熟达到了史无前例的水平。此时的佛雕作品既有博大凝重之态，又不失典雅鲜活之美。雕塑制作规模宏伟，数量巨大，艺术技巧有很大提高，在反映社会生活的广度与深度方面，在社会中的地位与作用，都在不同程度上超过前代。

北朝是开凿佛教石窟最兴盛的时期，其中重要的有云冈石窟、龙门石窟和麦积山石窟。云冈石窟位于山西省大同市武周山，开凿于北魏，规模巨大。全长约1公里，有主要洞窟53个，有佛像、飞天等5100多个。现存最早也最著名的洞窟是由沙门昙曜主持兴造的，被称为"昙曜五窟"（16-20窟）。造像象征五世帝王，宣扬皇帝"即是当今如来"的思想，具有神权与君权合一的威严性。五窟主像均雄伟高大，气势不凡；形象面型方圆，宽额长眉，深目高鼻，"曹衣出水"式衣褶紧贴其身，带有印度造像余风。它具有印度样式、西域样式及北魏鲜卑民族强悍尚武民风的融合气息。龙门石窟位于洛阳市南部伊水两岸的龙门口，始凿于北魏文成帝迁都洛阳（488年）前后。这里是历代帝王发愿造像最集中的地方，北朝尤甚，隋唐继其后。造像总数逾10万。龙门造像已演变为褒衣博带、仪态超然、面容清癯的"秀骨清像"，风格由古朴挺健转为秀雅端庄，简直就是中国士大夫的化身。古阳洞、宾阳洞、莲花洞是北魏时期开凿的代表洞窟，被称为"龙门北魏三大窟"。麦积山石窟位于甘肃天水市东南45公里的秦岭两端，是保留泥塑造像最多的石窟。今存泥塑7000余躯，间有少量石雕。造型风格以儒雅从容的"秀骨清像"著称，成了中国式佛像的范例。

这一阶段南朝陵墓雕刻也取得了非凡成就，和唐代的作品一起代表了陵墓石刻的最高成就。现存的南朝陵墓雕刻有31处，分布在南京及附近丹阳一带，以石兽为多，也最有特色。置于帝王陵前的石兽，通常头上有角，双角的称天禄，独角的称麒麟。王侯墓前的石兽无角称辟邪。这些石兽都不是现实生活中具体的动物形象，而是传说中神异的瑞兽，是墓主的保护神和权威的象征。石兽造型均高大厚重，昂首挺胸，瞪目张口，肩部双翼微展，作阔步前行状，气势极为威武雄壮，其程式化的夸张风格介于俑和汉代石刻写意之间，有气贯长虹的生动气韵。

四、隋唐时期——艺术顶峰

隋唐时期是中国古代雕塑艺术进入更为成熟的阶段，也是成就最高的一个时代，主要体现在佛教美术方面，出现了内容更丰富、表现范围更广、技巧更熟练的佛教造像。与此同时，出现了一批从事雕塑的艺术家与工匠，他们创造出了一批划时代的作品。宗教题材以外的雕塑，则以陵墓雕刻最为重要。

唐代陵墓雕刻从一个侧面体现了唐代艺术雄浑、刚健和富有气魄的时代特征，代表作有昭陵浮雕《昭陵六骏》、乾陵石刻群。《昭陵六骏》是指陕西醴泉唐太宗李世民陵墓昭陵北面祭坛东西两侧的六块骏马青石浮雕石刻。每块石刻宽约205厘米、高约170厘米，厚约30厘米、重约2.5吨。《昭陵六骏》造型优美，雕刻线条流畅，刀工精细、圆润，雕刻家们以严谨概括的写实手法，着重刻画了六骏的神情和动态，使它们具有一种人格化的精神，鲜明地体现了唐代艺术所特有的饱满、明朗、豪壮和乐观的气质，是珍贵的古代石刻艺术珍品。乾陵巨大的石刻群是一座唐代石刻文化的露天博物馆。乾陵营建时正值盛唐，国力充盈，陵之规模宏大，建筑雄伟富丽，堪称历代皇陵之冠。历经千百年悠悠岁月，乾陵地面曾经的宏伟建筑荡然无存，只有记录着历史沧桑的巨大石刻群默默地列置在司马道两侧，守卫着陵墓。拾阶而上，首先看到的是一对高高的八棱柱形的华表，华表前面是两个高大的石雕翼马。继续前行，古朴的历史风韵愈来愈浓：逼真的鸵鸟、斑驳的石马和牵马驭手、戴冠着袍持剑的翁仲石像、高大的无字石碑与述圣纪碑……这百余件精美绝伦的大型石刻，代表了唐王朝高度发展的封建文化和石刻艺术。

隋代至盛唐时期是古代大规模开窟造像的最后一个高峰期，石窟寺遍布北方、西北及巴蜀地区。现存著名的石窟寺有山东云门山石窟、驼山石窟、敦煌莫高窟、龙门石窟、炳灵寺石窟、天龙山石窟、广元千佛崖和皇泽寺造像等。其中，敦煌石窟的彩塑和龙门奉先寺的雕像艺术水平最高，唐代的艺术风格也最为鲜明。位于河南洛阳的龙门石窟在经历多个朝代的开凿后，虽历经千年岁月的风霜，仍不失其神秘华丽之彩。龙门奉先寺群雕更显示出大唐帝国的强盛国力。此时的佛像雕塑艺术已逐步摆脱外来佛像样式的影响，走向了雕塑作品民族化的成熟期。龙门奉先寺卢舍那大佛相传是按照武曌的形象塑造的，作于唐高宗咸亨四年，即公元672年，位于洛阳龙门西山南部山腰奉先寺，通高约17.14米，是龙门石窟中艺术水平最高、整体设计最严密、规模最大的一处。本尊为卢舍那佛坐像，两侧为迦叶、阿难、菩萨、天王、力士等僧众，组成了气势宏大的雕塑群，气氛庄严虔诚，表现了佛的智慧"光明普照"。高大的主像综合了男性的雄伟体魄和女性慈祥秀美的气质，头微低，略俯视，视线洞穿礼忏者的目光。当你和它那永恒、恬淡、慈祥、智慧的目光对视时，会顿觉心境空灵升华，恬然平静，有所彻悟。

五、宋元时期——日趋衰落

宋元雕塑缺乏隋唐时期的宏伟规模和奔放气势，在写实手法的精雕细刻上却有所发展，宗教雕塑占重要地位。由于宗教艺术进一步世俗化，神佛塑像中理想化成分明显减弱，现实生活气息则大大增强，特别是菩萨、罗汉、侍者像几乎是现实生活人物的写照，代表作品有晋祠圣母殿彩塑等。晋祠圣母殿的彩塑是我国宋代宫廷主像圣母邑姜，其身穿蟒袍，霞帔珠璎，凝神端坐于凤椅之上，表现出统治者的尊贵与奢华。侍从像中有身着男装的女官 4 尊，宦官 5 尊，但是，在所有雕塑中最为珍贵、最有吸引力的还要数 30 尊侍女像。她们各有专职，身份、性格无一雷同，举手投足，顾盼生姿，世态人情，丝毫毕现。

六、明清时期——偶有佳作

明清的雕塑沿着古代传统继续发展，呈现出定型化与世俗化的面貌。雕塑艺术的进展主要表现为敬神意识的衰落与世俗审美趣味的增长。名目繁多的寺庙里，供奉着各式各样的神像，从题材到表现手法，都日趋世俗化、民间化，形成了工巧繁缛、萎靡纤细、色彩亮丽的艺术风格。佛教石窟造像骤减，佛寺造像虽亦有世俗化佳作，但一般流于定型化而缺乏生气，城隍、土地、关帝等偶像增多。明清帝陵的陵墓装饰较前代规模更大，设像更多，布置讲究，技术娴熟，但其既缺乏唐代的超然，也缺乏汉代的雄浑，此时的作品更能满足人们的赏心悦目之功能，失去了前代的创造活力。

第二节　中国古代雕塑的美学特征

一、与绘画异形同质的线条之美

美学家宗白华先生说过："中国雕刻也像画，不重视立体性，而注意在流动的线条。"绘画中线条的表现可谓是抑扬顿挫、浑厚有力、潇洒自如，"曹衣出水、吴带当风""十八描"等绘画技法的出现显示了绘画史上线条表现力的不断丰富。中国古代雕塑的绘画性表现不在于注意雕塑的体积、空间和块面，而在于注重通过线条的刻画、雕琢、描绘等方法来实现对雕塑的整体表现。从史前的石器陶塑，到夏商周的青铜雕塑，再到秦汉的雕塑及魏晋南北朝的佛雕，都体现了节奏韵律的线条带来的美感。中国传统雕塑由阴、阳刻来表现各种造型，由线条的排列、组合表现节奏韵律，从而使结构造型丰富多彩，产生强烈的艺术效果。这些线条都像绘画线条一样，经过高度概括、提炼加工而成，和西方古典雕塑以块面和空间的丰富变化来体现轮廓与衣纹的形状的做法迥异。通常而言，线条作为中国传统雕塑中塑绘一体的重要形式，其表现形式与功能主要有以下几种：

（1）线条之于形体

形体之线即指整个雕塑形体所呈现出的线性特征。比如红山文化之玉龙，这件蜷体玉龙通体圆润，不重雕琢，同时具有一种飘逸灵动之感。这种线所呈现出的特点通常是简明、饱满、浑圆的，并隐含着一种运动的态势。汉代雕塑工匠们追求雕塑的总体气势和总体动态，舍弃不必要的琐碎细节，整体雕塑的线条则充分体现那种拙朴、粗犷的美感，极具动感而又显得粗放、率真。最具代表性的是霍去病墓道石雕群。群雕包括《马踏匈奴》《伏虎》《跃马》《卧牛》等，雕刻工匠取自然之石稍加雕琢，以粗犷凝练、质朴流畅的线条刻画出动物的眼睛、鼻孔、鬃毛和尾巴，简洁的线条加上原石的自然形态，便有了古朴雄浑，大气磅礴，震撼人心的作品。

（2）线条之于衣纹

由于中国传统雕塑中对人物衣着的关注，且中国古代衣服的结构和材质都有利于呈现出清晰的线性因素，使得衣纹成为中国传统雕塑中线性手法最主要的表现形式。在中国的绘画和人物雕塑中，衣纹的刻画和表现是重点，不少作品甚至会利用衣纹来烘托和表现人物的内在精神。衣纹线条在佛教雕像中具有特别重要的意义。如云冈石窟造像，线条随着身体的转折或洗练简洁，或层叠稠密，或流畅圆润，或坚实有力。有的衣褶宽平，衣纹以尖错形结束，有的衣褶简单有力，直垂平缓而下，衣角尖如鸟翅。丰富的线条语言，表现出了造像的神韵。又如盛唐时期的女立俑，她一手轻抬，一手下垂，衣褶纹路自然流畅，制作手法纯熟，富于理想主义色彩线条的运用愈加娴熟。

（3）线条之于纹饰

线条是纹饰的基本语言，中国艺术中最早的线条应该来自彩陶上的图像纹样，而绘画上的线条运用也可溯源至彩陶文化时期。殷商时期青铜器装饰烦冗，青铜器上布满如饕餮纹、夔龙纹、蟠龙纹、凤鸟纹等诸多纹饰，各种纹样繁复凝重的线条透露出一种神秘与威严，体现了这一时期青铜器的礼器性质。随着佛教艺术的盛行和传播，装饰线条的运用在佛教雕塑中得到了集中体现，对纹饰种类的选择、运用等纹饰表现强化手段推动了佛像雕塑的中国化进程。

二、神秘而亲切的装饰美

装饰性是中国古代雕塑孕育于工艺美术所带来的胎记，无论是人物还是动物，也无论是明器艺术、宗教造像还是建筑装饰雕刻，都普遍体现了历史悠久的装饰趣味。中国古代雕塑强调意象造型，形态的塑造和装饰都有明显的夸张和变形。

夏商周时期的青铜器上繁密的花纹，都是从现实生活中提取出来的，然后进行二次变化、夸张或者变形，完成一系列连续的图形或者几何图案，就是为了渲染当时巫术宗教的神秘气氛。如商代后期的人面纹方鼎，器腹四面各有形象相同的浮雕人面，人面的形象极为奇异，给观者一种望而生畏、冷艳怪诞的感觉，该鼎腹饰人面，足饰饕餮纹，造型古朴威严，凝重结实，体现了统治者至高无上的权威。

装饰性在南朝石刻上也有突出表现。南朝墓前石雕辟邪石狮的整体造型，完全经过装饰化变形，犹如青铜器或玉器上的某个装饰部件，身上更有线刻图案来加强这种装饰品格。经过这样处理过的石兽，往往比写实的雕刻石兽更威风、更勇猛，且更神圣不可侵犯，能更好地发挥它们作为建筑装饰的功能。如齐景帝萧道生修安陵石刻的天禄、麒麟，保存完好，身躯高大，头颈、胸腹屈曲弯折，呈"S"形状，给人以清秀颀长之感。装饰繁复，头部绒毛的刻画线条复杂。颈部及胸腹部有细密的胡须与流苏状的饰物。翼膊有圆涡纹，又有鳞纹，而腹部又衬以羽翅纹，令人觉得神兽翼厚而大，足以鼓翮飞翔。

三、重在神韵的写意美

装饰不求再现，只追求表现物象，因此形成了中国雕塑与绘画的共同品格——不求肖似（高度写实地再现自然），最终演变为高度的意象性特点。中国画无论工笔还是写意，都不像西洋画那样精确地刻画对象，而是主要依据观察体验所得印象，再加上想象，经过主观加工美化而形成艺术形象，和客观对象保有相当距离。中国画不画光影，色彩只表现固有色，造型与画面效果的平面性很强。背景一般为纸、绢的空白，不求空间深度，而画家把注意力放在物象的"神韵"表现上。因此，若按西洋画的解剖、比例、透视和色彩等量化标准来衡量中国古代绘画，中国古代绘画便会显得一无是处。但若理解中国艺术自成体系、自有追求，便懂得欣赏、品味中国画的美感。中国雕塑也是如此，它和中国画观念是一致的。

以霍去病墓前石刻群为例，如"野人搏熊"这一石刻，作者采用圆雕、浮雕、线刻、减地凸雕相结合的综合表现手法，刻画了人熊相搏的场面情景。工匠们依据石块本身的外形，将之融合进作品中，巧妙地利用起伏不平的石块将人熊各部位合理布局。野人的面部和头颅以圆雕的形式雕刻出来，用线刻出来的面部皱纹、张开的大嘴和繁密的络腮胡子及圆雕出来的腰带，更是表现出野人的粗犷、力量与野性。尤其是那极度夸张的双臂，突显了强烈的体积感，虽比真实的双臂要薄很多，但从中却能感受到它的笨拙和蕴藏的力量。又如伏虎石刻，保持巨石自然完整的外形，利用石块起伏的自然形态变化，佐以线刻的斑纹，表现伏虎的皮毛特征，尾巴自然地卷放在背上，成卧伏状。但绷起的肌肉、警惕的目光，呈现出在猎食前屏息的神态，仿佛随时一跃而起，栩栩如生。此外，还有卧牛、伏马、蛙、蟾等作品，在整体上都是尽量保持石块的原型，不拘于细部的刻画，注重在特征关节处稍加雕琢，采用圆雕、浮雕、线刻相结合的手法，似不经意，却恰到好处地表现出石兽的神采及气势。于审美意蕴而言，汉代雕塑由于并不以追求形似为根本目的，因而，更多的是追求一种"意象"的表达，简而言之，此种"意象"可归结为"气势之美"与"古拙外貌"。

第三节　西方雕塑艺术的审美历程

西方雕塑的传统发端于古希腊艺术，但古希腊艺术却深受古埃及艺术的影响，因而，很多艺术史著作就把埃及艺术作为西方艺术的源头。其实，从地理位置看，埃及虽然隔地中海与欧洲相望，但是它实际属于非洲；从艺术源流考察，古希腊文明是欧洲文化的发源地，而希腊文化主要源于以爱琴海为中心的爱琴海文明。为此，了解西方雕塑艺术还要从史前的原始雕塑和爱琴海、古希腊罗马雕塑开始。

一、原始社会和上古时代雕塑艺术

在法国的劳塞尔岩洞中，人们发现了六个人物雕刻形象，其中最著名的一件是一个浮雕女性人体形象，被后人称为《持角杯的女巫》。这种典型的女性雕刻形象表现了原始人类对种族繁衍的崇拜，被认为是原始艺术的开端。

早期希腊雕刻受到爱琴海、埃及和近东各国的影响，直到黑暗时代（又称荷马时代，约从公元前11世纪至公元前9世纪）过后，希腊人的雕刻才开始形成自己的风格并蓬勃发展起来，并对后世欧洲艺术产生了极大的影响。希腊的雕刻和建筑是互为一体的，如神庙建筑上的山形墙雕刻或浮雕饰带、墓碑上的浮雕等。除了和建筑相结合之外，独立性的裸体雕像数量也很可观，其创作源泉均来自"人体美"。希腊人的雕刻经历了希腊古朴时期、希腊古典时期和希腊化时期。这时，出现了许多具有视觉的美感裸女雕像，其中的经典作品是米罗斯的《维纳斯》和萨莫德拉克的《胜利女神像》，加上达·芬奇的《蒙娜丽莎》，为巴黎罗浮宫三件最珍贵的藏品。

古罗马的雕刻艺术是在伊特拉斯坎文化和古希腊文化的直接影响下发展起来的。古罗马重要的雕刻艺术被广泛用于肖像和建筑装饰上的浮雕。古罗马人虽然仰慕希腊文化，努力学习希腊城邦文化的优雅与崇高，但是本质上仍保持着自己特有的务实、粗犷的特征。这种务实的个性反映在雕塑上，就形成了强烈的写实风格。希腊人塑造着完美的理想，使每一尊雕塑都显现出崇高的姿态。罗马雕塑能还原人真实的面貌，在罗马的雕塑中可以看到衰老，可以看到肥胖，可以看到艳俗或残疾，这些希腊人认为不美的生命现象，罗马的雕塑一一包容了。如罗马托洛尼亚博物馆收藏的一尊罗马人像，这尊男子头像显示男子年岁已大，秃头，额头上有一道一道的皱纹，双眼凌厉有威严，应该是一名掌有权柄的贵族或政要。他的嘴角向下倾斜，显现出自信而独断的个性，双颊的肌肉松弛，但仍表现出坚毅的神情。

二、文艺复兴前后西方古典雕塑艺术

意大利是文艺复兴的中心，雕塑艺术人才辈出，雕塑名作成就斐然。多那太罗的《大卫像》，是自西罗马帝国灭亡1000年以来，第一件与真人大小相同的男性裸体圆雕；波拉约洛的《赫拉克勒斯和安泰俄斯》，体现了力量的对抗和平衡，给人以动态节奏的美感；波洛尼亚的《战胜比萨的佛罗伦萨》；用人体象征着"正义"与"邪恶"；切利尼的《弗朗西斯一世的盐罐》，把精致优雅的趣味与卓越的金银器物的制作技艺融合为一体。

文艺复兴时期最伟大的雕塑家无疑是米开朗琪罗，他同时又是画家、建筑师、工程师和诗人。他一生创作的无数艺术精品构成了这一时期最经典的范式。米开朗琪罗作品的形体构成变化不是轻微的而是激烈而扭曲的，在创作中米开朗琪罗强调"应该用眼睛而不是手去测量，因为手只会制作，

而眼睛才会判断"。其作品流露出浓厚的人文主义色彩。

米开朗琪罗相信"美丽的人像"不只是表达观念和引起感动，而应是视觉艺术中唯一能够表现"真实"的主题，《大卫》《昼》《夜》《暮》《晨》就是在这朝气蓬勃的力量下，呈现最具体的"真实"。与其他许多西方古典艺术大师一样，《圣经》中的人物和故事是米开朗琪罗作品的一个重要题材，《摩西像》《圣殇图》就是这类题材的代表作。

三、西方近现代雕塑

19 世纪，巴黎取代罗马成了欧洲的文化艺术的中心。随着资本主义的繁荣，雕塑艺术的发展也开始呈现多样化，出现了许多流派，除了 18 世纪就有的新古典主义外，还先后交叉出现了浪漫主义、印象派、现实主义和写实主义等。法国浪漫主义雕塑的代表人物是雕塑家吕德，雕塑《马赛曲》以象征的手法表现了为正义而战的法国人民涌动的激情。吕德的学生、法国雕塑家卡尔波受浪漫主义艺术影响，创作了《舞蹈》，群雕像中青年舞蹈者翩翩起舞，再现了一种热烈的音乐气氛。

人们将罗丹、布德尔、马约尔誉为欧洲近代雕塑三大支柱：罗丹将雕塑艺术带到 20 世纪的门槛，而布德尔、马约尔将它带进了 20 世纪。法国的罗丹是近现代雕塑艺术成就最高的大师级人物，在西方的雕塑史上，他被视为继米开朗琪罗之后的又一巨匠。同时他还在雕塑史上充当了一个承前启后的角色，是他给辉煌的古典雕塑拉上了帷幕，也是他叩响现代雕塑的大门。罗丹早期走的是现实主义道路，作品风格写实，重视人物性格的刻画。后期追求印象主义，探索新的艺术风格。罗丹的雕塑作品之所以给人留下深刻的印象，不是因为作品的逼真，而是透过坚硬的青铜或大理石等载体，有一股生命力在向外膨胀，那些仿佛正在颤动的形体激起了观赏者灵魂的悸动。罗丹的代表作有结合大件浮雕门饰《地狱之门》完成的《思想者》《吻》《夏娃》等；有表现各类现实生活中人物的《加莱义民》《欧米哀尔》《巴尔扎克像》《雨果》等，还有一系列"手"的雕塑，也是各有个性。20 世纪的西方现代艺术运动，以丰富的艺术样式和美学阐释造就了一个多元化的审美文化格局。在这场旷日持久的革命性运动中，雕塑创作向古典规范以至艺术极限展开全面挑战，不断显示出现代人关于"雕塑"的突破性思考和理解。与古典主义雕塑相比，现代派雕塑在创意、构思、题材、材料、表现技巧和方法等方面皆有了长足的进步。

第四节　西方雕塑艺术名作欣赏

一、古希腊雕塑艺术

西方雕塑崇尚的典范模式始于古希腊。古希腊雕塑作品以突出人体和人的意志为主要精神追求，并把人的形象看作高于一切的存在，希腊美术的辉煌成就根植于深刻的人本主义精神，这种精神也是整个希腊文明的基本价值取向。在古希腊，人成为衡量一切事物的尺度，人们既不会为了某种虚幻的精神境界或宗教信仰而牺牲世俗生活的乐趣，也不会为追求奢侈豪华的物质享受而终日忙碌操劳、丧失自我，他们崇尚一种精神与物质、理智与情感相协调的、合乎人性的生活。这样一种生活态度反映在希腊雕塑艺术中，就是始终把人作为创作的出发点和主要的表现对象。雕刻家孜孜以求的是塑造一种充满生命活力的、完美的肉体与高尚的灵魂相统一的、理想化的人物形象。

古希腊悠久的神话传说是古希腊雕塑艺术的源泉，也是古希腊雕塑的题材，是希腊人对自然与社会的美丽幻想，他们相信神与人具有同样的形体与性格，因此，古希腊雕塑都是参照人的形象来塑造神的形象，并赋予其更为理想更为完美的艺术形式。因此其雕塑多以人体、人像为主题。从古希腊创立并奠定了以人为主题的雕塑形式后，一直到现代雕塑兴起的2500年中，人像始终占据着雕塑题材的主导地位，涌现出众多优秀的人像雕塑作品，如《掷铁饼者》（米隆）、《胜利女神》《米洛斯的维纳斯》（亚力山德罗斯）、《命运三女神》（菲狄亚斯）、《雅典娜神像》（菲狄亚斯）等。

1.《掷铁饼者》

这件作品由希腊雕刻家米隆（Myron）作于约公元前450年，原作材质为青铜，复制品为大理石石雕，高约152厘米，罗马国立博物馆、梵蒂冈博物馆、特尔梅博物馆均有收藏。《掷铁饼者》取材于希腊现实生活中的体育竞技活动，刻画的是一名强健的男子在掷铁饼过程中最具有表现力的瞬间。雕塑选择的是铁饼摆回到最高点、即将抛出的一刹那，有着强烈的"引而不发"的吸引力。虽然是一件静止的雕塑，但艺术家把握住了从一种状态转换到另一种状态的关键环节，达到了使观众心理上获得"运动感"的效果，成为后世艺术创作的典范。

　　运动员之所以呈现出裸体的形态，是由古希腊人的社会风俗所决定的。因为，古希腊人在从事体育运动和宗教性的文艺演出活动时，男子往往赤身裸体。他们认为完美健康的人体乃是人的骄傲，是神性的体现。这种社会风俗反过来也促进了希腊人体雕像的发展，并且形成了西方美术史中崇尚人体美的艺术传统。

　　2.《胜利女神》

　　这件作品的材质为大理石，高约 328 厘米，创作于公元前 200 年左右，藏于巴黎罗浮宫。雕像出土时已成碎块，经过四年的精心修复，才有了大致的模样，但仍然缺头无臂。

　　它是小亚细亚的统治者德梅特里奥斯一世为纪念他在一次海战中大败托勒密王国的舰队而创作的。它原被安放在萨莫德拉克岛海边的悬崖上，面对着茫茫大海。胜利女神虽是古希腊雕塑常见的题材，但这件作品与其他胜利女神雕像有重要的区别。首先，这尊雕像的构思非常新颖，作者将底座制成一艘战舰的船头，胜利女神从天而降，飞立船头，引导着舰队乘风破浪。它既符合纪念一场海战胜利的需要，又形象地表达了战斗胜利的主题。其次，作品充分发挥了雕塑立体造型的特点。尽管雕像已失去头与双臂，但不论从哪个角度都能感受到胜利女神展翅欲飞的雄姿。雕像上身呈前倾姿势，静中见动；从侧面看，女神的乳峰为最高点，脸和双翼的波状线构成一钝三角形，从而加强了前进的态势。

　　3.《米洛斯的维纳斯》

　　该雕塑作品约创作于公元前 150 年，因 1820 年发现于爱琴海中的米洛斯岛而得名。它是用两块大理石合雕而成的，接缝处在裸露的躯干与衣服的交界处。端庄的身材，丰腴的肌肤，典雅的脸庞，娟美的笑容，微微扭转的站势，这一切构成一个十分和谐而优美的姿态。尽管雕像的双臂残缺，但由于年代久远，人们鉴赏的心理已产生积淀，断臂反而留下了想象的空间，从而增强了人们的鉴赏趣味，使人们愈发觉得它非同凡响。

　　4.《命运三女神》

　　《命运三女神》约创作于公元前 499—前 400 年，是希腊古典时期的雕刻杰作之一，原是帕提侬神庙的东面人字形山墙上全部雕像中的一组雕像残片，题材取自希腊神话。所谓命运三女神，是指掌管着人的命运的阿特洛波斯、克罗托和拉刻西斯三个女神。古希腊雕刻十分重视形象的整体性，人体各部分都充分发挥出造型特性，力求表现形象的内在生命。所以尽管形体残缺，但每一个部分都跃动着生命的活力。观赏者可以通过可视部分的动作姿态联想残缺的部分，从而获得完美的审美感受。

雕刻家运用高超的雕刻语言，真实而细腻地刻画出了透过女神衣褶隐现出来的丰满、柔美的肉体。雕刻采用不同的曲线变化造型：坐立女神，松软的连衣裙由于肉体的起伏而形成横竖疏密的变化，乳峰处上平下褶，束腰向下揉褶繁复，从整体看，造型疏密变化有致；躺卧的女神袒胸露出圆润柔软的肌肤，身体的动势显示出优美的体形、波浪式的衣纹曲线和疏密节奏的流动，既平稳又柔和。

二、古罗马的雕塑艺术

古罗马是欧洲仅次于古希腊的文明古国。论历史，古罗马晚于古希腊，但是，公元前 146 年，古罗马征服了古希腊。然而，古罗马在军事上虽然征服了古希腊，但在文化艺术上却是古希腊文化艺术的热烈崇拜者。

罗马的统治者和贵族认识到通过传播肖像可以炫耀个人的权威，制造个人崇拜，这是罗马肖像雕塑发达的不可忽视的因素。进入帝国时期以后，罗马雕塑艺术成为歌颂君权、颂扬帝国武功的重要手段，因此，帝王贵族的肖像雕刻极为发达。

《奥古斯都像》是罗马帝国第一任皇帝屋大维的肖像。"奥古斯都"是当时元老院送给渥大维的一个尊称，意为"至高无上的"。

这尊雕像着意美化这位皇帝：身着罗马式盔甲，左手持着象征无上权力的权杖，右手指引方向，有趣的是在右腿边雕着一个小爱神，造成高矮的强烈对比。以爱神象征仁爱，以此表明奥古斯都不仅是伟大的军事统帅，而且是仁爱之君。渥大维护胸的铠甲上装饰浮雕，寓意着罗马的征服和统治。雕像的姿势和表情有明显的理想化和神化的倾向，不过面容还是很像渥大维本人的，他那僧侣式的小平头，清瘦严肃的面容，体现出他执政时仍然崇尚简朴，目光中透现出足智多谋。

三、欧洲文艺复兴时期意大利的雕塑艺术

欧洲文艺复兴时期是世界历史发展中的重要时期。这个时期因发生了一场提倡复兴古希腊和古罗马文化，以反对中世纪的封建思想意识和以神为中心的基督教神学的伟大的思想解放运动，因而被称为"文艺复兴"。

1.《大卫》

该雕塑作品的材质是大理石，由意大利雕塑家、画家米开朗琪罗创作于 1504 年。大卫是《圣经》中的少年英雄，曾经杀死侵犯犹太人的非利士

巨人哥利亚，保卫了家园和人民。米开朗琪罗没有沿用前人表现大卫战胜敌人后将敌人头颅踩在脚下的场景，而是选择了大卫迎接战斗时的姿态。在这件作品中，大卫是一个肌肉发达、体格匀称的青年壮士形象。他充满自信地站立着，英姿飒爽，左手抓住投石带，右手下垂，头向左侧转动着，面容英俊，炯炯有神的双眼凝视着远方，仿佛正在向地平线的远处搜索着敌人，随时准备投入一场新的战斗。大卫体格雄伟健美，神态勇敢坚强，身体、脸部和肌肉紧张而饱满，由内而外地展现了全部理想化的男性美。这位少年英雄怒目直视着前方，表情中充满了全神贯注的紧张情绪和坚强的意志，身体中积蓄的伟大力量似乎随时可以爆发出来。

与前人表现战斗结束后情景的习惯不同，米开朗琪罗在这里塑造的是人物产生激情之前的瞬间，使作品在艺术上显得更加具有感染力。他的姿态似乎像是在休息，但躯体姿态表现出某种紧张的情绪，使人有强烈的"静中有动"的感觉。雕像是用整块的石料雕刻而成，为使雕像在基座上显得更加雄伟挺拔，艺术家有意放大了人物的头部和两个胳膊，使得观众眼中的大卫愈发显得孔武有力，充满了正义感。这一雕像成为西方雕塑史上最著名的男性人体雕像之一。

2.《摩西》

该作品由意大利雕塑家、画家米开朗琪罗创作于 1515 年。《摩西》是为教皇朱理二世陵墓所创作的雕像。摩西是基督教《圣经》中所传说的古代以色列民族的政治、宗教领袖和立法者。《圣经》上的记载和种种传说都把摩西当作是人类中最受神恩宠的先知。米开朗琪罗表现的是壮年时期的摩西，因为青年不够成熟，而老年则是衰颓的时期，只有壮年才能成为整个民族的领袖，成为上帝的使者。

摩西的头威严地竖立着，目光奕奕有神，右腿弯曲，紧咬着牙齿，像要吞噬什么东西，颇有领袖的气质。摩西头上有角，在拉丁文中，角在某种意义上是"力"的象征，也许就因为这个缘故，米开朗琪罗用这个小细节使摩西显得更为奇特、怪异、粗野。摩西的眼睛又大又美，坚定的目光直视前方，射出火焰似的光。头发很短，如西斯廷天顶上的人物一样；胡须如浪花般直垂下来，长得要用手去支拂。摩西的衣服纯粹是一种假想，它的存在不是为了写实，而是适应造型上衬托的需要。这些衣褶使腿部的力量更加突出；雕像下部的体积亦随之增加，使全体的基础愈显坚固。

3.《哀悼基督》

这件作品由意大利雕塑家、画家米开朗琪罗为圣彼得大教堂所作，是他早期最著名的代表作。作品的题材取自《圣经》故事中基督耶稣被犹太总督抓住并钉死在十字架上之后，圣母玛丽亚抱着基督的身体痛哭的情景。

作品采用了稳定的金字塔式的结构，十分隐秘，圣母宽大的衣袍既显示出圣母四肢的形状，又巧妙地掩盖了圣母身体的实际比例，解决了构图美与实际人体比例的矛盾问题。基督那脆弱而裸露的身体与圣母衣褶的厚重感及清晰的面孔形成了鲜明的对比，统一而富有变化。雕像的制作具有强烈的写实技巧，作者没有忽略任何一个细节，并对雕像进行了细致入微的打磨，甚至还使用了天鹅绒进行摩擦，直到石像表面完全平滑光亮为止。这一切都赋予了石头以生命力，使作品显得异常光彩夺目。米开朗琪罗还将自己的名字第一次刻在了雕像中圣母胸前的衣带上。

米开朗琪罗曾经说过，圣母玛丽亚是纯洁、崇高的化身和神圣事物的象征，所以必能永远保持青春。所以，米开朗琪罗突破了以往苍白衰老的模式，将圣母刻画成了一个容貌端庄美丽的少女，却没有影响到表现她对基督之死的悲痛，她的美是直观的，但她的悲哀却是深沉的。她所体现出的青春、永恒和不朽的美，正是人类追求美的最高理想。

四、西方近代雕塑作品鉴赏

按照通常美术史的分期方法，西方近代雕塑时期是指从 17 世纪开始至 19 世纪末的法国最杰出的雕塑家罗丹为止。

1. 《阿波罗与达芙妮》

《阿波罗与达芙妮》是意大利雕塑家贝尼尼于 1622 年至 1625 年之间完成的作品，属于 17 世纪流行的巴洛克风格的雕塑。该作品取材于希腊神话，描绘的是太阳神阿波罗向河神女儿达芙妮求爱的故事。爱神丘比特为了向阿波罗复仇，将一支使人陷入爱情漩涡的金箭射向了他，使阿波罗疯狂地爱上了达芙妮；同时，又将一支使人拒绝爱情的铅箭射向达芙妮，使姑娘对阿波罗冷若冰霜。当达芙妮回身看到阿波罗在追她时，急忙向父亲呼救。河神听到了女儿的声音，在阿波罗即将追上她时，将她变成了一棵月桂树。雕像表现了阿波罗的手触到达芙妮身体时的一瞬间。两人身体轻盈、优美，都处在乘风奔跑的运动中。达芙妮的身体已开始变成月桂树，行走如飞的腿幻化为树干植入大地，飘动的头发和伸展的手指缝中长出了树叶，即使是她最柔软的双乳也覆盖上了一层薄薄的树皮。但达芙妮的整个身体仍具有凌空欲飞的姿态，手臂与身体形成了优美的"S"形。她侧着头，目光由惊恐变为麻木。阿波罗眼睁睁地看到达芙妮变成了月桂树，神情由惊讶转为悲伤，却无能为力。他的一只手仍然放在达芙妮的身体上，另一只手则向斜下方伸展，同达芙妮的手臂形成一条直线，使整个雕像有一种优美的动感，充满了表现力。

2.《伏尔泰坐像》

《伏尔泰坐像》是由法国雕塑家乌东于1781年创作的作品，是法国最著名的新古典主义的重要代表作之一。伏尔泰是法国的启蒙思想家、作家和哲学家，长期遭受法国封建统治的迫害，被迫流亡国外。其文思敏捷，笔锋犀利，以机智著称。雕塑家乌东在伏尔泰逝世前不久，先后为其创造了四种完全不同的雕像，其中尤以坐像最为著名：这位秃发消瘦的老人沉稳地坐在扶手椅上，宽敞的衣袍及简练粗阔的垂线衬托出人物高贵庄严的气质。侧转的头部与人体形成了变化和对比，避免了单调和程式化，增添了雕像的生动感。雕塑家将注意力重点放在人物的头部及五官的刻画上，如尖瘦的鼻子、干瘪的嘴形、戏谑的笑容，甚至面部的每一条细小的皱纹都充满了表现力。特别是那双"透明而发亮"的眼睛，更是闪烁着智慧的光芒散发着迷人的光彩，达到了形神兼备的艺术效果。

3.《思想者》

《思想者》是19世纪西方最杰出的雕塑大师罗丹一系列重要作品中最具有代表性的力作之一，创作于1880年。《思想者》是从罗丹的大型作品《地狱之门》中独立出来的一座雕像，它原是门楣中央的一座主像。

《思想者》塑造了一个强有力的劳动男子。男子弯着腰，屈着膝，右手托着下颌，默视下面发生的悲剧。他那深沉的目光及嘴唇咬着拳头姿态，表现出一种极度痛苦的心情。他渴望沉入"绝对"的冥想，努力把那强壮的身体抽缩、弯压成一团。他的肌肉非常紧张，不但在全神贯注地思考，而且沉浸在苦恼之中。雕塑人物全身赤裸，腰身微弓，左手在左膝上自然放置，左腿支撑着右臂，右手托着有着凌厉线条的下巴，握紧的拳头用力地顶在嘴唇上，本身就十分健美的肌肉此时更是紧张地隆起，露出饱满的线条。雕像形象虽然是静止的，但似乎显示出他在进行着高强度的劳动。他神态庄严肃穆，似在审视宇宙中的一切。

作品将深刻的精神内涵与完整的人物塑造融于一体，体现了罗丹雕塑艺术的基本特征。《思想者》是罗丹整体作品体系中的典范，也是对他充满神奇的艺术实践的体现和反映，更是对他所建构并整合人类艺术思想——罗丹艺术思想体系的见证。

07 第七章 中外绘画艺术的审美

中国画简称国画，是世界美术领域中自成独特体系的中国传统绘画，它包括卷轴、壁画、屏幛、册页、扇面等形式。有时特指以中国独有的笔墨等工具材料按照长期形成的传统而创作的绘画。传统中国画大致分为三大画科，即人物画、山水画、花鸟画，主要有工笔与写意两大种画法，以特有的装裱工艺装潢画幅。

中国绘画是中国传统文化当中非常精致的一个艺术门类，是我们民族智慧和民族情感的一种表达形式，随着旅游业的兴起和发展，中国绘画艺术景观成为极具历史价值、文化价值、审美价值及经济价值的旅游资源。

第一节　中国传统绘画艺术的审美历程

中国绘画艺术历史悠久，仅从已知独幅的战国帛画算起，已有 2000 余年的历史。如果从内蒙古自治区、甘肃、山东、新疆维吾尔自治区及东北各地的原始岩画及 1986 年发现于甘肃秦安大地湾的原始地画来看，它的历史更为悠久。中国的画家和匠师，创造了丰富多彩的、具有鲜明民族风格的形式手法，发展了独具特色的中国传统绘画。

一、远古时期

中国绘画的最早遗迹可上溯到远古的岩画和繁荣于新石器时代彩陶器上的装饰纹样。黄河上中游是彩陶繁盛的地区。分布在渭水、泾水流域一带的老官台文化已有绘着简单纹样的彩陶。这是迄今发现的最早的彩陶。新石器时代的绘画，技巧上尚处于稚拙阶段，但已具有初步造型能力，能抓住人物、鱼、鸟等外形动态和主要特征，并能表达信仰、愿望，用以美化生活。这犹如一片绚丽的彩霞，映现了中国绘画史的黎明。

二、夏商周时期

　　夏商周时期的绘画处于发展的初期阶段。绘画应用的范围主要是壁画、章服，以及青铜器、玉器、牙骨雕刻、漆木器等器物的纹饰。夏商周时期早期的绘画基本上是装饰性图案，到西周以后，开始有以表现人物活动为主的纪事性绘画作品。从风格上看，商代绘画庄严神秘而缛丽，西周绘画趋于典雅，春秋以后绘画内容开始更多地反映社会生活，形象活泼生动，技巧上有了很大的进步。

三、秦汉时期

　　中国历史上最早的专制主义中央集权国家形成于秦汉时期。秦汉时期，国力强盛，疆域广阔，丝绸之路促进了中外艺术交流，秦汉王朝与相邻各族也有密切的接触，这一时期的绘画更加重视绘画的政治功能和伦理教化作用。秦汉时期形成了雄厚博大、昂然向上的时代风格，是中国绘画史上的第一个发展高潮。

　　这一时期出现了大量的宫殿壁画、墓室壁画及与此相关的画像石、画像砖等。秦代为了宣扬秦始皇帝统一大业及其拥有的无上权威，在建造的规模宏大的建筑群内部绘制有许多壁画。在汉代，从宫室殿堂到贵族官僚的府邸、神庙、学堂及豪强地主的宅院，几乎无不以绘画进行装饰。汉代习俗视死如生，以厚葬为德，薄殓为鄙，为死者表彰功德的绘画活动空前高涨，坟墓装饰的规模和数量极为可观。东汉赵岐甚至在活着的时候，就为自己的坟墓准备壁画。

　　画像石是东汉时期重要的美术作品。因是以刀代笔施于石材平面上的绘画，故称石刻画。其题材内容与墓室壁画大致相同。画像石主要分布在山东、河南、四川、陕北等地区，江苏、陕西、山西、安徽、河北、湖北等省也均有发现。其中最为著名的有山东孝堂山画像石、嘉祥武氏祠画像石、沂南石墓画像、安丘画像石、河南南阳画像石及密县（今新密市）打虎亭1号汉墓画像石。湖南长沙马王堆1号汉墓出土的帛画"非衣"，内容丰富，色彩绚丽，帛画以左右对称、上下连贯的格局分三段描绘了天上、人间、地下的景象。众多的人物、禽兽、器物被安排得有条不紊，疏密繁简，错落有致。奇诞夸张的造型中体现出严谨细腻的写实技巧。线条流畅挺拔，刚健质朴，设色以平涂为主，技法纯熟，使用的矿物质颜料至今仍十分鲜艳。这幅帛画全面而充分地体现了中国绘画在汉代所达到的高度。

四、魏晋南北朝时期

三国魏晋南北朝时期长期处于分裂割据状态，战争频繁，民生艰难，但却是中国绘画史上的重要阶段，绘画艺术仍在曲折中发展。苦难的时代，给佛教的传播和发展提供了土壤，佛教艺术勃然兴盛，遍及南北。石窟壁画如新疆克孜尔石窟、甘肃麦积山石窟、敦煌莫高窟都保存了大量的壁画，显示出高度的艺术造诣。反映贵族名士生活及人物形象的作品迅速增多，文学题材的绘画创作日趋活跃，如卫协的《诗·北风图》，顾恺之的《木雁图》《洛神赋图》等。肖像画在这一时期极为发达，如顾恺之的传神写照，就特别注重表现对象的精神状态和特定性格。山水画和花鸟画开始萌芽。山水画的代表人物有王微和宗炳。取义于中国古代"螳螂捕蝉，岂知黄雀在后"的寓言，以蝉雀为题材的绘画也颇为流行，赋予某种寓意性。此时期涌现出一批有文化修养的上流社会知名画家，如顾恺之等。此外，绘画史和绘画理论著作开始出现。

五、隋唐时期

隋唐时期处于封建社会盛期，国家统一，社会相对安定，经济繁荣及对外经济文化交流的频繁与活跃，都给文化艺术的发展带来了新的契机。随着社会经济文化的繁荣，隋唐时期的绘画艺术在题材、内容和表现手法等方面均取得了高度的成就，成为中国绘画史上的高峰之一。阎立德、阎立本兄弟及尉迟乙僧等画家的绘画活动，以及以敦煌220窟为代表的壁画，代表着这一时期绘画艺术的最高成就。

人物画在隋唐时期占主要地位，著名画家有阎立本、吴道子等。吴道子一生在京洛画寺观壁画300余堵，变相人物，千姿万态，奇踪异状，无有同者，呈现出天衣飞扬、满壁风动和自然高出缣素的效果，世称"吴装"。中唐周昉善画天王和菩萨，创造了"水月观音"这一具有鲜明民族特点的宗教画新样式，一直为后代沿袭，被称为"周家样"。唐代人物画有的反映了当时的重大政治事件，如《步辇图》等；有的描绘功臣勋将，如《凌烟阁功臣图》等；有的体现民族关系，如《西域图》《职贡图》等；有的体现贵族生活，如《玄宗试马图》《虢国夫人游春图》等；有的反映文人雅士生活，如《醉学士图》等。唐代山水画有着多种风貌，金碧青绿与水墨挥洒并行，专攻山水的画家日益增多，山水画即将进入成熟阶段。隋代展子虔所画《游春图》具有咫尺千里之妙。唐代李思训、李昭道父子的山水画技法有了显著提高。而吴道子于佛寺壁上画怪石崩滩，达到"若可扪酌"的真实效果，又在一日之内在大同殿壁上画出嘉陵江三百里的山水，"皆尽其妙"。王维也以水墨山水著名。花鸟画开始兴起，唐代花鸟画侧重描绘鹰鹘、仙鹤、孔雀、雉鸡、蜂蝶及花木竹石，大都工整富丽。由于武功隆盛和贵族游猎的风气浓厚，鞍马等题材绘画也成为绘画专科，并取得了相当高的成就。由于印刷术的发明，版画也得到了发展，唐代版画多用于佛像印刷，敦煌莫高窟发现的《金刚经》扉页画显示了较为成熟的雕印技艺。唐代绘画不仅大胆汲取、借鉴外来艺术的表现技巧，而且还传播到其他国家，当时大食都城中就有中国画工献艺，朝鲜半岛上的新罗曾在中国以高价收购名画家的作品，中国绘画通过中日两国的使者、商人、僧侣等传入日本，对日本古代绘画的发展产生了很大影响。唐代绘画灿烂而恢宏，具有昂扬磅礴的时代精神风貌。

六、五代至宋辽时期的绘画

五代两宋以后，中国历史进入封建社会后期，绘画艺术进一步成熟和完备，成为中古绘画的鼎盛时期。由于唐末以来城市商业的繁荣和市民阶层的壮大，绘画艺术服务范围有所扩展，一些画家进入手工业行列，其作品作为商品在市场上出售，增强了艺术与社会的联系。

皇室贵族为了满足政治及个人好尚的需要，创建了宫廷画院，集纳优秀画家，对绘画创作提出了更多的要求。宋朝统治者设置画院，并扩充机构，招揽人才，给画家授以职衔，从而使宋代成为历史上宫廷绘画最兴旺、最活跃的阶段。文人学士把书画视为高雅的精神活动和文化追求，并提出了明确的绘画审美标准，在创作和理论上都开始形成独特的体系。社会、宫廷、文人士大夫之间的绘画创作各具特色而又互相影响，使宋代绘画在内容、形式、技巧诸方面出现了群彩纷呈、多方发展的局面。宋代绘画题材较唐代有很大扩展，其中最有建树的是广泛表现社会生活的风俗画，如《清明上河图》《货郎图》《盘车图》《耕织图》等；与节日民俗活动相结合的节令画，如《大傩图》《冬至婴戏图》《观灯图》等；借描绘历史传说反映人们对现实生活态度的历史故事画，如《文姬归汉图》《采薇图》等；描绘文人韵事的作品如《西园雅集图》等。

五代两宋时期山水画发展最为突出，五代时中原地区的荆浩、关仝，江南地区的董源、巨然分别以不同的笔墨技巧创作了不同地区的山水画，风格各异，对后世山水画发展有着重要影响。宋代山水画家辈出，各有专长和成就，北宋李成的塞林平远，范宽的崇山峻岭和雪景，许道宁的林木野水，郭熙描绘四时朝暮、风雨明晦的细微变化，惠崇、赵令穰的抒情小景，米芾、米友仁父子的云山墨戏，李唐、马远、夏圭高度剪裁富有诗意的山水，反映了山水画艺术的不断变革和发展。

　　花鸟画也有着长足的发展，五代时江南徐熙的田园花果和西蜀黄筌的奇花异鸟分别具有野逸和富贵两种不同风格。北宋赵昌的设色折技花卉、易元吉的猿猴、崔白的败荷凫雁和以赵佶为代表的院体花鸟画都具有高度水平；南宋梁楷、法常的花鸟画已开水墨写意之先导。文人学士中流行的墨竹、墨梅、墨花、墨禽更着重表现主观情趣，与民间画工及宫廷花鸟画的高度写实、刻画入微的画风迥然不同。五代两宋绘画技巧有不少成功的创造，画家注重对生活的深入观察体验，艺术上倡导写实，具有精密不苟、严谨认真的精神，但在创作中又注重提炼取舍，要求形神兼备，把工笔重彩技巧推向高峰。北宋李公麟又在纯用墨线勾染的白描手法上做出了贡献，一些画家在写意人物花鸟画上也进行了可喜的尝试，丰富了绘画的形式和表现技巧。

七、元明清时期的绘画

　　由于元朝统治者执行残酷的民族歧视政策，加上错综复杂的社会矛盾，大量的汉族士大夫阶级出身的画家，不得不采取不问政治、超然世外的态度，把时间、精力和思想情感寄托在适于寄兴遣情的山水画、花鸟画上，于是，山水、花鸟画（特别是以梅、兰、竹、菊为题材的"四君子画"）大兴。因元朝不设宫廷画院，汉族文人士大夫的绘画活动便左右着当时的画坛。他们的绘画，与宋代占统治地位的宫廷画院的精密不苟的画风相比，更重视主观意趣的表达和笔墨技巧的表现。所以，尽管绘画题材狭窄，脱离社会现实的倾向比较明显，但他们发展了用书法诗文题画的方法，强调了绘画的文学趣味，提高了传统水墨画的笔墨技巧，奠定了中国古代文人画的主要特色。

　　明初绘画继承南宋院体绘画传统，并形成以戴进为代表的"浙派"及由此流衍出来的"江夏派"，画风豪放。明中期，在苏州地区，以沈周、文徵明为核心的一批文人画家，发扬元画传统，表现文人优雅生活，构成了地域流派"吴门画派"。晚明时期的陈洪绶、徐渭以一种不同于世俗的独创精神享誉画坛，董其昌则重建文人画理论，提出"南北宗论"。清初，"四王"受董其昌影响，崇尚师古，掀起摹古潮流；以"四僧"为代表的一批遗民画家，重视师法自然和表现自我精神，给画坛带来了清新的画风。

清代中期的扬州，一批失意文人以绘画为业，自写胸臆，艺术形式标新立异，画史上称为"扬州画派"。清朝晚期，书坛碑学的兴起，启发画家吸收金石的笔意，后来逐渐形成了以赵之谦、吴昌硕为代表的金石画派，开创了刚健豪放的写意花卉的新画风。

第二节　中国传统绘画的美学特征

中国画经过了长期积累和沉淀之后，特色鲜明，形成了独有的审美风格、审美情趣及完整理论体系。

一、情景交融

"意境"是中国传统美学思想的重要范畴。王国维先生在《人间词话》中把意境称为境界："景非独谓景物也，喜怒哀乐，亦人心中之一境界。故能写真景物，真情感，谓之境界。"由此可见，意境是情与景的交融。在传统绘画中，画家将自己内心的思想情感注入作品中，托物言志，借景抒情，创造出情与景高度融汇的艺术境界。北宋画家郭熙把山景的四季变化比喻为"春山淡冶如笑，夏山苍翠如滴，秋山明净如妆，冬山惨淡如睡"，表现在画面上就是将自然事物拟人化，在主观上赋予对象感情，作用于客体的感观和心理，以达到以物喻人、以物明志的效果。五代李成的《读碑窠石图》表现了冬日田野上，一位骑骡的老人正停驻在一座古碑前观看碑文，近处陡坡上生长着木叶尽脱的寒树。画中残碑以淡墨染正侧面，斑驳漫漶；环绕残碑周围的枯树盘复，枝干下垂如蟹爪。荒石孤立、荆棘枯草，所有的景物都烘托出无限凄怆之气氛。荒寒的原野、挺拔的枯树和矗立的石碑，使人产生对逝去历史的追忆和时代变迁的感慨，使人陷入一种苍凉冷落的情境之中。作品表现出了人世沧桑、往事如烟、不堪回首之感，表现出了作者愤世嫉俗、高傲孤寂之品格。倪瓒的《渔庄秋霁图》描写太湖一角晴秋傍晚的山光水色。画面疏树五六株，水面空阔，山峦平远。笔墨干枯、简练。整幅画不见飞鸟，不见帆影，也不见人迹，一片空旷孤寂、幽淡荒寒之境，但画中的一树一石，无不透露着他晚年漂泊无依的落寞与孤寂。

二、虚实相生

一般来说，"实"指绘画中有笔墨处（或画得详细的部分）。虚与实相对，无笔墨处（或画得简略，用笔较淡的部分）即为"虚"。画家作画常常用心于无笔墨处，用力于有笔墨处，以达到"虚实相生，无画处皆成妙境"（《画鉴》）。"虚"在画上也具有"实"的意象。这种巧妙地利用空白的艺术手法，中国画家称之为"计白当黑"，这是中国艺术的一个重要特点。留白给观者留出了想象的空间。虚实相生，浓淡干湿之间的变化多样，造就了含蓄空灵的境界，表现出实中虚、虚中实的绘画效果。文人山水画在虚实相生方面更为明显，在山水空间之中，运用一明一暗、一阴一阳的虚实变化营造空间感，表现出云朵、山水、树木与石头的意境格调，释放自然万物的灵动之气，追求自然和心灵的融合，冲破具象事物的束缚，进而塑造出一个气脉相通的审美艺术空间。

南宋马远《寒江独钓图》是在艺术上成功地运用虚实结合，创造出意象境界的典范之作。《寒江独钓图》只画了漂浮于水面的一叶扁舟和一个在船上独坐垂钓的渔翁，他身体略向前倾，全神贯注，或许此时正有鱼儿咬钩。由于钓者坐在船的一端，故而船尾微微上翘。四周除了寥寥几笔的微波之外，几乎全为空白。然而，就是这片空白表现出了烟波浩渺的江水和极强的空间感，更突显出一个"独"字，衬托了江上寒意萧瑟的气氛，集中刻画出了渔翁专心于垂钓的神气，给欣赏者提供了一种渺远的意境和广阔的想象空间。这种诗一般耐人寻味的境界，是画家的心灵与自然结合的产物，在艺术上则是虚实结合产生的结果。

三、画中有诗

"诗中有画，画中有诗"最早出现于苏轼的《东坡题跋》下卷《书摩诘蓝田烟雨图》中，其语云："味摩诘之诗，诗中有画；观摩诘之画，画中有诗。"所谓"画中有诗"，就是绘画的立意、笔法、形象、色彩所汇成的画面，具有浓郁的诗情。虽然诗和画属于不同的艺术门类，但是在艺术创作的过程中，它们的关系十分密切，这种密切的关系主要体现在诗与画的互相影响、互相渗透和互相融合上。

"画中有诗"首先是指传统绘画中所蕴含的诗意。以王维为例，王维是盛唐时期的著名诗人，也是文人画的始祖。王维绘画不是以对外在事物作穷形尽相的简单再现作为其艺术表现之主要标准，与其说他关注外在景物，不如说他更注重通过对自然景象有意识地选择、截取、重组，表达自己的人生观念、精神寄托和遁世思想。例如，王维《雪溪图》是一幅表现乡村雪景的小品。画面中有皑皑白雪、江村寒树、野水孤舟，几处平凡的景致在其画笔之下亦能显出独特深远的境界，构成一片空旷寂静的景象，衬托出大地的宁静辽阔，又在这宁静的氛围中透出一种幽冷的气息。其画中的人物又给画面增添了几许生气，动静结合，活气与灵气俱在，使得画面气韵高绝，卓然不同。古朴、纯真、素雅，是这幅画给观者的直接感受。王维早年对政治仕途尚有进取心，中年经历"安史之乱"之后，心情便消沉下去了，晚年他就一边在朝做官，一边求隐皈佛。后来干脆在长安附近的辋川购得宋之问的蓝田别墅，悠游其中，万事不挂心，徘徊于仕隐之间，过着恬静悠闲的生活。这幅《雪溪图》在意境、构图、笔墨诸方面，都是诗意的表现，是王维典型的抒情而恬淡的画风。

其次是指自宋代以后出现的在画中题诗的现象。在中国画的空白处往往由画家本人或他人题上一首诗，诗的内容或抒发作者的感情，或谈论对艺术的见解，或咏叹画面的意境。诚如清代方薰所云："高清逸思，画之不足，题以发之。"（《山静居画论》）这种题在画上的诗就叫题画诗。题画诗从宋代开始出现，指画家作画时，若感到画不能尽情尽意，便以诗文辅之。自此以后，诗和书法融合于画面，成为画面构图的重要组成部分。好的题诗对画面有揭示意义，能产生深化主题的作用。比如徐渭题《墨葡萄图》诗写道："半生落魄已成翁，独立书斋啸晚风。笔底明珠无处卖，闲抛闲掷野藤中。"图中那淋漓酣畅、零乱疏离的枝叶，意境狂放而凄苍；那信手狂舞、错落弯曲的藤条犹如作者郁结难抒的心境。画家寄情寓意，挥洒恣意，表现了狂放不羁的性格和愤世嫉俗的磊落不平之气。他的诗更加深了画的喻义。

四、"得意忘形"

受传统文化和老庄思想的影响，中国传统绘画侧重于对写意的追求。身外之物的描绘不再是事物本来的准确面貌，而是在画家内心加工、真心感悟后所形成的画像。这就决定了中国传统绘画不是注重形式，而是崇尚写意。苏轼曾说："论画以形似，见于儿童邻。"宋代大文豪欧阳修曾说："古画画意不画形。"著名画家齐白石也说："我画的虾和平常看见的虾不一样，我追求的不是形似，而是神似。"他认为所绘之物"太似为媚俗，不似为欺世，妙在似与不似之间"。可见，画家绘画时不是以一时一地的真实景物作为绘画的对象，而是突破时间和空间的约束，在感悟和想象中重新塑造外物形象，以达到物与心通的审美境界。

山水画家潜心探求的重要课题是表现山川云树的质量感、空间感及季节与风晴雨雪等气象变幻之美，但山水画中的山川云树都是经过画家主观意象加工的产物，而不是西方风景画的照相式纯自然摹写。山水画中的山川云树是画家依照自然营造的胸中丘壑。所以，历来有成就的山水画家多数是本着"外师造化，中得心源"的精神，不断探求自然奥秘，捕捉山情水意，锤炼表现方法和抒写自身性灵的艺术语言。在这些画家笔下，物象、笔墨都成为表达情感的借助物，"缘物寄情"，"托物言志"，达到物我交融的境界。

倪瓒一直都在重复着同一个主题画面，近景的土坡上几棵小树，一座茅亭，然后中景是一片开阔的水域，再到远景的水岸，一切都显得那么的平淡、疏远、寂静。苍凉古朴、静穆萧疏成了倪瓒画的固定模式和特有风格。这已经不再是对客观物象的描写，而成了画家本身的一部分，它们来源于画家的心灵深处，是一种自我的抒发，同时也是画家对人生的追求。他已经洗去了对客观物象的感官刺激，纯粹是一种自我的抒发，一种有我之境。

自宋元以来，写意花鸟画就有一定的发展，但真正发挥中国画笔墨纸张特殊效果而创立了水墨大写意画法的，应是徐渭。他的《墨葡萄图》画水墨葡萄一枝，串串果实倒挂枝头，鲜嫩欲滴，形象生动。茂盛的叶子以大块水墨点成，信笔挥洒，风格疏放。《墨葡萄图》是文人写意画的巅峰之作，痛快淋漓的写意丝毫没有减弱葡萄的形似，反而创造出一种水汽蒸腾的鲜活感觉。上面的诗以行草匆匆写就，大小参差，如同墨点跳动，抒发了诗人虽人生落魄但独立清高的高贵人格。

明末清初的朱耷原为明朝王孙，明灭亡后，国毁家亡，心情悲愤，遂落发为僧，他一生对明忠心耿耿，以明朝遗民自居，不肯与清廷合作。朱耷擅长花鸟、山水，其花鸟承袭徐渭写意花鸟画的传统，发展为阔笔大写意画法。其特点是通过象征寓意的手法，对所画的花鸟、鱼虫进行夸张，以奇特的形象和简练的造型，使画中形象突出，主题鲜明，甚至将鸟、鱼的眼睛画成"白眼向人"，以此来表现自己孤傲不群、愤世嫉俗的性格，从而创造了一种前所未有的花鸟造型。这样的形象，正是朱耷自我心态的写照。

五、笔墨情趣

文人画讲求"笔墨情趣"。何谓"情趣"？即文人的主观情感与内在修养。笔墨情趣，即作者的主观情感与内在修养通过笔墨在画纸上的体现。

　　用笔之法在于强调画者要能够合理运用毛笔的特有性能。进行创作时，画者变换手肘的姿势，下笔的力度等都会影响到线条的特点。画者要能够准确表现线条的轻重缓急。中国画经过一千多年的实践，经过反复打磨和精练，朴素的线条已经发展成为具有民族特色的表现技法，形成了线条的不同变化，如中锋、侧锋、拖笔、逆笔、方笔、圆笔等，加之快、慢、提、按、顿、挫等笔法，线条呈现出刚柔相济、方圆不同的视觉效果。比如，画山水，就要根据不同的山石结构、地质地貌特点采用不同的笔法。具有代表性的笔法有侧锋笔、中锋笔等。侧锋笔又称斧劈皴，用笔刚劲缜密，表现山石锐利，峰峦雄峻峭拔，给人以强烈的视觉刺激。宋代李唐、马远、夏圭等作画多用此法。中锋笔又称披麻皴，此法用笔内敛，行笔不疾不徐，表现草木茂盛，山峦浑圆起伏。董源、黄公望等画家多用此法。其作品描绘的是辽阔清幽、岗峦起伏、草木葱郁、烟雾迷蒙的江南景色。画树木也是如此。采用不同的笔法表现不同的树型，进而产生不同的精神气质。比如画松树，双勾树干以侧锋行笔（干墨）稍加顿挫，便可表现出松树苍劲古朴、坚韧不拔的特点。画梧桐则不然，因其表皮相对光滑，圆笔中锋（淡墨）更能体现其亭亭玉立、雍容华美的形象。以上两种不同笔法可以呈现出刚、柔、苍、秀不同物象的精神气质及不同的感官效果。

　　用墨，在中国画创作中与用笔同等重要。用墨不得其法，就会使画面层次不清，无远近虚实之变化，了无生趣。墨虽是黑色的，但中国画却有"墨分五色"的说法，五色是指浓、淡、干、湿、焦。还有"六彩"之分，就是黑、白、干、湿、浓、淡。"六彩"中黑、白表现阴阳、明暗；干、湿表现苍翠秀润；浓、淡表示凸凹远近。当一幅画中全是湿墨时，画面就会灰暗无神，如果画全是干墨时，画就显得枯燥乏味。在湿墨中加上枯笔，在干笔中泼上湿墨，墨在画上就显得淋漓滋润。在收拾画面时，往往在一堆淡墨旁边加上几笔浓墨，在浓墨中趁湿泼以清水，使墨更富有变化，用墨之法分泼墨、积墨和破墨，娴熟地用墨能使画面酣畅淋漓、韵味无穷。北宋范宽《溪山行旅图》单从构图方面说，应属于平易之境，但它却产生了非凡的力量。究其原因一是山势造型的巍峨险峻，其次是笔墨的酣畅厚重。

　　在画作中，韵律也是重要的欣赏标准。韵律实现的前提是对笔墨的熟练运用，准确表达点和线。浓淡干湿、疏密远近、抑扬顿挫，层层生发，画面的韵律感依赖于画者的用笔用墨功力。"元四家"之一的黄公望的山水画，整体布局、形象塑造及用笔用墨都显得冷静沉着、从容不迫，皴点勾染，有条不紊。山村、水居、小桥、流水平平稳稳，统一在和谐宁静的环境中。

六、气韵生动

何谓"气韵生动"？所谓"气"指先天的气质、秉性。气质，指创作者本人主观能动性与创作个性的充分发挥。"韵"指发而为画的笔墨情韵。"气韵生动"是指绘画的内在神气和韵味，达到了一种鲜活生命的洋溢状态。以生动的"气韵"来表现人物内在的生命和精神，表现物态的内涵和神韵。"气韵生动"是南齐谢赫在其著作《古品画录》中提出来的，谢赫在这部作品中提出了品评绘画优劣的六条标准——"六法"，即气韵生动、骨法用笔、应物象形、随类赋彩、经营位置、传移模写。其中"气韵生动"被列为首要标准，可以说这是中国画的最高品第。

中国画要求笔与墨合、情与景合。现实中无限丰富的景象，会激起画家强烈的形象感染力。画家凭借着这种感受，激发描绘这些景象的激情，于是作品作为情景相生的复写而重现，使情景交融在一起。气韵生动，即是画家所创造的艺术灵境，不同于一般的写生画，应富有生气、新鲜而活泼且有诗一般的韵味，使观者无限神往。如果没有表现出生动而富有韵味的内涵，就不能给予人这些感受，达不到中国画引人入胜的意境。"气韵生动"指作品蕴藉、含蓄、清远的精神韵致，思想内容与艺术形成高度统一，要求画家"外师造化、中得心源"，在创作中有规有矩，合乎法度，同时又能凭才学、性情和胆识脱颖而出，有所创造，不仅达到"生动传神"的效果，而且别有生意、富有生气。中国画不求形似但求神似，"气韵生动"的作品，才能感动人，给人以力量。"气韵生动"即是对作品精神的把握，它占据着中国画的主导地位，使笔墨依靠"气韵"的"精神"得以存在与发挥，从而展示了一种深层次的文化内涵和精神特质。《富春山居图》是元朝黄公望于七十九岁高龄时创作的作品，全图用墨淡雅，山水的布置疏密得当，墨色浓淡，干湿并用，笔势雄伟，充分体现出"寄兴于画"的思想和浑厚华滋的笔墨效果，既形象地再现了山水的秀丽外貌，又把其本质美的特征挥洒得淋漓尽致。展开这幅传世名画，呈现在我们面前的是富春江一带秋初的景色，丘陵起伏，峰回路转，江流沃土，云烟掩映村舍，近树苍苍，疏密有致，人物飞禽，生动适度。正是景随人迁，人随景移，这幅山水画布局由平面向纵深展开，空间显得极其自然，使人感到真实、亲切，具有"清水出芙蓉，天然去雕饰"之妙，集中显示出画的神韵和画家的心灵境界。

第三节　中国传世经典绘画作品鉴赏

一、东晋·顾恺之《洛神赋图》

顾恺之（约346—407年），字长康，小字虎头，江苏无锡人。他精通诗文、书法、音乐，最擅长绘画。他是六朝时期唯一有画迹传世的画家，现存他的作品有隋、唐或宋人的摹本《女史箴图》《洛神赋图》和《列女仁智图》。

《洛神赋图》为分段描绘的长卷。画卷以一幅幅连续的画面展示了从曹植初见洛神，直到洛神无奈离去，曹植怅然而归的整个过程，画中交织着欢乐、哀怨、怅惘的情感变化，构思巧密，笔法秀劲，生动感人。《洛神赋图》把那位似去似来，飘忽无定，"凌波微步，罗袜生尘"的洛神描绘得非常娴雅而传情；通过处于惊疑、恍惚中的曹植，在洛水之滨与洛神遥遥相对、留恋徘徊可望而不可即的样子，传达出无限惆怅的情意和哀伤情调。清风微拂，河水泛流，从衣袖襟带到山水衬景，莫不生动协调。画家结合想象与现实，将神人世界融成一片，惊鸿游龙，云霞映月，奇禽异兽，车船马架，充满了浪漫主义色彩和诗意气氛。图中山石树木的描绘，还处于单线勾勒、排列均匀、比例欠缺的不成熟阶段，反映出魏晋山水画的一般面貌。

二、唐·张萱《虢国夫人游春图》

张萱，生卒年不详，唐代画家，京兆（今陕西西安）人。工人物画，擅绘贵族妇女、婴儿、鞍马，名冠当时，与周昉齐名。所画妇女，惯用朱色晕染耳根，为其特色；又善以点簇笔法构写亭台、树木、花鸟等宫苑景物。传世作品有《捣练图》《虢国夫人游春图》。

《虢国夫人游春图》描绘的是唐玄宗的宠妃杨玉环的三姊虢国夫人及其眷从出游赏春的情景。全画共八人骑马，前三骑与后三骑是侍从、侍女和保姆，中间并行二骑为秦国夫人与虢国夫人，秦国夫人居右上首，正面向虢国夫人诉说什么。全画构图疏密有致，错落自然。人与马的动势舒缓从容，正应游春主题。画家不着背景，只以湿笔点出斑斑草色以突出人物，意境空漾清新。图中用线纤细，圆润秀劲，在劲力中透着妩媚。设色典雅富丽，极具装饰意味，格调活泼明快。画面上洋溢着雍容、自信、乐观的盛唐风貌。

三、五代·顾闳中《韩熙载夜宴图》

顾闳中，五代南唐画家，江南人，为中主李璟朝待诏。工人物画，擅写神情意态，用笔圆劲，间有方笔转折，设色浓丽。这幅受南唐后主李煜之命，至韩宅观察、目识心记后所绘的《韩熙载夜宴图》，是其唯一的传世之作。

《韩熙载夜宴图》描绘五代南唐大臣韩熙载放纵不羁的夜生活，以长卷形式展现了夜宴活动中听乐、观舞、休息、清吹、送别五个互相联系而又相对独立的场面。韩熙载形象具有肖像画特点，抑郁苦闷的神态被夜宴的欢快反衬得格外明显，符合他当时受到宫廷猜疑和权贵排挤的历史背景。画家对人物的身份表情及相互关系的处理妥帖自然，衣着服饰、樽俎灯烛、帐幔乐器与床椅桌屏也被描绘得细致逼真。用笔赋色方面也达到了很高的水平，表现出与唐人不同的风格技法。用笔柔劲，出入笔轻重分明，设色绚丽而清雅，鲜丽的淡色与浓重的黑白红相比衬穿插。人物的神态、动作乃至衣褶，勾染结合，凹凸之感明显，以颜色覆盖墨线上，复以色笔勾勒，增强了鲜明性与统一感。这件作品无款，有南宋、元、明、清代人题跋。此画是中国古代工笔人物画的经典之作，"听乐"和"清吹"部分尤其精彩。

四、北宋·张择端《清明上河图》

画作描绘了北宋汴京（今河南开封）的都市生活万象。首段表现郊原景色，枯树草桥，行旅不绝。中段表现虹桥之景，大船两艘，穿过虹桥。桥头商铺鳞次栉比，行人云集。末段画城内街景，歌楼酒市，作坊医家，人物众多，街头繁华。作者采用了传统的手卷形式，从鸟瞰的角度，以不断推移视点的办法来摄取景物，段落节奏分明，结构严密紧凑。全卷总计人物五百余，牲畜五十余，船只、车轿各二十余，各元素安排得有条不紊，各得其所，繁而有序。各种人物衣着不同，神态各异，劳逸苦乐，对比鲜明，按一定情节进行组合，富有一定的戏剧性矛盾冲突，市井之象跃然纸上。至于笔墨技巧，人物、车船、树木、房屋的线条遒劲老辣，兼工带写，设色清淡典雅，不同于一般的界画。《清明上河图》在艺术手法和处理上皆有很高的成就，其内容真实地反映了当时城市社会各个生活层面，具有重要的历史文献价值，是一幅写实主义的伟大作品。

五、北宋·范宽《溪山行旅图》

范宽，陕西华原（今耀州区）人，常往来于京师与洛阳一带。个性宽厚，举止率直，嗜酒好道，擅长山水画，初学五代山东画家李成，后来觉悟说："前人之法，未尝不近取诸物，吾与其师于人者，未若师诸物也；吾与其师于物者，未若师诸心。"于是隐居华山，留心观察山林间烟云变灭、风雨晴晦，以及各种变化难状之景，以至于当时人盛赞他："善与山传神。"《溪山行旅图》是其传世的唯一名迹。

巍峨的高山顶立，山头灌木丛生，结成密林，状若菌蘑，两侧有扈从似的高山簇拥。树林中有楼观微露，小丘与岩石间一群驮队正匆匆赶路。细如弦丝的瀑布直泄而下，溪声在山谷间回荡，景物的描写极为雄壮逼真。全幅山石布满密如雨点的墨痕和锯齿般的岩石皴纹，突显了浑厚苍劲之感。画幅右角有"范宽"落款。

六、元·黄公望《富春山居图》

黄公望本姓陆，名坚，平江常熟（今属江苏）人；出继永嘉（今浙江温州）黄氏为义子，因改姓名，字子久，号一峰、大痴道人等。曾为中台察院掾吏，一度因事入狱。后入"全真教"，往来杭州、松江等地卖卜为生。工书法，通音律，能作散曲。擅画山水，曾得赵孟頫指授，山水宗法董源、巨然，常在虞山、三泖、富春等处领略自然之胜，随笔摹写。水墨、线绛俱作，善以草籀奇字之法入画，笔简而有神韵，气势雄秀，有"峰峦浑厚，草木华滋"之评。起初画风渊源于董源，而后变化自成一家。对明清山水画影响甚大，后人将其与吴镇、倪瓒、王蒙合称为"元四家"。著作有《写山水诀》。传世画迹有《富春山居图》《天池石壁》《九峰雪霁》等。

图绘富春江两岸秋初的景色。开卷描绘坡岸水色，远山隐约，接着是连绵起伏，群峰争奇的山峦，再下是茫茫江水，天水一色，最后则高峰突起，远岫渺茫。山间丛林茂密，村舍、茅亭点缀其间，水中则有渔舟垂钓。山和水的布置疏密得当，层次分明，大片的留白，乃是长卷画的构成特色。笔墨上显然取法于董源、巨然，但更为简约利落。山石的勾、皴，用笔顿挫转折，随意而似天成。近20厘米的长披麻皴枯湿浑成，功力深厚，洒脱而极富灵气，洋溢着平淡天真的神韵。全图用墨淡雅，仅在山石上铺染一层极淡墨色，并用稍深墨色染出远山及江边沙渍、波影，只有点苔、点叶时用上浓墨，但足以醒目。这是一幅浓缩了画家毕生追求，足以标程百代之作，无怪乎董其昌见了惊呼："吾师乎！吾师乎！一丘五岳，都具是矣！"

七、元·倪瓒《渔庄秋霁图》

倪瓒，元代画家、诗人，江苏无锡人。初名斑，字泰宇，后字元镇，号云林子、荆蛮民、幻霞子等。家富，博学好古，四方名士常至其门。元顺帝至正初忽散尽家财，浪迹太湖一带。擅画山水、墨竹，师法董源，受赵孟頫影响颇深。早年画风清润，晚年变法，平淡天真。疏林坡岸，幽秀旷逸，笔简意远，惜墨如金。以侧锋干笔作皴，名为"折带皴"。墨竹偃仰有姿，寥寥数笔，逸气横生。书法从隶入，有晋人风度，亦擅诗文。与黄公望、王蒙、吴镇合称"元四家"。

《渔庄秋霁图》是倪瓒五十五岁时的作品，充分展现了他成熟时期的典型画风。画卷描绘江南渔村秋景及平远山水，以其独特的构图显露个人特色，即所谓的"三段式"。画面分为上、中、下三段，上段为远景，三五座山峦平缓地展开；中段为中景，不着一笔，以虚为实，权作渺阔平静的湖面；下段为近景，坡丘上数棵高树，参差错落，枝叶疏朗，风姿绰约。整幅画不见飞鸟，不见帆影，也不见人迹，一片空旷孤寂之景。中国画极为讲究笔法。倪瓒在前人所创"披麻皴"的基础上，再创"折带皴"，以此表现太湖一带的山石，如画远山坡石，用硬毫侧笔横擦，浓淡相错，颇有韵味。其画中之树也用枯笔，结体有力，树头枝丫用雀爪之笔形点划，带有书法意味。画的中右方以小楷长题连接上下景物，使全图浑然一体，达到诗、书、画的完美结合。倪瓒平实简约的构图、剔透松灵的笔墨、幽淡荒寒的意境，对明以后的文人画家产生了很大的影响。

八、北宋·黄居寀《山鹧棘雀图》

黄居寀，字伯鸾，成都（今属四川）人，黄筌幼子，曾先后为后蜀、北宋翰林待诏。画继家学，擅花竹禽鸟，精工细致。《圣朝名画评》云："黄居寀亦善画花竹毛羽，多与筌共为之，其气骨意思，深有父风。孟昶时，画四时花雀图数本，当世称绝。评曰：居寀之画鹤，多得筌骨。其有佳处，亦不能决其高下。至于花竹禽雀，皆不失筌法。"

此图描写晚秋时节的溪边小景。溪边几块石头突出，整个景色显得荒寒萧疏，但飞鸣、栖息于荆棘丛上的几只雀鸟，则为画面增添了不少生机和活跃的气氛。此画不像单纯的山水画，也不像单纯的花鸟画，而是兼有二者的特色，巧妙而自然地将二者融合在一起。荆棘、竹叶均用墨笔双勾，岩石、山鹬、雀鸟及荆棘、竹叶等的设色浓重艳丽。

九、明·徐渭《墨葡萄图》

徐渭，字文清，后改为文长，号天池、青藤，或署名田水月等，山阴（今浙江绍兴）人，明代著名文学家、书画家。擅长水墨大写意花鸟画，将情感寄于笔锋，水墨淋漓，浓淡相间，变化万千，多豪迈率真之气。徐渭是明代中期文人水墨写意花鸟画的杰出代表，并对后世影响巨大。

此图为作者重要的代表作之一。以水墨画葡萄一枝，串串果实倒挂枝头，鲜嫩欲滴，晶莹透彻，形象生动。茂盛的叶子以大块水墨点成。表现手法独出心裁，水墨酣畅。风格疏放，不求形似，但无处不神似，代表了徐渭大写意花卉的风格，也是明代写意花卉高水平的杰作。画上自题七绝一首，前两句"半生落魄已成翁，独立书斋啸晚风"，说明此画作于其晚年。后两句"笔底明珠无处卖，闲抛闲掷野藤中"则流露出作者不得志的情感。

十、清·郑燮《兰竹图》

郑燮，清代书画家、文学家。字克柔，号板桥，世籍苏州，明洪武间迁居兴化，遂为江苏兴化人。少孤贫，天资奇纵，慷慨啸傲，超越流辈。他是康熙秀才、雍正举人、乾隆进士，官山东潍县令，因助农民胜讼及办理赈济，得罪豪绅，遭罢官。做官前后均居扬州卖画，为"扬州八怪"之一。擅画兰竹，擅诗文，诗意新奇。传世画迹有《竹石图》《芝兰全性图》《兰石图》等。

《兰竹图》气势磅礴，山势险峻，巨石峥嵘突兀，一丛丛兰竹，舒散而出。以枯笔淡墨勾石，浓墨劈兰撇竹，兰叶竹叶偃仰多姿，互为穿插呼应，气韵俨然。以草书中竖长撇法运笔，秀劲绝伦。著名词曲家蒋士铨谓："板桥写兰如作字，秀叶疏花见姿致。"此画即为佐证。

第四节　西方绘画艺术的审美历程

一、史前时代

人类最早的绘画产生于旧石器时代晚期，这时期的艺术持续了约一万年之久，主要集中在旧石器时代最后 5000 年里，即距今 1.7 万年到 1.2 万年的马格德林文化时期，这些被绘制在原始洞窟岩壁上的最古老的图画，气势恢宏，栩栩如生，堪称自然主义的杰作。法国拉斯科洞窟和西班牙阿尔塔米拉洞窟的壁画，是其杰出代表。

二、古希腊罗马时期

没有希腊的艺术和科学，就没有罗马帝国；没有希腊文化和罗马帝国，也就没有现今的欧洲。由于战争与自然原因，纯粹的希腊绘画没有留存下来，唯一的材料来自于"希腊瓶画"，希腊艺术的两种追求，一是真实再现，一是优雅和谐。而对罗马绘画的了解主要来自于庞贝古城。

三、封建社会时代

自公元476年开始，欧洲进入了中世纪。受基督教制约，中世纪美术不注重客观世界的真实描写，而强调所谓精神世界的表现。建筑的高度发展是中世纪美术最伟大的成就。拜占庭教堂、罗马式教堂和哥特式教堂，各有特点，皆具艺术创造性。雕刻、镶嵌画和壁画与宗教建筑的结合也取得了一定成就。

四、欧洲文艺复兴时期

14世纪至16世纪的欧洲文艺复兴美术以坚持现实主义方法和体现人文主义思想为宗旨，在追溯古希腊古罗马艺术精神的旗帜下，创造了最符合现实人性的崭新艺术。

意大利是文艺复兴的中心地，早期画家乔托、马萨乔等把人文思想与对自然的逼真描绘相结合，虽还残存呆板僵硬的痕迹，却显示出了与中世纪不同的现实主义风格。15世纪末到16世纪中叶，画家们在真实与优雅方面达到了统一，出现了达·芬奇、米开朗琪罗、拉斐尔"盛期三杰"。达·芬奇既是艺术家又是科学家，其杰作《最后的晚餐》《蒙娜丽莎》等皆被誉为世界名画之首。米开朗琪罗则在雕刻、绘画和建筑各方面留下了最能代表文艺复兴鼎盛期艺术水平的典范之作。他塑造的人物形象，雄伟健壮，气宇轩昂，以其塑造的秀美典雅的圣母形象最为成功。他的圣母像寓崇高于平凡，被誉为美和善的化身，充分地体现了人文主义的理想。提香、乔尔达内等威尼斯画派画家注重光与影的表现，追求享乐主义的情调，对后世产生了深远的影响。

手法主义画家不关心作品内容的表达，而对形式因素予以极大的热情，热衷于表现扭曲的体态、奇特的透视和绚丽的色彩，反映出与文艺复兴的古典审美精神相异的情趣。另外，尼德兰、德国、法国的文艺复兴绘画把意大利风格与本土传统相结合，形成了自己的绘画风格。

五、17 世纪时期

17 世纪的西方画坛出现了一个生气勃勃的新局面，以意大利、佛兰德斯、荷兰、西班牙和法国为代表。巴洛克美术发源于意大利，后风靡全欧。其特点是追求激情和运动感的表现，强调华丽绚烂的装饰性。这一风格体现在绘画、雕塑和建筑等各个美术门类中。佛兰德斯的鲁本斯是巴洛克绘画的代表人物，他的热情奔放、绚丽多彩的绘画对西方绘画产生了持久的影响。同时代的现实主义大师如荷兰的伦勃朗、西班牙的委拉斯贵兹等，也在一定程度上具有巴洛克的特色。其后是古典主义和学院派流行。古典主义强调理性、形式和类型的表现，忽视艺术家的灵性、感性与情趣的表达。此外还有写实主义，拒绝遵循古典艺术的规范及"理想美"，也不愿意对自然进行美化，强调忠实地描绘自然。

六、18 世纪时期

18 世纪的西方绘画，洛可可风格兴盛一时。与此同时，写实主义也得到了发展。洛可可风格具有华丽、纤巧的特点，追求雅致、珍奇、轻艳、细腻的感官愉悦。代表画家有法国的瓦托、布歇和弗拉戈纳尔。随着 1789 年法国资产阶级大革命的到来，进步的艺术家们又一次重振了古希腊古罗马的英雄主义精神，开展了一场新古典主义艺术运动。其代表画家有法国的大卫和安格尔等。浪漫主义随着新古典主义的衰落而兴起。法国的热里柯的《梅杜萨之筏》被视为浪漫主义绘画的开山之作。这一运动的主将是德拉克洛瓦，其绘画色彩强烈，用笔奔放，充满强烈激情，代表作有《希阿岛的屠杀》《自由领导着人们》等。法国吕德的《马赛曲》和卡尔波的《舞蹈》都是杰出的浪漫主义雕塑作品。

七、19 世纪时期

19 世纪中期是现实主义美术蓬勃兴旺的时期。法国画家库尔贝是现实主义的倡导者，他的代表作《奥南的葬礼》堪称绘画中的"人间喜剧"，而《石工》则深刻揭示了社会的矛盾，表现了作者对劳动人民的同情。勤劳朴实的农民画家米勒，以醇厚真挚的感情，歌颂了辛勤劳作的农民。政治讽刺画家杜米埃创作了大量思想深刻而形象夸张的石版画和油画。德国女版画家柯勒惠支，以社会民主主义思想和鲜明的个人风格创作了反映工人运动和农民革命的系列铜版画和石版画。俄罗斯的批判现实主义产生了列宾、苏里科夫等杰出画家。法国雕塑大师罗丹的作品也具有一定的现实主义倾向。

19世纪后期的法国产生了印象派。此派画家以创新的姿态出现，反对当时已经陈腐的古典学院派的艺术观念和法则，受现代光学和色彩学的启示，注重在绘画中表现光的效果。代表画家有马奈、莫奈、雷诺阿、德加、毕沙罗、西斯莱等。继印象派之后还出现了新印象派（代表画家是修拉和西涅克）和后印象派（代表画家是塞尚、凡·高和高更）。实际上，后印象派与印象派的艺术主张并不相同甚至完全相反。其中凡·高的绘画着力于表现自己强烈的情感，色彩明亮，线条奔放。高更的画多具有象征性的寓意和装饰性的线条和色彩。塞尚则追求几何性的形体结构，他因而被尊称为"现代艺术之父"。

八、20世纪时期

20世纪以来，现代美术流派迭起。1905年诞生的以马蒂斯为代表的野兽派，强调形的单纯化和平面化，追求画面的装饰性。1908年崛起的以布拉克和毕加索为代表的立体派绘画继承了塞尚的造型法则，将自然物象分解成几何块面，从而在根本上挣脱了传统绘画的视觉规律和空间概念。随着德国1905年桥社和1909年蓝骑士社的先后成立，表现主义作为一种重要流派登上画坛，此派绘画注重表现画家的主观精神和内在情感。1909年，在意大利出现了未来主义美术运动，此派画家热衷于利用立体主义分解物体的方法表现活动的物体和运动的感觉。抽象主义大约产生于1910年前后，代表画家有俄罗斯画家康定斯基和荷兰画家蒙德里安，而两人又分别代表着抒情抽象和几何抽象两个方向。

第一次世界大战期间产生了达达主义，此派艺术家不仅反对战争、反对权威、反对传统，而且否定艺术自身，甚至否定一切。杜尚将达·芬奇的《蒙娜丽莎》画上胡须，并将小便池作为艺术品，这便是达达主义思想的体现。随着达达主义运动消退，在此基础上出现了超现实主义艺术。此派画家以柏格森的直觉主义、弗洛伊德的精神分析学和梦幻心理学为理论基础，力图展现无意识和潜意识世界。其绘画往往把具体的细节描写与虚构的意境结合在一起，表现梦境和幻觉的景象。代表画家有恩斯特、马格利特、夏卡尔、达利、米罗等。

第二次世界大战后，在美国产生的以波洛克、德库宁为代表的抽象表现主义绘画，综合了抽象主义、表现主义的特点，强调画家行动的自由性和自动性。

20世纪50年代初萌发于英国、50年代中期鼎盛于美国的波普艺术，继承了达达主义精神，作品中大量利用废弃物、商品招贴、电影广告和各种报刊图片进行拼贴组合，故又有"新达达主义"的称号。代表人物有美国画家约翰斯、劳生柏、沃霍尔等。

而20世纪70年代兴起的超级写实主义（或称照相写实主义）运动，其主要特征是利用摄影成果，进行客观的复制和逼真的描绘。代表画家有克洛斯、佩尔斯坦。雕塑家以安德烈、汉森最为著名。除上述之外，可归入现代艺术范畴的还有偶发艺术、大地艺术等。许多艺术活动已经超出了美术的范围。

第五节　西方经典名画欣赏

一、《蒙娜丽莎》

《蒙娜丽莎》是意大利文艺复兴时期画家列奥纳多·达·芬奇创作的油画，现收藏于法国罗浮宫博物馆。《蒙娜丽莎》成功地塑造了资本主义上升时期一位城市有产阶级妇女形象。据记载，蒙娜丽莎原是佛罗伦萨一位皮货商的妻子，当时年仅24岁。画面中的蒙娜丽莎面带微妙的笑容，眉宇间透出内心的欢愉。画家以高超的绘画技巧，表现了这位女性脸上掠过的微笑，特别是微翘的嘴角，舒展的笑肌，使蒙娜丽莎的笑容平静安详而又意味深长。这正是意大利中产阶级有教养的妇女特有的矜持的美好表现，因而不少美术史家称它为"神秘的微笑"。

二、《最后的晚餐》

达·芬奇《最后的晚餐》是他接受米兰圣玛利亚·德尔·格拉契修道院的订件作品。这是一个传统的圣经题材。两个世纪以来，许多著名画家都在这一题材上进行过尝试，但都存在某种不足，首先是人物缺乏心理冲突，故事的戏剧性展开不生动。而达·芬奇的这幅油画，已摈弃了过去所有这一题材的表现缺点，从人物的动作、性格、情感和心理反应等方面，深化了故事的寓意性，通过耶稣与犹大的冲突，反映出人类的正义与邪恶之间的对立。实际上它所展现的，正是当时意大利社会上光明与黑暗斗争的缩影。

三、《西斯廷圣母》

《西斯廷圣母》亦称《希斯汀圣母》，为意大利画家拉斐尔圣母像中的代表作，装饰于为纪念教宗西斯笃一世而重建的皮亚琴察圣西斯托教堂，最初它被放在教堂的神龛上，至1574年为止，一直保存在圣西斯托教堂，故得此名。现为德国德累斯顿的历代大师画廊（萨克森州立艺术博物馆的一部分）收藏。

西斯廷圣母为拉斐尔圣母像中的代表作，它以甜美、悠然的抒情风格而闻名遐迩。拉斐尔是文艺复兴意大利艺坛三杰之一，他虽不像达·芬奇那样经验丰富、博学深思，也缺少米开朗琪罗雄强伟健的英雄气概，但他却是文艺复兴盛期最红的油画家.

画面上，帷幔向两边缓缓拉开，圣母玛丽亚怀抱婴儿基督从云中冉冉降落。她的脚边，跪着年老的教皇西斯廷二世和年轻美丽的圣徒瓦尔瓦拉，前者穿着沉重的法衣，用手指着圣母应该去的大地，后者目光下垂，虔敬里略带羞怯，似在为母子俩祈祷。圣母面容秀丽而沉静，眉宇之间似有隐忧，为了拯救全人类，她将不得不牺牲自己的爱子。小基督依偎在母亲怀里，他睁着大眼睛望着我们，目光里有一种不寻常的严肃感，似乎他已明白这里所发生的一切。

四、《创造亚当》

《创造亚当》是米开朗琪罗的代表壁画中的重要部分之一。因为他在佛罗伦萨负有盛名，当时的罗马教皇尤里乌斯二世邀他参加制作教皇陵墓，后又中断。1508年，他被迫接受了西斯廷礼拜堂屋顶壁画的任务，他当时的心情是悲愤的，不料此壁画后来成为他生平最伟大的杰作。

《创造亚当》是整个天顶画中最动人心弦的一幕，这一幕没有直接画上帝塑造亚当，而是画出神圣的火花即将触及亚当这一瞬间：从天而降的上帝，将手指伸向亚当，正要像接通电源一样将灵魂传递给亚当。这一戏剧性的瞬间，将人与上帝奇妙地并列起来，触发我们的无限敬畏感，这真是前无古人，后无来者。

体魄丰满、背景简约的形式处理，静动相对、神人相顾的两组造型，一与多、灵与肉的视觉照应，创世的记载集中到了这一时刻。上帝一把昏沉的亚当提醒，理性就成了人类意识不停运转的"机器"。亚当慵倦地斜卧在一个山坡下，深重的土色衬托出他健壮的体格，充满着青春的力与柔和。他的右臂依在山坡上，右腿伸展，左腿自然地弯曲着，悲哀中透露着一丝渴望，无力地微俯，左臂依在左膝上伸向上帝。

上帝飞腾而来，左臂围着几个小天使。他的脸色不再是发号施令时的威严神气，而是又悲哀又和善的情态。他的目光注视着亚当——他的第一个创造物。他的手指即将触到亚当的手指，灌注神明的灵魂。此时，我们注意到亚当不仅使劲地移向他的创造者，而且还使劲地移向夏娃，因为他已看见在上帝左臂庇护下即将诞生的夏娃。我们循着亚当的眼神，也瞥见了那美丽的夏娃，她那双明亮妩媚的双眼正在偷偷斜视地上的亚当。在一个静止的画面上，同时描绘出两个不同层面的情节，完整地再现了上帝造人的全部意义。

五、《泉》

《泉》的创作始于 1824 年而完成于 1856 年，这幅作品是法国新古典艺术家安格尔 30 余年心血的结晶。《泉》实现了他对人体美与古典美完美结合的形式追求。在这里，他展示了人类普遍赞美的恬静美、抒情美和纯洁美。他描绘的是一位举罐倒水的裸体少女，其肌肉因安格尔美丽柔缓的曲线而更具魅力，身躯略呈"S"形，双目透出清纯，虽然身体袒露，却让人觉得她如清泉般圣洁。画面左下角那朵含苞未放的雏菊是她的象征。头顶上的绿叶，脚下明净如鉴的潭泉，幽静的山都增加了这幅画的意境。这幅画营造了一个宁谧、幽静的抒情诗般的境界，不能使欣赏画作的人们心灵得到慰藉，还能让情感得到升华。《泉》使人联想到山泉，联想到生命的源泉，联想到少女的纯洁。有一位评论家参观了《泉》后说："这位少女是画家衰年艺术的产儿，她的美姿已超出了所有女性，她集中了她们各自的美于一身，形象更富生气，也更理想化了。"

六、《日出·印象》

《日出·印象》是法国著名画家莫奈于 1873 年在阿弗尔港口画的一幅写生画，收藏于法国巴黎马尔莫坦美术馆藏。他在同一地点还画了一张《日落》，在送往首届印象派画展时，两幅画都没有标题。一名新闻记者讽刺莫奈的画是"对美与真实的否定，只能给人一种印象"。莫奈于是就给这幅画起了个题目《日出·印象》。作为一幅海景写生画，整个画面笼罩在稀薄的灰色调中，笔触画得非常随意、零乱，展示了一片雾气交融的景象。日出时，海上雾气迷蒙，水中反射着天空和太阳的颜色。岸上景色隐隐约约，模糊不清，给人一种瞬间的感受。这幅画真实地再现了法国海港城市日出时的光与色给予画家的视觉印象。由于它突破了传统画法的束缚，有位批评家就借用此画的标题，嘲讽以莫奈为代表的一批要求革新创造的青年画家为"印象主义"，这一画派因此而得名。

七、《无名女郎》

《无名女郎》是俄国画家伊万·尼古拉耶维奇·克拉姆斯柯依于 1883 年创作的一幅现实主义肖像画，现收藏于莫斯科的特列恰科夫美术博物馆。

这是一幅颇具美学价值的性格肖像画，画家以精湛的技艺表现出对象的精神气质。画中的无名女郎高傲而又自尊，她穿戴着俄国上流社会豪华的服饰，坐在华贵的敞篷马车上，背景是圣彼得堡著名的亚历山大剧院。"无名女郎"究竟是谁，至今仍是个谜。这幅肖像画并不是一个具体人物的肖像，而是画家的理想创造。她坐在华贵的敞篷车上，高傲地望着观众，她那不凡的气派和自尊，给人以刚毅、果断、满怀思绪，散发着青春活力的深刻印象。画面以冬天的城市为背景，白雪覆盖着屋顶，朦胧湿润的天空，使人感到寒意。女郎的毛皮手笼、镯子、帽子上的白色羽毛、蓝紫色的领结，都被表现得极为精到。最令人惊叹的是，人物的精神气质被描绘得精湛绝伦。它确实无愧为一幅杰出的性格肖像画名作。这个美丽女郎的画像。有人说是托尔斯泰小说中的安娜·卡捷琳娜，也有人说是莫斯科大剧院里的某个女演员。但不管她是谁，其精神气质确实打动了观众。

八、《入睡的维纳斯》

这是著名的意大利威尼斯画派画家乔尔乔内最成功的油画作品，最后由提香完成。作品中的维纳斯展示出造化之美，没有任何宗教女神的特征：在自然风景前入睡的维纳斯，躯体优美而温柔，形体匀称而舒展，起伏有致，与大自然互为呼应。这种艺术处理不是为了给人以肉感的感官刺激，而是为了表现具有生命力的肉体和纯洁心灵的统一之美。这种充满人文精神的美的创造，符合文艺复兴时期理想美的典范。

九、《亚威农少女》

毕加索是 20 世纪西方最具影响力的艺术家之一。他一生留下了数量惊人的作品，其风格丰富多变，充满非凡的创造性。毕加索生于西班牙的马拉加，后来长期定居法国。正当人们期待毕加索以蓝色时期和粉红色时期为起点而进入新的探索阶段时，1907 年，他画出了这幅《亚威农少女》。这是一幅与以往的艺术方法彻底决裂的立体主义作品，当时遭到了来自社会各方面的嘲讽和指责。总之，这些形象使人观后产生作呕感。当诗人把这些形象与亚威农相联系时，观众似乎受了侮辱一般，责骂毕加索的鄙俗。殊不知，这幅画在以后的十几年中竟使法国的立体主义绘画得到了空前的发展，甚至影响到了其他领域。《亚威农少女》开创了法国立体主义的新局面，毕加索与勃拉克也成了这一画派的风云人物。

第八章　中国书法艺术审美

　　中国书法是以汉字为载体，以文房四宝（笔、墨、纸、砚）为工具，根据汉字的造型特点，通过艺术构思，调动艺术手段，运用毛笔的书写来完成的艺术。它起源于中国的象形文字，发展过程中与文学相结合，与儒、释、道等哲学意识相交融，以简练的线条造型创造出优美的意境，表达深刻而微妙的思想感情，反映书家的精神风貌和人格境界。书法的这种独特的审美价值，使它在中国艺术史上占有特殊的地位。在我国的旅游风景地，一般都能看到一些古代的书法遗迹，它们以楹联、匾额、碑林、石刻的形式存在，与周围的环境融为一体，给游客以书法的美感和丰富的历史文化知识。我国古代的书法作品众多，仅以石碑为例，就有西安碑林、杭州西湖岳庙碑廊、山东曲阜孔庙碑林等，加上各地数量可观的摩崖石刻，令人叹为观止。

第一节　中国书法体式的审美历程

一、篆书

　　篆书是大篆、小篆的统称。大篆指甲骨文、金文、籀文、六国文字，它们保存着古代象形文字的明显特点。小篆也称"秦篆"，是秦国的通用文字。在汉文字发展史上，小篆是大篆的简化字体，其特点是形体匀称齐整、字体较籀文容易书写。它是大篆由隶变楷之间的过渡。现代汉字就是从小篆演变而来的。

　　甲骨文是我国近世考定的最早书体文字，是第一代成熟的文字符号系统。书写或契刻于龟甲或兽骨上的文字称为"甲骨文"，又称"殷契""卜辞"。这些文字有山、川、日、月的形象，也有鸟、兽、草、木的形象，甚至有城、郭、宫、室的形象，简直就是当时社会生活的形象化的写照。甲骨文变化很大，字形的长短大小、笔法的方圆肥瘦均无定例。而其中方笔居多，圆笔则回环宛转，纤细可赏。甲骨文为了取得字距和行距的整齐平稳，常有意识地使文字上下错落，左右易位，以使通篇气脉贯通。有时又只疏朗地刻几个字，显出一种章法美。由于质地的坚硬，甲骨文在刻写时就必须一笔一笔用力，在文字线条的转弯处通过转动甲骨来连接笔顺。这就自然造成了甲骨文瘦劲方折的奇异风采。

金文是稍后于甲骨文出现的文字。它包括刻在钟鼎等铜器上及兵器上的铭文。金文起源于商代早期，盛行于西周。其铭刻内容多为当时的祀典、锡命、田猎、征战、契约等活动的相关记载。殷商金文近于绘画，商末始兴铭文，"形意"开始较多地结合。西周后期，金文粗细合度，两端圆浑；春秋中期，字画较细而字形修长。到战国，文字又趋于简约，翻铸工艺也日趋精美。青铜器是统治阶级生活和娱乐的用具，也是十分珍贵的工艺品，铭文既然是刻在青铜器上的，必然要求是美的，要有助于呈现青铜器的美。因此，可以这样说，金文是中国文字的书写自觉地追求艺术美的开始。

石鼓文是刻于鼓形石上的文字，石鼓文字体方正整饬，用笔粗细匀称，多取平行线的中锋形态，它是我国现存最早的刻石文字，亦为书法史上最有名的刻石文字。

小篆是由春秋战国时代的秦国文字逐渐演变而成的。由于是官书，小篆只适用于隆重的场合，如记功刻石、权量诏版、兵虎符之类。标准篆书体的体式是排列整齐、行笔圆转、线条匀净而长，呈现出庄严美丽的风格，与甲骨文、金文相比，字形修长，而且竖画向下伸引，构成上密下疏的视觉错感，这与自上而下的章法布局也有关系。线条匀称无论点画长短，笔画均呈粗细划一的状态。这种力度、速度都很匀平的运笔，给人以纯净简约的美感。从审美意趣上说，小篆的出现表明它在结构的安排和用笔的立体感上已趋于成熟。

二、隶书

隶书也叫"隶字""古书"。隶书是从篆书发展而来的，是为适应书写便捷的需要产生的字体。隶书化繁为简，化圆为方，化弧为直。它起源于秦朝，在东汉时期达到顶峰，书法界有"汉隶唐楷"之称。一说隶书起源于战国时期。

隶书的出现是中国文字的又一次大改革，使中国的书法艺术进入了一个新的境界，是汉字演变史上的一个转折点。因为甲骨文以来的书体基本属于"古文字"体系，而隶书则属于"今文字"体系。它改象形为笔画，为楷书奠定了基础。从用笔上说，秦篆几乎全用圆笔，隶书则变为方折。字形由长方变为略微宽扁，横画长而直画短，呈长方形状，讲究"蚕头雁尾""一波三折"。线条组合上隶书开始分粗细，使线条组合更具艺术魅力。到东汉时，撇、捺、点等笔画变为向上挑起，轻重顿挫富有变化。风格也趋多样化，极具艺术欣赏的价值。汉字通过隶书的演变，出现了变化迭出、姿态横生的多种书体造型。隶书又可分为秦隶、汉隶等多种。

三、楷书

楷书又称"正书"。楷书是从汉隶逐渐演变而来的，按照时期划分，可分为魏碑和唐楷。

魏碑是指魏晋南北朝时期的书体，可以说它是一种从隶书到楷书的过渡书体。魏碑风格多样，有朴拙尚存隶意的，有奇肆险峻的，也有舒畅流丽、开唐楷先河的。

唐楷代表人物有初唐的欧阳询、虞世南、褚遂良、薛稷，中唐的颜真卿，晚唐的柳公权。我们常说的楷书四大家"颜柳欧赵"，前三个就在唐朝。宋末元初的赵孟頫，以其书体恬润、婉畅，形成了"赵体"，也就是四大家中的"赵"。初唐楷书四大家受到汉魏书法的影响并有所变革。从他们的成熟作品看，除褚、薛运笔方面隶意较多，其他都倾向简直，形多变化，笔意含蓄，讲究筋骨血肉的配合，偏向于瘦；字形以长方为主，大小力求一致，结构严谨优美，改变了魏碑缜密古朴的风格。到了盛唐、中唐时期，颜真卿的书法端庄雄伟，笔势磅礴，有奇气，字里行间洋溢着他的刚正之气。柳公权楷书以骨力胜，字瘦而骨不露，沉着痛快而气象雍容。他们两人的书法被世人并称为"颜筋柳骨"。

四、草书

草书始于汉初，其特点是：存字之梗概，损隶之规矩，纵任奔逸，赴速急就，因草创之意，谓之草书。当时称为"草隶"，后还发展有"今草""狂草"等书体。章草笔画省变，有章法可循，代表作如三国吴皇象《急就章》的松江本。今草不拘章法，笔势流畅，代表作如晋代王羲之《初月》《得示》等帖。狂草出现于唐代，以张旭、怀素为代表，笔势狂放不羁，成为完全脱离实用的艺术创作，从此草书只是书法家临摹章草、今草、狂草的书法作品。狂草代表作如唐代张旭《肚痛》等帖和怀素《自叙帖》等，都是现存的珍品。

草书的完善和定型在魏晋。草书的特点在于，它与篆隶相比，用笔和结构更自由和多样化，这使得文字的表现力大大扩展了，不再只是一种固定格式的体现，而且极具个性化地表现了艺术家的思想情趣。由于草书的巨大艺术表现力，在社会上被广泛使用，并出现了如杜度、张芝、崔瑗、张旭、怀素、黄庭坚等一大批草书大家。

五、行书

行书是一种统称，分为行楷和行草两种，行书大约出现在西汉晚期和东汉初期。它是在楷书的基础上发展起来的，是介于楷书、草书之间的一种字体，是为了解决楷书的书写度太慢和草书的难于辨认等问题而产生的。"行"是"行走"的意思，因此它不像草书那样潦草，也不像楷书那样端正。实质上它是楷书的草化或草书的楷化。楷法多于草法的叫"行楷"，草法多于楷法的叫"行草"。行书既无草书之过于放纵潦草，又无楷书之过于端严整饬。其变化如飞鸟出林，翱翔自如，有一定随意性。它既应用便捷，又富于表现力。正因行书具有行云流水、书写快捷、飘逸易识的特有艺术表现力和宽广的实用性，从其产生起便深受青睐，得到广泛传播。行书历经魏晋的黄金期、唐代的发展期后，在宋代达到了新的高峰，于各种书体中逐渐占据主流地位。纵观漫长的书法史，篆书、隶书、楷书的发展都存在盛衰的变化，而行书则长盛不衰，始终是书法领域的显学。

历代书法大家共同书写了行书发展辉煌灿烂的历史。唐代张怀瓘对自东汉至唐的历代行书大家进行过评价，魏代钟繇，东汉张芝，东晋羲、献父子的行书俱入"神品"；汉代刘德昇，晋代卫瓘、王洽、王珉、谢安，南朝薄绍之、孔琳之、王僧虔、阮研、萧子云及唐代欧阳询、虞世南、褚遂良等的行书俱入"妙品"。王羲之的《兰亭序》被公认为"天下第一行书"，备受赞颂。至元代，又有人把颜真卿的《祭侄文稿》称为"天下第二行书"。

第二节　中国书法艺术的审美特征

一、线条之美

中国的书法之美首先来自于线条。书法艺术虽是线条艺术，却不是一般的单纯线条。它是由千姿百态及变化莫测的线条组合而成，用以传递书家喜怒哀乐的复杂情感的艺术形式。一幅书法作品给人的第一感觉便是线条，所以它也是欣赏者沟通书家的桥梁。如书法的线条有的刚健苍劲如风中之孤松，有的俊秀清朗如山间之明月，有的柔和平静如夕照下的一江春水，欣赏者可以从不同线条的特色中感知到书家的心境情怀，从而获得精神上美的享受，心灵上的慰藉、净化和震撼。晋代王羲之的《兰亭序》和唐代颜真卿的《祭侄文稿》是历史上两篇有名的书法杰作。然而它们一则言喜，一则言悲。我们从《兰亭序》优美的书法线条中能看到王羲之"欣于所遇""快然自足"的豁达襟怀；从《祭侄文稿》率意、迅疾的运笔中能体会到颜真卿的悲愤痛苦、情绪的起伏激荡。元代书法家陈绎曾有四句话较好地说明了书法的线条与书法家情绪的关系，即"喜则气和而字舒，怒而气粗而字险，哀则气郁而字敛，乐则气平而字丽"（《翰林要诀》），极有见地。书法线条的美主要体现在以下几个方面：

（1）力感之美

中国书法一贯强调笔力，笔力要圆健而不漂浮，力显纸上，神逸字外，所谓"字向纸面皆轩昂"，便是十足的力感之美了。富有力度的书法艺术作品之所以美，是因为它能使观赏者在这种凝固而静止的字形中领略到生命的风采、心灵的律动。如果笔力薄弱，书法美就无法得到充分的表现和发挥。南朝宋泰始年间的书家虞和在《论书表》中记有这样一则故事："羲之为会稽，子敬七八岁学书，羲之从后掣其笔而不脱，叹曰：'此儿书，会当有大名。'"在这个故事中，似乎可以确定这样一个定式：作品线条的力等于握笔时所用的力。但是，书法中所体现的力量感是一种巧力。书法大家卫夫人的《笔阵图》有云："下笔点画，波撇屈曲，皆须尽一身之力而送之。"传为王羲之的《笔书论》则云："每作一点画，皆悬管掉之，令其锋开，自然劲健矣。"从这些理论中，可以看到古代大师对"力"的赞颂。作者根据自己所要表达的思想、情感，适当调整掌、指、腕、臂的力度大小，将作者的心情、思想表达得淋漓尽致。典型的代表是唐代中期书法家颜真卿，其代表作主要有《多宝塔碑》《颜家庙碑》等。在这些作品中，看似清秀飘逸的书法中蕴含着苍劲奇崛、铁骨松风般的力量感，其笔法精湛，结构严谨，可谓入木三分。颜真卿行书的笔法多数带有明显的楷书特征，线条多十分稳健有力，彰显出磅礴的气势。如《祭侄文稿》中的"止"和"之"字，均可以看出明显的楷书痕迹，即横、竖线条都十分方正，且视觉上沉重而浑厚，而横折等笔画的转折处，也显现出明显的、充满力量感的棱角。

（2）动势之美

书法一方面可以呈现出静态之美，另一方面还可以彰显动态之美。美学家认为，最美的线条是波状线条，它体现了一种反复、变化和统一的规律。与人类的情感倾向于波状运动相对应，书法艺术的动势有时达到了美轮美奂的地步。西晋文学家成公绥的几句话是极其形象的，他写道："或轻拂徐振，缓按急挑，挽横引纵，左牵右绕，长波郁拂，微势缥缈……"（《成公子安集》）这一段韵语传达出了书法的动势之美。《祭侄文稿》线条节奏随着作品的展开而不断改变。开始时线条沉稳、含蓄，笔画断开，随着连笔增加，速度加快，但一些连续性极强的线条之间，总有些点画断开的字作为隔离带，以至于使作品在总体节奏不断趋向奔放、疾速的同时，隐含着抑扬的交替。当然，每一次循环都把整体节奏推向更激越的一个层次，作品最后在线条无法遏止的推移中结束。作品线条的外部运动和内部运动都包含了丰富的层次和极为细微的变化。

（3）立体感

立体感是指人在欣赏平面造型物的时候能够感受到的近似于三维空间所带来的感受。书法和绘画都是平面艺术，绘画（尤其是西洋绘画）通过透视、远近形成立体空间感，而书法艺术的立体感来源于"中锋用笔"和毛笔在使转过程中自然产生的面面切换。

宋代人陈橶《负喧野录·篆法总论》曰："小篆自李斯之后，惟阳冰独擅其妙。尝见真迹，其字画起止处，皆微露锋锷，映日观之，中心一缕之墨倍浓。盖其用笔有力，且直下不欹，故锋常在画中。"美学家宗白华在其《中国美学史中重要问题的初步探索》一文中也提及："中国书法家用中锋写的字，背阳光一照，正中间有道黑线，黑线周围是淡墨，叫作'棉裹铁'。圆滚滚的，产生了立体的感觉，也就是因起了骨的感觉。"当我们中锋用笔书写的时候，作为圆锥体的毛笔必先受到一个自上而下的力，然后又受到行进方向的力，笔锋之状态必然为笔肚在前，笔尖在后，而毛笔的笔毫所含之墨以笔端为盛，笔肚之墨略少，在一前一后的运行过程中，笔尖所含的墨又在笔肚行进轨迹之上重新走过一遍，所以中锋用笔所形成的线条给我们的感官刺激就是线条的中间墨液充足凝重，边缘相对淡薄，这样就形成了宗白华所谓的"圆滚滚的"柱型线条，立体感也由此而产生。这类立体感多在正书中较为明显，以小篆为盛。

中锋用笔之外，侧锋用笔是形成书法立体感的另一原因。清代人王澍

《翰墨指南》云："笔正则锋藏，笔偃则锋露。一正一偃，则神奇出焉……侧锋取妍，故侧锋亦不可少。"朱和羹则说的更为全面："偏锋正锋之说，古来无之。无论右军不废偏锋，即旭、素草书，时有一二。苏黄则全用之，文待诏、祝京兆亦时借以取态，何损耶？若解大绅、马应图辈，纵尽出正锋，何救恶札？"侧锋用笔的立体感是靠笔锋转换所带来的面的转换得到的。一如草木兰叶的翻转，从而产生较强的立体感。从书法美的角度来看，中锋技巧是绝对的，而侧锋技巧是相对的，它无法独立运用，只能与中锋互相交替补充。而且不能处于主要地位。

（4）节奏之美

书法线条的节奏感是线条本来所具有的运动性质决定的，线条在构成过程中笔的运动特征——松紧、轻重、快慢，就是线条节奏的具体内容。王羲之《笔势论十二章》曰："若平直相似，状如算子，上下方整，前后齐平，此不是书，但得其点画耳。"美学家宗白华也说："中国书法本是一种类似音乐或舞蹈的节奏艺术。"特殊的书写工具是线条节奏感产生的客观基础。中国书法是以毛笔和墨为主要书写工具，蔡邕所谓"笔软则奇怪生焉"，中国毛笔是由不同质地（狼毫、羊毫、兔毫等）、不同长短（长锋、短锋）的毫做成的，这就为产生不同的线条奠定了基础。如羊毫长而柔软，蓄墨量大，所书线条形态多变，适合写遒劲连绵的行草书；狼毫锋短但是弹性较好，宜形成劲挺爽利的线条，所以多用于正书或者小的行草书。不同的笔毫又通过提、按、顿、挫、顺、逆等不同的运笔方法产生出更为复杂多变的线条，再加上墨的浓淡枯湿，书法节奏感的客观基础便形成了。汉字的组成形式是线条节奏感产生的根本原因。汉字是由各种形式的笔画组成的方形结构，书写的过程中，每个笔画的顺序在约定俗成（即使是复杂的草书也是有法可循）的基础之上，笔笔承接，每一笔的起笔方向即为上一笔的收笔方向。在起承转合的引领下，断断续续的线条及线条之间的关系共同形成了线条的节奏感。需要指出的是，不同的书体所体现出的节奏感有很大的差异。篆书的线条形式单一，只有简单的曲直变化，而且墨色、速度变化也不大，所以篆书的节奏感最弱；隶书的线条有了明显的粗细变化，波磔开张，节奏感相对篆书来说有所增强；楷书的线条形式则更为多样，八法兼具，在各种笔画的有机组合中，节奏感要明显强于篆隶；真正体现线条节奏感的莫过于行草了，墨色的浓淡、速度的徐疾参与其中，线条的节奏感发展到了极致。此外，书家本身的性格特征、生活阅历和书写时的感情状态对线条的节奏感亦有极大的影响。如张旭、王铎、徐渭等生活经历坎坷者所书线条的节奏感较强，赵孟頫、董其昌就较弱；颜鲁公悲愤之下的《祭侄文稿》的节奏感明显要强于王羲之的《兰亭序》。

二、结构之美

构局即指法艺术的字体结构与整幅作品的布局。字的结构也即一个字笔画多少、疏密关系和比例。字中有点画的地方叫"黑"，没点画的地方叫"白"，点画与空白虚实相生，才能显出字体之美。中国书法讲究结构，每个字的大小、长短、疏密、宽窄都要经过细心考虑，如能做到意随心到，笔随势生，使字富有情趣，就算成功了。

字的结构之美离不开五个方面，即平正、匀称、参差、连贯、飞动。

一要平正。它是书法形式美的一个基本要素。它能给人以稳定感、舒适感和完整感。书法与人的一般审美心理相一致，人通过社会实践，逐步形成这样的审美观念：整齐为美，芜杂为丑；秩序为美，混乱为丑；妥帖为美，不适为丑；等等。所以，古来的书法家们都十分强调字的平正，西晋卫恒在《四体书势》中指出写隶书要"修短相副，异体同势，奋笔轻举，离而不绝"。

二要匀称。就是字的笔画之间，各部分之间所形成的合适感、整齐感。一般地说，字的匀称只需注意实线的疏密长短适当便能实现。但书法家还常从无实线的白处着眼来使黑白得宜，虚实相成，这叫"计白当黑"。在各体书法中，最讲匀称和黑白得宜的是篆书。

三要参差。事物还以参差错落为美。山峦的起伏，海浪的翻滚，树木的槎牙，卷云的叠秀，皆为参差之美。在书法方面，即使是法度较严的隶书、楷书，也强调结字、布白要有参差错落之美。书法的平正、匀称与参差错落看来是矛盾的，其实并非如此，平正、匀称是常，是法，讲的主要是结字的基本要求；参差错落是变，是势，讲的主要是各部分的灵活奇巧之美。写字不能光讲常和法，那样得不到生动活泼的书法形象；写字还要讲奇和变，那样才能得到姿态横生、丰富多彩的书法艺术品。

四要连贯。连贯指一字的笔画之间、各组成部分之间的照应、映带与衔接。连贯能使字在整体显得更加紧凑。唐太宗李世民对连贯所造成的书法魅力有这样的表述："烟霏露结，状若断而还连"，这里的"若"字，就是说线条不是真断、绝对的断，而只是"若断"。

五要飞动。这是书法具有活泼形象的最重要方法。飞动不但能创造出静态的美，还能生成动态的美。飞动的字形能让观者感受到朝气蓬勃的生命力，听到旋律美妙的乐声，生成种种联想和想象。

我们审视每一个字的结构。不论是上下式结构，还是左右式结构，笔画搭配都应协调有序，每个字的构成都要浑然天成。同时，这种结构美不是简单的千篇一律，而是在统一的气氛和格调中又有变化，违而不反，和而不同，充满了率意天趣。当然不同的书法家对结构美的理解不同，作品的风格差异也很大。同是写楷书，欧体结构瘦劲险绝，中宫内敛，颜体则宽博雄浑，中宫外放。米芾和苏东坡都以行书名世，但前者结构欹侧生动，充满奇趣，后者则平和冲淡，典雅秀润。这就需要我们在审美过程中用开阔的视野去审视，去品评，切不可一概而论。

三、章法之美

字与字之间、行与行之间、幅与幅之间的结构问题，是古人所谓的"章法"的问题。正如清代的刘熙载所说："书之章法有大小，小如一字及数字，大如一行及数行，一幅及数幅，皆须有相避相形，相呼相应之妙。"唐张怀瓘称书法是"无声之音，无形之象"，他讲的是章法的对称、穿插、呼应、断连，犹如一首旋律优美、动人心魄的乐曲。

章法美的主要表现形式主要有体势上的起承转合，虚实方面的相辅相成，错落有致。它们是字与字之间、行与行之间的三种联络方式。有了这样的章法，一幅书法就会具有混成一体的风情和活泼旺盛的生命力，也就是说，既有秩序感，又有节奏感，还有飞动感。章法之美具体体现在以下三个方面：

（1）体势承接

它所追求的是字与字、行与行之间的贯通和秩序。如清代周星莲在《临池管见》中所说的"古人作书，于联络处见章法，于洒落处见意境"。

（2）虚实相成

书法中的实主要指有线条、有字之处，虚就是字间、行间的空白处。虚实相成的章法，从书写的过程来看，是临时制宜、一次完成的。治书艺者以其眼和手来掌握黑白的分布，黑处达到如"金刀之割净"。与此同时，线条以外的白要达到如"玉尺之量齐"。书法作品一般都有题识。它既是正文的延续和发展，更是以虚实相成求得章法美的又一点睛之处。另外，题款上的字体变化也能形成虚实相成等章法之美。

（3）错落有致

这是一种在法度中求突破，于缤纷中求奇趣，于变易中求和谐的章法。

主要表现在：字与字之间产生错位，字的中轴线有时与行的中线重合，有时则形成一定的角度。这些错位和斜侧有意形成字里行间的不齐整、不均衡、不协调。但是善书法者随后又用技巧来进行救正，于是作品的整体在变化中造成美感，在矛盾中显出灵性。有意识地运用错落有致章法的圣手要数唐代怀素，他的代表作《自叙帖》的章法特色就表现在参差变化，牵丝映带，欹侧救正。

四、神韵之美

书法艺术不仅要做到形美，更要做到"神"美。这"神"是个比较抽象的概念。它既包括"意境"的概念，也有书法史上所言的风骨、情性、气韵、灵趣等。它是指在"形"美基础上的一种"字外之意""韵外之致"，它是有限中的无限，它是书法的内在精神与观赏者的审美情趣、心理背景和谐一致时所产生的效果。唐代的张怀瓘说，"神采之至，几于玄微"，宋代的黄庭坚称"观之入神"。一件书法作品，如果总体上缺乏一种贯穿全幅的气质和精神，就难以形成一种美的意境。成功的书法艺术，应该是每个字的线条和结构是美的，同时全幅又组成为一个整体，集中体现出某一种神采和韵致。也就是由全幅各个字的用笔和结构所共同体现出来的某种美的理想或美的境界。宋人追求笔墨意态，强调字中有笔，妙用侧锋，创造出意想不到的线条，更崇尚以全篇书法的生动气韵、强烈节奏、丰富变化来表现逸态奇出的个人审美趣味，以及内心深处的情感。他们尚意，但也不是不要法，而是讲求在法度范围之内探索自己的创作道路与方法，写出具有个人意趣的作品。书法神韵之美的创造离不开以下三个方面：

（1）神采

神采是书法作品中的生动、灵气之处，是其个性的具体体现，是外观的形。在书法理论中，神作为形的对立面，是非常清晰、不可含混的。神采是意境、情感的表现形式，是作者的个性、思想情感、精神风貌、人生观与价值观的具体体现，是个性美在作品中的成功体现。南齐王僧虔《笔意赞》有云："书之妙道，神采为上，形质次之。"唐代张怀瓘在《评书药石论》中指出："深识书者。唯观神采，不见字形。"

（2）韵趣

如果说在书法的书者与作品最基本的创造关系中，"神采"是书者个性显示的话，那么"韵趣"则是作品格调的展开。韵是指比较平和、比较内含、比较蕴藉的自然形态的一种格调。最典型的如"晋人尚韵"的说法，即是指王羲之等东晋士大夫在艺术观念上的萧散、简淡、雅逸的格局。而趣，则是指比较夸张、比较外观、比较浪漫的主观外在的一种风姿。最典型的诸如"文人墨戏"，"戏"的追求结果主要是指"趣味"而不是指"韵味"。站在特定的历史立场上看，趣的表现成分更浓郁一些。

第三节　中国传世经典书法作品欣赏

一、东晋·王羲之家族"三希宝帖"

"三希宝贴"是东晋书圣王羲之家族留给后世仅有的三件真迹（分别是王羲之的《快雪时晴帖》、王献之的《中秋帖》和王珣的《伯远帖》），是现存最为古老的法书真迹，为历代奉为无上至宝、法书鼻祖，是当之无愧的中华神品。

《快雪时晴帖》，纸本，四行，二十八字。释文："羲之顿首：快雪时晴，佳想安善，未果，为结，力不次。王羲之顿首。山阴张侯。君倩。"

《中秋帖》草书，纸本，3 行，共 22 字，传为晋王献之书手卷，纵 27cm，横 11.9cm。释文："中秋不复，不得相还，为即甚省如何？然胜人何庆等大军。"无署款。

《伯远帖》是晋王珣写的一封信。原文："珣顿首顿首，伯远胜业情期，群从之宝。自以羸患，志在优游。始获此出，意不克申。分别如昨，永为畴古。远隔岭峤，不相瞻临。"

二、东晋·王羲之《兰亭集序》

《兰亭序》又名《兰亭宴集序》《兰亭集序》《临河序》《禊序》《禊贴》，行书法帖。东晋穆帝永和九年（353 年），王羲之与谢安、孙绰等四十一人，在山阴（今浙江绍兴）兰亭"修禊"，会上各人作诗，王羲之为他们的诗写了序文手稿，是为《兰亭集序》。序中记叙兰亭周围山水之美和聚会的欢乐之情，抒发作者好景不长、生死无常的感慨。法帖相传之本，共 28 行，324 字，章法、结构、笔法都很完美，是他三十三岁时的得意之作。后人评价："右军字体，古法一变。其雄秀之气，出于天然，故古今以为师法。"因此，历代书家都推其为"行书第一"。唐时为太宗所得，推为王书代表，曾命赵模等钩摹数本，分赐亲贵近臣。可惜被唐太宗作为殉葬品，埋入昭陵，从此真迹永绝于世。存世唐摹墨迹以"神龙本"为最著，唐太宗时冯承素号金印，故称为《兰亭神龙本》，此本摹写精细，笔法、墨气、行款、神韵，都得以较好体现，被公认为最好的摹本；石刻首推"定武本"。郭沫若经考证指出，相传的《兰亭序》后半文字，兴感无端，与王羲之思想无相同之处，书体亦和近年出土的东晋王氏墓志不类，疑为隋唐人所伪托。但也有不同意其说者。《兰亭序》表现了王羲之书法艺术的最高境界。作者的气度、风神、襟怀、情愫，在这件作品中得到了充分表现。古人称王羲之的行草如"清风出袖，明月入怀"，堪称绝妙的比喻。

三、唐·颜真卿《祭侄文稿》

《祭侄文稿》是颜真卿为祭奠就义于"安史之乱"的侄子颜季明所作。唐天宝十四年（775年），安禄山谋反，平原太守颜真卿联络其从兄常山太守颜杲卿起兵讨伐叛军。次年正月，叛军史思明部攻陷常山，颜杲卿及其少子季明被捕，并先后遇害，颜氏一门被害30余口。唐肃宗乾元元年（758年），颜真卿命人到河北寻访季明的首骨携归，挥泪写下这篇流芳千古的祭文。

此帖本是稿本，原不是作为书法作品来写的，但正因为无意作书，所以使此幅字写得神采飞动，笔势雄奇，姿态横生，得自然之妙。元代张敬晏评云："告不如书简，书简不如起草。盖以告是官作，虽楷端终为绳约；书简出于一时之意兴，则颇能放纵矣；而起草又出于无心，是其手心两忘，真妙见于此也。"元代鲜于枢评此帖为"天下第二行书"。在此帖真迹中，所有的渴笔和牵带的地方都历历可见，能让人看出行笔的过程和笔锋变换之妙，对于学习行草书有很大的益处。

四、唐·欧阳询《仲尼梦奠帖》

行书《仲尼梦奠帖》，纸本，纵25.5cm，横33.6cm，今藏于辽宁省博物馆。为唐著名书法家欧阳询所作。共78字，无款印。书法笔力苍劲古茂。曾入南宋内府收藏，钤有南宋"御府法书"朱文印记两方及"绍""兴"朱文连珠印记，后经南宋贾似道、元郭天锡、明项元汴、清高士奇、清内府等递藏。此帖用墨淡而不浓，且是秃笔疾书，转折自如，无一笔不妥，无一笔凝滞，上下脉络映带清晰，结构稳重沉实，运笔从容，气韵流畅，体方而笔圆，妩媚而刚劲，为欧阳询晚年所书，清劲绝尘，诚属稀世之珍。

五、唐·怀素《自叙帖》

《自叙帖》，纸本，纵 28.3 厘米，横 775 厘米，共 126 行，698 字。书于唐大历十二年（777 年），为唐书法僧怀素草书，有"中华第一草书"之誉，内容为自述写草书的经历和经验，以及当时士大夫对他书法的品评，当时的著名人物如颜真卿、戴叙伦等人对他的草书颇为推崇。《自叙帖》是怀素流传下来篇幅最长的作品，也是他晚年草书的代表作。明代文徵明题："藏真书如散僧入圣，狂怪处无一点不合轨范。"明代安岐谓此帖："墨气纸色精彩动人，其中纵横变化发于毫端，奥妙绝伦有不可形容之势。"

六、北宋·苏轼《黄州寒食帖》

《黄州寒食帖》系三大行书书法帖之一，为北宋文学家、书画家苏轼手迹。纸本，25 行，共 129 字，是苏轼行书的代表作。

这是一首遣兴的诗作，是苏轼被贬黄州第三年的寒食节所发的人生之叹。题诗写得苍凉多情，表达了苏轼此时惆怅孤独的心情，从侧面印证了当时苏轼所处的境地。通篇书法起伏跌宕，光彩照人，气势奔放，而无荒率之笔。《黄州寒食帖》在书法史上影响很大，被称为"天下第三行书"，也是苏轼书法作品中的上乘之作。

七、北宋·米芾《蜀素帖》

米芾《蜀素帖》，亦称《拟古诗帖》，被后人誉为"中华第一美帖"。墨迹绢本，行书。纵 29.7 厘米，横 284.3 厘米；书于宋哲宗元祐三年（1088 年），米芾三十八岁时，共书自作各体诗八首，计 71 行，658 字，署黻款。《蜀素帖》明代归项元汴、董其昌、吴廷等著名收藏家珍藏，清代先后落入高士奇、王鸿绪、傅恒之手，后入清内府，现存台北"故宫博物院"。

八、北宋·赵佶《草书千字文》

《草书千字文》，作于 1112 年，纵 31.5 厘米，横 111.72 厘米，今藏辽宁省博物馆，是宋徽宗赵佶传世的狂草作品，是中国传世十大名帖之一。《草书千字文》是赵佶四十岁时的作品，笔势奔放流畅，变幻莫测，一气呵成，颇为壮观。是继张旭、怀素之后的杰作，是难得一见的徽宗草书长卷。若以用笔、结体的熟稔精妙乃至书写意境而论，与怀素相比，委实伯仲难分。这卷笔翰飞舞的墨迹，书于全长三余丈的整幅描金云龙笺之上。其底文的精工图案，是由宫中画师就纸面一笔笔描绘而出，与徽宗的墨宝可谓相得益彰，共同成就了这篇空前绝后的旷世杰作！被誉为"天下一人绝世墨宝"。

九、元·赵孟頫《前后赤壁赋》

《前后赤壁赋》是元代书法宗师赵孟頫楷书奇珍。元代书法，从总体上来说处于一个以复古为创新的时代，元代诸家以唐人楷书法为基础，极力规模二晋，形成了一代风气。

赵孟頫《前后赤壁赋》，纸本，纵 27.2 厘米，横 11.1 厘米，款署"大德五年"。赵时年四十八岁，正值精力、体力巅峰期。其字点画精到，结体周密，行笔劲健酣畅，唐棣跋云："东坡二赋，松雪要每一书之，负出诸书之右，故深得晋人书法。晚年行笔圆熟，度越唐人，乃知早会用意之深如此。"

十、明·祝允明《草书诗帖》

《草书诗帖》为明祝允明所作。纸本，纵 36.1 厘米，横 1147.5 厘米，被誉为明代奇才草书绝品，系中华十大传世名帖之一。书曹植《乐府》四首，是祝允明的代表作品。

王世贞《艺苑卮言》评祝允明书谓："晚节变化出入不可端倪，风骨烂漫，天真纵逸……"此帖足可当之。

09 第九章 中国工艺品的审美

工艺美术通常指美化生活用品和生活环境的造型艺术。它的突出特点是物质生产与美的创造相结合，以实用为主要目的，并具有审美特性。中国工艺美术起源于旧石器时代。此后，在漫长的历史发展过程中，中国的青铜器、陶瓷、丝绸、刺绣、漆器、玉器、珐琅、金银制品和各种雕塑工艺品，相继取得了辉煌成就。中国工艺美术以其悠久的历史、别具一格的风范、高超精湛的技艺和丰富多样的形态，为整个人类的文化创造史谱写了充满智慧和灵性之光的一章。

第一节 中国工艺美术的审美历程

一、原始社会的工艺美术

原始社会的工艺美术代表作有石器、骨雕、角雕、玉器、贝壳雕刻、象牙雕刻、编织、漆器、首饰等。

1. 石器

中国工艺美术也是伴随着石器而产生的。人类在制作石器时，从审美的需要出发，对石料的质地、形状等美的特征逐渐有所了解，并自觉地进行艺术加工，使石器造型均匀、对称，线条流畅，石质细密，色泽美丽。在工艺上，人类使用磨制、钻孔、光亮等技法，使石器表面光滑，造型规整，制作出了石环、石珠、石坠等装饰品。旧石器时代山顶洞人将磨光、钻孔的小石球，以赤铁矿染成红色，作为串饰，可视为首饰的萌芽。

2. 雕塑工艺品

旧石器时代晚期已出现用兽骨、兽角、蚌壳等材质制成的工具和生活用具，骨雕、角雕和贝壳雕刻由此产生。山顶洞人遗址中，出土了有雕刻花纹的管状骨坠；陕西临潼姜寨墓葬中，出土了雕刻花纹的骨笄及作为串饰的骨珠；浙江余姚河姆渡遗址中，出土了打磨平整光滑、正面雕刻双头鹰图案的骨匕（进餐切肉用的工具）。此外，山东宁阳大汶口墓葬品中，还出土有镂空雕刻的象牙筒、象牙梳子，证明当时已有了象牙雕刻。

3. 玉器

在大汶口、良渚（浙江杭州良渚）等新石器时代的文化遗址中，有很多精美的玉器，其中有的是工具（如玉锛，为砍平木料用），有的是珠、管、坠、玦（环形有缺口的珮玉）、瑗（大孔的璧）等装饰品，有的是玉琮、玉璧等礼器，玉质优良，器形规整，琢磨精细，纹饰流畅而清晰，已有较高的工艺水平。

4. 陶器

原始陶器以仰韶文化（河南渑池仰韶）和马家窑文化（甘肃临洮马家窑）的彩陶为代表。

5. 漆器和编织工艺品

原始的漆器出现于新石器时代。现知最早的漆器是河姆渡文化遗址出土的深灰色陶罐和木碗，其上以深赭、朱红色漆彩绘有谷叶纹等。编织在原始社会已很普及，不少陶器上都印有竹编的篮纹、篾席纹，并粘附有残存的竹篾。浙江吴兴钱山漾新石器时代晚期遗址出土的200多件篮、篓、竹席竹编工艺品，竹篾刮磨光滑，编织技法已有"十"字、"人"字及较为复杂的菱形、梅花眼等纹样。

二、商周时期的工艺美术

商、西周时期，中国工艺美术有了划时代的进步，工艺美术的实用内涵和精神内涵进一步丰富和加强。精神内涵中大量渗入的社会意识和宗教意识，使这一时期的工艺美术具有一种崇高的美学魅力。原始青瓷和漆器获得初步发展，而青铜器和玉器则取得了辉煌的成就。

1. 青铜器

商周时期，随着大规模的农业生产和手工业的兴起，自由商业的产生，文字的形成，科学的萌发，造型艺术和建筑的发展，中国工艺美术史上出现了以青铜器为代表的灿烂时代。已出土的青铜器的品种约有生产工具（如铲、锛、斧）、烹饪器（如鼎、鬲）、食器（如簋、簠）、盛饮器（如爵、觚、卣、尊、彝、觥）、乐器（如、镈、钟）、兵器（如矛、戈、剑）、车马饰件、礼器等8类。这些青铜器表明，当时的工匠已能根据不同用途的需要，如兵器的锋利、乐器的音色、烹饪器的胎壁较薄及易于导热等，采用不同的合金配方比例，熟练地运用制模、浇铸的复杂技术，制造满足不同需求的器物。河南安阳武官屯出土的大型青铜器"后母戊鼎"，高133cm，宽78cm，横长110cm，重达875kg，从鼎身到鼎足都铸有重叠式繁复的图案，充分反映了中国古代青铜器文化的辉煌成就。在造型上，商周青铜器既继承了原始社会陶器的优点，又发扬了青铜器的艺术特点，大多庄严、厚重，并充分体现了不同的用途。例如，酒器中的爵、斝等，下有3~4足，既能饮酒，又可加温。盛酒的尊、卣等器皿，大部分以虎、鸮、鸭等动物形象作为器形，反映了当时的雕塑工艺水平。在纹饰上，青铜器以兽面、夔龙、夔凤、象、蝉、蚕等动物纹样为主，此外还有圆涡纹、四瓣花纹、云雷纹、三角纹、重环纹等几何纹样和植物纹样。动物纹样显得有些凶猛、狞厉，并给人以神秘的感觉，反映了奴隶主阶级的统治意识。在装饰方法上，青铜器一般以浮雕式的兽面纹等为主体，并采用云雷纹等作底纹，以衬托主体，并在主体纹样中附加装饰云雷纹等，形成所谓三重纹的装饰方法，结构烦冗复杂，风格华丽。有的还在纹样中镶嵌绿松石、红铜片，或以金银丝镶嵌出细致复杂的图案，称为金银错，加上青铜器本身具备的色彩和光泽，更显富丽美观。

2. 陶器

青铜器仅为少数奴隶主贵族所享用，而广大平民和奴隶使用的仍是陶器。陶器有灰陶、红陶、黑陶、白陶等，并以灰陶为主。白陶是商代高度艺术水平的独特品种，胎质纯净，洁白细腻，制作精细，形制和纹饰与青铜器相似，但遗存数量很少，显然为奴隶主阶级所享用。印纹硬质陶器在商代已被较多使用，而在西周最为兴盛。这一时期陶瓷的最大成就是原始青瓷的出现。原始青瓷出现于商代中期，在西周有较大的发展。原始青瓷的胎骨原料基本与硬质陶器相同，但含铁量低，釉呈黄绿或青灰色，烧制温度在1200℃左右，扣之有金石声。原始青瓷的出现，标志着中国陶瓷从无釉发展到上釉，并向烧造瓷器过渡，是中国陶瓷史的一个转折点，为后世中国瓷器的辉煌艺术成就奠定了基础。

3. 织锦和刺绣

西周已能织造多种色彩和图案复杂的提花织锦。辽宁朝阳西周墓中的织锦残片，陕西宝鸡茹家庄西周墓葬出土铜剑上黏附的织锦，皆色彩丰富，组织复杂。此外，在茹家庄井姬墓中还发现了辫子股针法的刺绣残片，针迹匀齐，这一发现说明最晚在西周，中国已有了刺绣。

4. 漆器

商代的漆器已达到了相当高的水平，品种有簋、豆、敦、鼓、盾等，并已有朱红漆。在湖北黄陂盘龙城商代中期遗址中发现的木雕椁板，上面有涂朱红漆的印痕。1973 年，在河北藁城商代遗址发现的盘、盒等漆器残片，均以黑漆涂底，漆层较厚，上面以朱红漆描绘兽面纹、夔纹、云雷纹、蕉叶纹等，彩绘工整，有的还镶嵌方、圆、三角形的绿松石，或贴以金箔，装饰华丽，是商代珍贵的文物之一。河南浚县辛村西周墓出土的漆器有豆、簋、盒等，以正方、长方、三角、椭圆等形的贝壳片镶嵌成各种花纹，微微凸现于漆面之上，是螺钿漆器的初创。到春秋时期，漆器的盖、钮、鋬（提梁）、足等部位采用了金属部件，有的还镶嵌金箔，豪华奇巧。

5. 玉器和雕刻工艺品

奴隶社会的玉器和象牙雕刻、骨雕、石雕等十分发达。雕刻手工艺有了明确的分工。在河南郑州、安阳等商代遗址发现的玉器、骨雕、石雕作坊，都具有相当的规模，占地宽广，并堆放有大批的原料和半成品。玉器大致分为 3 类：礼器，如琮、璧、圭、璋、璜等；实用器物，如杯、刀、匕等；装饰品和艺术品，如环、玦、笄、珠及坠饰、串饰等，其中不少装饰品被制成人物、蚕、蝉、龟、牛、羊、猪、鹿、龙、凤、怪鸟、怪兽等造型，上面还琢有精细的纹样。河南安阳殷墟妇好墓出土的 500 多件玉器，是商代玉器的代表作品。商代玉器工匠已掌握了巧色（也称俏色）的技艺，能在设计和制作时巧妙地运用玉石的天然色彩和纹理，以增强艺术感染力。用象牙、兽骨雕刻成的笄、梳、匕、杯、尺、觚等生活用品，既实用，又美观。象牙雕刻还有一些纪念、观赏性的花板，上面雕刻兽面、花纹等，疏密有致，有的还刻有铭文。一些象牙雕刻、骨雕工艺品中，还运用了镶嵌玉石、绿松石等装饰方法。商、西周时期的石雕，除了石斧、石刀等工具外，也有一些实用品和艺术欣赏品。在河南安阳殷墟出土的一批大理石雕刻工艺品中，有兽面纹石皿、羊耳夔纹石壶等实用品，也有虎首人身怪兽、蝉、蛙、虎、牛等艺术欣赏品，大多为圆雕艺术品。安阳武官村大墓出土的虎纹大石磬，高约 33cm，长约 66cm，厚约 6cm，正面以双钩线刻成张口伸腰、长尾直挺的虎纹，虎的全身装饰以图案化的斑纹，具有极高的艺术价值。

三、战国时期的工艺美术

战国时期，剧烈的社会变革影响到了意识形态领域，出现了百家争鸣的盛况，从而使文化艺术空前繁荣，也促进了工艺美术的发展。

1. 青铜器

战国时期的青铜器，铸造技术高超，装饰技法丰富，复兴了商代中期至西周初期繁缛富丽的风格，是青铜器文化发展史上的又一高峰。各地都出土了一些精美的战国青铜器，其中湖北随州市曾侯乙墓出土的一批青铜器，是战国楚文化的典型。战国青铜器的装饰方法较过去更加多样，有鎏金、包金、镶嵌、浅刻、金银错等。金银错是战国盛行的装饰方法，它在商周金银错的基础上，将宽窄的金银丝装饰在不同部位，取得了色泽绚丽而富有变化的艺术效果。河北平山中山王墓出土的错金银龙凤方案、有翼神兽、虎噬鹿形器座等，是这一时期的代表作品。河南洛阳金村出土的错金银壶上还镶嵌有彩色琉璃。但战国时期最独特的装饰方法还是镶嵌红铜片和金箔。四川成都百花潭出土的宴乐攻战壶，通体以红铜片镶嵌人物、动物、树木、建筑、战船等侧面剪影式的图像，生动地表现了采桑、狩猎、宴乐、攻城、水战等场面，反映了当时的社会生活。

战国中期以后，铜灯、铜镜、带钩及车马饰件等青铜器具也逐渐普及。河北平山中山王墓出土的铜灯特别华丽，其中有一件树形灯，有 15 个灯盏，可以分节拆卸，树枝间缀以鸟、龙、猴等动物造型，下面还有饲养猴的侍者。铜镜是中国金属工艺品中的独特品种，其冶炼技术比一般青铜器更精纯，制模、浇铸、打磨等工艺也要求更严，当时主要产于楚国。带钩是战国时期统治阶级中流行的生活用品，器物虽小，但造型多样，有古琴、琵琶、龙、鸟、虎、匙、钩等形状，有的装饰以包金、镶嵌玉石、金银错等，组成几何纹、兽纹、龙纹等，小巧精致。

2. 织锦和刺绣

战国时期已形成织锦生产中心。河南陈留（今开封东南）、襄邑（今睢县）都是织锦的著名产地。织锦的图案已从简单的几何图案发展为复杂的人物、花卉、燕子、龙、凤、麒麟等图案，图案结构灵活而富有变化，色彩也更加丰富，有褐、黄、紫、深绛、黑等色。湖北江陵马山砖厂一号墓出土的一批织锦中，有一种"舞人、动物纹织锦"，它以舞蹈人物、龙、凤、麒麟等图案构成横向纹样，贯通全幅，说明当时的织锦工艺已达到了很高的水平。战国时期的刺绣也很精美。湖南长沙烈士公园楚墓、湖北江陵马山砖厂一号墓等处都出土了刺绣，针法以辫子股绣为主，偶尔间以平绣，绣以彩色的蟠龙、飞凤、虎等图案。

3. 漆器

漆器是战国时期最主要的工艺美术，数量和品种都很可观，漆色丰富，有红、白、橙、黄、绿、灰、褐、金、白等，彩绘鲜丽。工匠的分工也较细化，已趋向专业化，有胎工、刮磨工、扣箍工、画工、雕刻工等。漆器工艺在制胎、造型、髹饰技艺等方面都有创新。内胎有木胎、竹编胎、皮革胎、夹纻胎等，而以木胎为多。木胎也依照不同器形而采用不同的工艺。例如，几、案等方形器物多用斫制法；鼎、盒、壶等腹部圆鼓的器物多用旋制法；奁、卮等直筒形器物多以薄木板制成筒状，下接平板为底；屏风、镇墓兽等造型复杂的器物则是在木雕上髹漆。战国中期已有夹纻胎漆器，即先用木板或泥土制成器物内模，然后在内模上逐层用漆裱上麻布或缯帛，待干后脱去内模，再在器物表面加以髹饰，是为后世脱胎漆器的渊源。夹纻胎漆器体质轻巧，牢固，漆液渗透性能好，黏附力强，它的发明是漆器工艺的巨大进步。战国时期的漆器髹饰技法也很多，有彩绘、描金、针刻、镶嵌、镶加扣箍等。在漆器上镶加扣箍，即在口部边沿镶以铜、银或鎏金的宽边，除保护和加固器物外，还使金属和漆器的色泽交相辉映，取得富贵华丽的艺术效果。河南信阳长台关楚墓出土的神怪龙蛇及狩猎乐舞纹小瑟，湖北随州曾侯乙墓出土的鸳鸯漆盒，以及湖北江陵楚墓出土的彩绘透雕小座屏等，都是这一时期的漆器代表作品。

4. 玉器

战国时期，玉器工艺也不断创新。玉珩、玉璜、玉片、玉衡等佩饰品的造型很多，除了圆、正方、长方、菱形等简单的形状外，还有鹦鹉、舞女等复杂的形象，上面装饰的线条规整流畅，造型和色泽对称，用金银丝连贯而成。除了玉珮外，统治阶级还流行玉剑、玉奁、玉杯、玉带钩等生活用品。河南辉县出土的玉奁，筒形器身，器壁厚薄均匀，琢磨精致，加上乳形三足、圈形提梁和镶有金质花边的奁盖，充分显示了战国玉器工艺的高度水平。

5. 琉璃工艺品

西周时已有珠、管等小件串饰的琉璃工艺品。春秋时始有琉璃杯。到战国时期，琉璃器物的数量和品种明显增加，主要有珠、管、璧、瑗、环、璜、剑饰、印章等，造型多数仿造玉器，显然是作为玉器的代用品。这些琉璃有透明、不透明两种，呈乳白、深蓝、米黄、豆青、翠绿、淡紫、黑褐等色。琉璃珠俗称"蜻蜓眼"，直径一般为1~2cm，最大为4.2cm，最小仅0.2cm。珠面上常有蓝色圆点和白色圆圈组成的鱼目纹，有的在圆圈内外形成多彩的套色。它们一般与水晶、玛瑙、玉石等佩件组成串饰，或者镶嵌在带钩等器物上，具有独特的装饰效果。

四、秦汉至南北朝时期的工艺美术

秦代是中国历史上第一个统一的专制主义中央集权国家，社会的稳定为经济和文化的发展提供了良好的环境，工艺美术也有了相应的发展。西汉初期，汉武帝为了统治需要，罢黜百家，独尊儒术，宠幸方士。汉代工艺美术流行的云气、神仙及忠臣、义士、孝子、节妇等题材内容，正是这一意识形态的反映。张骞两次出使西域，开辟了丝绸之路，促进了中外工艺美术的交流，汗血马、石榴、葡萄以及犀牛角、象牙、玻璃等得以传入中国，丰富了工艺美术的材料和种类。东汉时期，佛教传入中国，到南北朝时期盛行，对工艺美术产生了巨大影响。这一时期，莲花、忍冬纹等植物纹样在工艺美术中被广泛使用，装饰题材向以植物纹样为主的时期过渡。三国至南北朝期间，虽然战争对生产破坏很大，但是各民族的大融合，促进了民间工艺美术的交流。

1. 汉魏时期的印染手工艺品、刺绣和织锦

汉代，印染手工艺品、刺绣和织锦在织造工艺、图案等方面都达到了较高的水平，成为中国染织工艺史上第一个兴盛时期。印染已有夹缬（型版印染）、绞缬（扎染）、蜡缬（蜡染）。型版印染是用两块薄木板雕刻成相同纹样，将丝绸或棉布夹置于两板之间，然后印染；取出木板，纹样即呈现于布帛之上。湖南长沙马王堆汉墓出土的泥金银印花纱是由三色套版印染而成，饰以金粉、银粉，绚丽精美；另一块印花敷彩纱是先印染花卉的枝蔓部分，然后再以朱、黑、银灰、白等色手工描绘花朵、叶、蓓蕾等部分而成。在新疆维吾尔自治区民丰东汉墓，还发现有两件棉布蜡染工艺品，蓝地，类似近代的蓝印花布。

刺绣是汉代妇女中较为普及的工艺美术。针法仍以辫子股针法为主，间以平针。马王堆汉墓出土的枕巾、锦袍等刺绣工艺品，针迹整齐而均匀，反映了当时纯熟的技艺水平。汉代的织锦，品种多，数量大，有的作为皇室的礼品或商品流传至国外。四川成都蜀锦在这一时期有了很大的发展，成都因此被称誉为锦城、锦官城，而城外洗濯蜀锦的流江也被称为锦江。汉代的织锦大多为经锦，即经线提花的织锦。其特点是同一图案、同一色彩直行排列，图案多是云气、植物及"万事如意""延年益寿"等吉祥文字。绒圈锦（又称起绒锦）是汉代织锦独特的品种，锦面上的丝线缠绕成

圈，纹样层次分明，外观华丽，具有立体的效果。三国时期，魏国匠师马钧改良了织机，简化了提花工艺，提高了生产力，能织造出图案奇特的织锦。

2. 汉至南北朝时期的漆器

漆器是汉代主要的工艺美术品，生产地区广，品种多，工艺精巧，髹饰方法更加丰富。宫廷除了在少府监专设漆器工场外，还在蜀郡（今四川成都）、广汉郡（今四川射洪）设工官，负责监造各种漆器，供宫廷享用。汉代漆器的品种有饮食器皿、化妆用具、家具、漆画、兵器、日用器物等种类，具体器物如盘、奁、盒、弓弩、刀鞘、梳子等。湖南长沙马王堆和山东临沂银雀山、金雀山汉墓出土了几百件漆器。其中马王堆出土的一件耳杯套盒，设计极为巧妙，在直径 16.5 ~ 19cm、高约 12cm 的椭圆形套盒内，能容纳 6 件顺叠安放的耳杯和一件反扣的耳杯，盒盖和盒则以子母口扣合，制作极为精致。汉代漆器的髹饰方法，除了彩绘、贴金银箔、镶嵌玻璃珠和玉石等外，还创新了堆漆（用粉料在漆器表面堆起纹样后再髹漆）、锥画（针刻）、戗金等，金银扣箍的装饰方法也极为普遍。汉代夹纻胎漆器的应用比过去更广，有耳杯、盘、奁、盒、匣等，其中不少作品虽然历经千年，但至今仍不变形、不开裂。南北朝时期，由于尊崇佛教，许多用夹纻胎漆器制作的佛像出现了，其质轻，便于抬举游行。

3. 汉代玉器

汉代是中国玉器发展史上承前启后的重要阶段。在汉代以前，玉器多为加饰浅浮雕的扁平玉片，如佩饰及玉璧、玉璜等礼器。到汉代，圆雕、深浮雕和镂雕的玉器陈设品和殉葬品逐渐增多。圆雕玉器中最著名的是陕西咸阳出土的白玉"奔马"，长约 20cm，高约 16cm，生动地表现了骑在马上的战士披甲戴盔、俯身扬手、向前奔驰的情景。在琢碾技法上，汉代常在隐起的浮雕花纹上饰以细如毫发、刚劲有力的阴线，使花纹更加生动。这些技法，对后世影响很大。

4. 汉至南北朝时期的琉璃工艺品

汉代，琉璃工艺品的生产有了很大发展。在广州、洛阳、长沙、邯郸、扬州等地的墓葬中，都发现了许多琉璃工艺品。在品种上，除了耳珰、珠饰、带钩等小件装饰品和实用品外，还有耳杯、碗、盘等生活器皿。广州和长沙出土的汉代琉璃碗，在质料、造型上已与近代的相似。在河北定县（今河北定州市）北魏塔基出土的琉璃钵和葫芦瓶，已采用了吹制成型工艺，是中国最早的吹制琉璃工艺品。

5. 秦汉时期的金属工艺品

秦汉时期的金属工艺品较过去更加轻巧，实用性强。蒜头瓶和鏊（烙饼用的炊具）是秦代独特的品种。陕西临潼秦始皇帝陵园遗址出土的铜车马，反映了秦代青铜器工艺的高超水平。汉代铜器的品种以实用居多，有铜镜、带钩、铜洗、灯具、唾盂、尺、熨斗、熏炉、车马装饰等。铜镜采用鎏金、金银错、漆绘、镶嵌玉石等装饰技法，上有"四灵兽"（青龙、白虎、朱雀、玄武）纹样和十二生肖文字，反映了当时流行的阴阳五行思想。灯具的造型很多，并将照明的功能和雕塑艺术巧妙地结合起来。例如，河北满城出土的鎏金长信宫灯、朱雀灯、羊灯等，既实用，也是精美的案头雕塑工艺品。熏炉的式样也很多，但以最早出现于汉代的博山炉为主。河北定州市出土的狩猎纹车马装饰，长约 26.5cm，直径约 3.6cm，分 4 段，以金银错技法装饰山峦、云气、花卉、树木及人物、禽兽等纹样，金银丝细如毫发，每段还镶嵌绿松石 20 块，显示了汉代金银错工艺的高度成就。一些铸铜雕塑，如甘肃武威出土的"铜奔马"（即"马踏飞燕"），更是举世闻名的珍品。此外，在内蒙古集宁、四川昭化和新疆维吾尔自治区、云南晋宁石寨山等地出土的铜器，则反映了汉代少数民族在工艺美术上所取得的成就。云南晋宁石寨山等地出土的饰片、贮贝铜器以铸刻、镂錾等技法装饰赶集场景、家畜，以及野兽搏斗等浮雕、圆雕式的场景或形象，简练而生动，具有鲜明的民族风格。

五、隋唐至两宋时期的工艺美术

隋代结束了南北朝分裂战乱的局面，开凿了贯穿南北的大运河，促进了文化的交流。唐代经济、文化发达，对外贸易空前繁荣。在长期的国际交往和国内各民族文化的融合中，在继承传统文化遗产、吸收外来文化艺术的基础上，形成了唐代工艺美术博大清新的时代风格。这时的工艺美术题材也有了变化，进入以花鸟图案为主的时期。

宋代商业繁华，官府和民间手工艺有了很大发展。工部所属宫廷手工艺工场文思院下，设有玉器、银器、象牙雕刻、刺绣、缂丝等 42 个作坊。在《东京梦华录》等文献中，都记载了汴京（今河南开封）、临安（今杭州）的漆器、扇子、象牙雕刻、彩塑等手工艺作坊、集市的盛况。宋代工艺美术一反唐代的华美富丽，呈现出清秀、淡雅的风格。五代和宋代的山水画、花鸟画、风俗画等已极为精美，这对宋代刺绣、缂丝、织锦等领域产生了很大的影响。宋时，北方辽国、金国的辽瓷、辽三彩等，既受汉族文化的影响，又具有独特的民族风格。

　　唐代的金属工艺品主要有铜镜和金银器皿。铜镜在南北朝时期一度衰微，到隋唐又兴盛起来。唐代铜镜多为银白色，接近水银镜的颜色，直径大的有60cm、小的也有4~7cm，器身厚重，造型上突破了圆形为主的规范，出现了菱花镜、葵花镜、带柄镜等新式样。铜镜的浮雕纹饰主要为花鸟、瑞兽、蝴蝶、葡萄、人物故事等，有的采用剪影式的形象。在装饰技法上，鎏金、金银平脱、螺钿、镶嵌玉石等技法被广泛使用，使铜镜更加华美。唐代的金银器皿品种很多，有高足杯、手镯、项链、戒指、头饰金片、熏球、罐、壶、碗、盘、筷、调羹等。日用器皿的造型圆润饱满，规整而有变化。在工艺上，有钣金、浇铸、焊接、切削、抛光、鎏金、铆接、锤打、錾刻、镶嵌等技法。杯、盘、碗等器皿常錾刻卷草、龙、凤、狮、团花等纹样，其中主要纹样多作浮雕或鎏金，使之主题突出，并在底子上錾刻细密的鱼子纹，以衬托主题。1970年，西安何家村出土了唐代金银器270多件，其中舞马纹银壶的造型为皮囊式，吸收了游牧民族器皿造型的优点。还有一件八棱金杯的纹饰运用掐丝珐琅的技法，是景泰蓝的滥觞。西安沙坡村出土的银熏球镂空錾刻石榴、瑞鸟等纹样，工艺奇巧，无论熏球如何转动，球内的香末都不会外漏。

　　隋唐时期的印染工艺以夹缬、绞缬、蜡缬最为流行，纹样复杂，套色繁多。新疆维吾尔自治区吐鲁番阿斯塔那墓出土的夹缬残片和绞缬绸裙、印花绢等是其代表作品。到宋代，在彩色的基础上，又出现了与泥金、描金、印金等技法相结合的印染工艺。唐代刺绣的针法较过去更加丰富，提高了刺绣的艺术表现力。宋代刺绣针线细密，光彩夺目，已具有较高水平，刺绣衣饰品日臻精美，刺绣内容由唐代的佛像、经卷转向名家的字画。

　　唐代的织锦突破了经线提花的工艺，创新了纬线提花的工艺，进而发展为经纬线互相配合提花工艺，从而使纹样和色彩更加繁复。纹样以联珠纹、对鸟纹、对兽纹为主，有的明显地受到西域织锦风格的影响。此外，团花和色彩层次深浅不同的退晕花等新纹样也出现了。织锦色彩丰富，用色大胆。吐鲁番等地出土的唐代织锦有20多种色彩。宋代织锦纹样秀丽，色彩素雅，并且出现了大量风格写实的折枝花纹样。织锦中的缂丝非常精美。南宋缂丝名家朱克柔的《莲塘乳鸭图》是传世珍品。

　　由于瓷器的普及，自东汉以来，漆器生产逐渐减少。但在唐代，漆器有了发展，在髹饰技法上主要有堆漆、剔红、螺钿、金银平脱、夹纻胎造像等，以金银平脱最为突出。宋代，民间漆器生产以浙江临安（今杭州）

和温州为主。民间生产的漆器多为素面，不施雕刻纹饰，风格简朴，牢固耐用。

唐代是中国陶瓷工艺大发展的时期，南方以越窑为主，生产青瓷，北方以邢窑为主，生产白瓷。唐三彩是唐代陶瓷的重大创造，题材广泛，形象生动，当时主要作为殉葬的明器，有很高的艺术水平。后来，在唐三彩的基础上发展出了低温色釉和釉上彩瓷。唐代陶瓷的装饰方法主要有刻划花、印花、釉下彩绘、附加堆贴纹等。宋代是中国陶瓷空前繁荣的时期，名窑众多，主要有汝窑、官窑、定窑、磁州窑、钧窑、龙泉窑、景德镇窑、建窑、吉州窑等，各具特色。著名的品种有定窑的白瓷、磁州窑的刻划花、钧窑的"窑变"、龙泉窑的青瓷、景德镇窑的影青、建窑的黑釉窑变蓝釉、吉州窑的玳瑁斑釉等。

六、元明清时期的工艺美术

元明清时期，对外经济、文化的频繁交流使中国工艺美术得以吸收外来文化的长处，同时也对当时欧洲的陶瓷、刺绣、折扇等工艺美术和洛可可艺术的形成产生了一定的影响。明、清两代官府手工艺十分兴盛，机构庞大，技艺精湛，到乾隆年间达到高峰。

1. 金属工艺品

这一时期的金属工艺品大放异彩，主要有金银器皿、铜器、景泰蓝等。元代统治阶级崇尚金银器皿，并受西域艺术风格的影响较深。这一时期出现了朱碧山等著名的银器匠师。明代金银器皿以北京定陵出土的文物为代表，有大至直径约30cm的錾花龙纹金脸盆，小至高约9cm的金酒盏，特别是金丝王冠，金丝细如毫发，编织紧密而匀称，充分体现了明代花丝工艺的高超水平。明代铜器以宣德炉为著名。它是宣德二年（1427年）宫廷工部督造，用于祭祀和陈设的铜器，以各式香炉为主。宣德炉的造型成为后世铜器的典范。景泰蓝是明代著名的金属工艺品，采用铜胎掐丝珐琅的技艺制成。这一工艺早在唐代业已出现，在元代又吸收了阿拉伯国家珐琅工艺的优点，到明代逐渐成熟，至景泰年间最为兴盛。清代乾隆年间，景泰蓝又有很大发展，釉色丰富，掐丝工艺精细，产量大，用途广。当时除了宫廷造办处设有作坊外，北京、扬州、广州等地都有生产，并开始出口。清代宫廷使用的金银器皿更是琳琅满目，有编钟、印章、脸盆、餐具、熏炉、首饰、金塔和陈设品等，有的镶嵌珊瑚、宝石、玛瑙等装饰品，工艺精巧，华丽无比。

2. 织锦、刺绣和印染手工艺品

元明清时期，织锦、刺绣和印染手工艺品都有了发展和提高。元代宫廷织造了许多"纳石失"，即以金线为纬纹的织金锦，雍容华贵，对明代的南京织锦有一定的影响。明清两代，南京和苏州的织锦极负盛名。南京织锦大多为硕花折枝纹样，以金线勾边，色彩绚丽，并运用由浅至深的退晕方法，犹如彩霞，因而又称云锦。苏州织锦多仿宋代式样，色彩淡雅，称为宋式锦，简称宋锦。明代永乐年间，南京织锦吸收缂丝工艺的特点，创造了妆花工艺，能在同一幅面上织出 10 多种色彩的纹样。缂丝在明代主要集中在南京、苏州、北京。清乾隆年间，宫廷多用缂丝织造朝服、名人字画、仙佛神像等，工艺之精细超过宋代和明代。

明清时期，苏州、广州、长沙、成都等地的刺绣形成了各具地方特色的艺术风格。明代，上海刺绣以顾绣为代表，有名家韩希孟所绣制的《洗马图》《白鹿图》《松鼠葡萄》等作品留传后世。

印染工艺在明清两代十分发达。明代印染工艺的中心是安徽芜湖和京口（今江苏镇江）。清代印染生产主要在镇江、扬州、苏州、南京、上海松江、浙江杭州和宁波、广东佛山等地。印染色彩有大红、天青、明黄、酱紫、古铜、月白等，多达数十种。蓝印花布在民间盛行，以江苏苏州和南通、湖北天门、湖南邵阳等地为主。

3. 地毯

元代，宫廷在大都（今北京）设毡毯院局，所织造的毡毯约有 70 多种。清代，地毯生产以陕西、甘肃、宁夏、新疆、西藏等地为主。清末，北京、天津、张家口等地的地毯作坊兴起，并且创造了具有民族传统风格的图案程式。

4. 漆器

元明清时期的漆器，品种繁多，髹饰技法丰富，名家辈出。元代漆器名家首推浙江嘉兴张成、杨茂。他们都长于剔红，刀法圆润浑厚，不露锋芒。在元代大都遗址中发现的广冷宫图黑漆盘残片，证明元代薄螺钿的技法已相当成熟，明代隆庆年间，安徽新安（今歙县）名家黄成所著的《髹饰录》是中国漆器工艺史上的唯一专著，明清两代的漆器，髹饰技法繁多，主要有罩漆、描漆、堆漆、填漆、雕填、螺钿、剔红、戗金、百宝嵌等。描金漆器名家有北京杨埙、苏州蒋回回。螺钿漆器以江苏扬州匠师江千里的作品最为著名。清代薄螺钿镶嵌更加精巧，并加嵌金、银箔，细密如画。剔红是明清两代漆器的主要品种。宣德年间，宫廷设置果园厂，生产剔红，由张成之子张德刚掌管技艺，作品仍然继承了元代的风格。百宝嵌漆器是以金、银、宝石、玉石、珍珠、玛瑙、翡翠、珊瑚等多种珍贵材料镶嵌于硬木漆器之上，五光十色，风格富丽，为明代扬州名家周翥所创，人称"周制"。此外，福建脱胎漆器、四川成都退光漆器、贵州皮胎描金漆器、广州描金彩绘漆器等，在清代也都各有特色。

5. 玉器

这一时期玉器的品种甚多，除器皿、印章、文具、佩饰、鼻烟壶等外，还有座屏和欣赏品，主要产于北京、江苏苏州和扬州等地。现存北京北海公园团城的"渎山大玉海"是元代著名的大型玉器。明代苏州玉器名家有陆子刚，其作品以玲珑奇巧为特点。清代玉器在乾隆年间最为兴盛，在继承阴刻、浮雕、圆雕、镂雕等传统技法的基础上创造了描金、镶嵌金银和宝石等工艺，使之更加华贵。现藏于故宫博物院的大型玉器大禹治水玉山，是乾隆年间扬州匠师费时 6 年才制作完成的，构思巧妙，制作工整，堪称清代的代表作品。

6. 雕塑工艺品

明清时期，由于从国外大量进口牙料，加以宫廷生活的需要及对外贸易的发展，象牙雕刻的生产有很大发展。乾隆年间，广州象牙雕刻的品种有折扇扇骨、胸针、项链、梳子、鼻烟壶、粉盒、象牙球、国际象棋等，并出口欧洲。清代宫廷在造办处下设有象牙雕刻作坊，一批名匠聚集于此。故宫博物院收藏的《月曼清游册》就是由在宫廷供职的广州匠师们雕刻而成的，表现了古代妇女在一年 12 个月内的不同生活及不同的自然景色，人物秀丽动人，构图虚实得体，并适当地运用了敷彩和镶嵌玉石工艺，作品风格淡雅而妩媚。

民间的石雕、竹刻、木雕等雕塑工艺在明清两代也有很大发展。石雕以浙江青田石雕、福州寿山石雕、湖南浏阳菊花石雕为主。浙江东阳、温州、乐清及福建福州、广东潮州则已成为著名的木雕产地，其中广东的金漆木雕颇具特色，浙江的温州和乐清则以黄杨木雕著名。明代竹刻主要产于上海嘉定和南京，其中嘉定以朱松邻及其子朱缨（号小松）、其孙朱雄（号三松）为代表，都有作品传世。清代，嘉定竹刻后继有人，名家辈出。浙江黄岩、湖南邵阳等地则以贴黄工艺闻名。上海嘉定金元钰在嘉庆年间所著《竹人录》是古代竹雕的唯一专著。

7. 琉璃工艺品和鼻烟壶

清代，琉璃工艺品主要产于山东博山和广州、苏州、北京等地，色彩丰富而鲜艳。琉璃工艺匠人运用吹制、拉抻、琢碾等工艺生产单色、套色和各种色彩混合的绞料，以及仿玉器料、金星料的帘珠、碗、笔洗、笔筒、香炉、鼻烟壶等。清代晚期，北京的内画壶蜚声中外，名家有周乐元、马少宣、叶仲三等人，其作品被欧美艺术鉴赏家们视为珍宝。

8. 陶瓷工艺品

自元代以后，中国陶瓷从以青瓷、白瓷为主发展到以彩瓷为主的新的历史阶段。彩瓷包括釉上和釉下彩绘及各种颜色釉，产地以江西景德镇为主，故景德镇有"瓷都"之称。青花、釉里红、斗彩、五彩、珐琅彩、粉彩、描金等装饰技法使瓷器更加美观。颜色釉的品种很多，有鲜红、霁红、宝石红、孔雀绿、鳝鱼黄、茄皮紫等，到乾隆年间约有 30 多种。福建德化则以白瓷和瓷塑著称。广东石湾的陶器注重窑变，釉色变化无穷。江苏宜兴的紫砂陶器在这一时期也达到了很高的艺术水平。

七、近现代的工艺美术

1840 年鸦片战争以后，中国工艺美术逐渐衰落。但是，由于出口贸易的刺激，玉器、景泰蓝、雕漆、象牙雕刻等特种手工艺生产在 20 世纪初曾一度有所发展。花边、绒绣、机绣、草编等产品也因适应出口的需要，在山东烟台、上海、浙江海门、广东汕头等沿海城镇发展起来，并且吸收了外国花边、绒绣等工艺的长处，又结合了中国传统刺绣、编结等工艺的特点，形成了独特的风格。20 世纪初以来，在美国旧金山举行的巴拿马万国博览会（1915 年）、南京的南洋劝业会（1919 年）、杭州的西湖博览会（1929 年）等大型博览会上，许多中国工艺美术的作品获奖，这对促进当时工艺美术的发展和提高也起了良好的作用。

第二节　中国工艺品的审美特征

一、功能之美

工艺美术的物质结构特征和装饰的欣赏特征是交融在一起的。日用品工艺以实用为基础，但又兼具审美价值。如日常生活中的灯具，首先考虑的是照明因素，其次其装饰性和艺术性也很重要。而对于特种工艺品，即观赏性工艺品，则更加注重审美性。像玉器、牙雕和稀有金属工艺品的收藏价值和审美价值高于实用价值。但拿"纯美"来愉悦身心，也一定程度上可被看作更高层次的"实用"。例如，灯是照明的器皿，汉代是铜灯制作的鼎盛时期，汉代的铜灯造型丰富多彩，灯体优美，既满足了实用的需要，也符合科学的原理；既可作灯，又可作为室内陈设品，实现了实用和美观的统一，体现了卓越的设计匠心和艺术构思。最著名是的河北满城出土的长信宫灯。西汉长信宫灯，出土于河北满城中山靖王刘胜妻窦绾墓，宫灯灯体为一通体鎏金、双手执灯踞坐的宫女，神态恬静优雅。灯体通高约 48 厘米，重约 15.85 公斤。长信宫灯设计十分巧妙，宫女一手执灯，另一手袖似在挡风，实为虹管，用以吸收油烟，既避免了空气污染，又有审美价值。

二、材质之美

材质，是决定工艺美术物品审美因素的一个重要组成部分，也是物品艺术的重要特色之一。材质之美是人的感官对各种材料的光泽、质感和纹理的心理感受和审美感受。工艺品是物质的，也是艺术的。工艺品材料种类多样，既有玉、翡翠、玛瑙、象牙等贵重材料，又有果壳、树皮、麦秸等常见材料。审美价值首先取决于材料天然质地的发挥程度。

青田石雕高粱由现代林如奎创作。作者创造性地以常见的农作物为主要题材，充分利用石雕工艺中的俏色工艺，分别表现高粱的火红和谷穗的金黄。作品整体上呈现出一种丰收的景象和喜庆气氛，反映出中国玉雕大师高超的雕刻技艺和艺术表现力，是现代中国工艺美术的经典作品。

玉在中国是非常珍贵的材质，"量材就质""因材施艺"便是玉器的艺术特质，经典作品。如翠玉白菜（清代玉雕）。此件翠玉白菜现藏于台北故宫博物院，原是永和宫的陈设器。永和宫为清末瑾妃所居之宫殿，据说翠玉白菜即为其随嫁的嫁妆。这棵翠玉白菜与真白菜一样大小，滋润新鲜。螽斯与蝗虫的每一根触角都清晰可见，彰显出制作者的精湛技艺。许多人到台北故宫博物院，首先要看的就是这棵"白菜"。

浙江省东阳县（今东阳市），素有"木雕之乡"的美誉，2006 年，东阳木雕被列入第一批国家级非物质文化遗产名录。浙江东阳木雕以浮雕见长，喜用樟木，产品多为床饰、柜架等；传统的东阳木雕属于装饰性雕刻，色泽清淡，不施深色漆，保留原木天然纹理色泽，格调高雅，也被称为"白木雕"。东阳木雕、乐清黄杨木雕和青田石雕一并被誉为"浙江三雕"。

昌化鸡血石产于浙江昌化，因其色红如鸡血而得名。鸡血石属叶蜡石，是一种含鲜红色辰砂的特殊冻石。这种石头硬度不高，加上纹彩艳丽，光泽晶莹，极易刻制印章，最受收藏家与篆刻家珍爱。鸡血石的颜色以鲜红

为最贵，次为朱红，暗红较差。鲜红者又称"活血"；暗红因似凝血，故称
"死血"。

三、造型之美

物品的造型，指物品的基本形态，主要包括物品的外形和结构等。比
如产品的整齐、光滑、对称，所指的就是形式上的艺术审美因素，即造型
之美。瓷器工艺，发展到宋元进入了全盛时期，特别是宋代，无论是造型，
还是装饰及釉色，都取得了巨大的成就，是古代陶瓷工艺中的高峰。瓷器
的造型，种类多，变化多，美观实用，式样新颖，丰富多彩。有的匀称秀
美，有的轻盈俏丽。民间瓷窑的作品则具有朴实大方、经济耐用的特点，
既有实用价值又兼顾到审美要求，不少造型为后世所延续，深受人们喜爱。
有的器物每一种类型就有多样的形式，匠师们将粗细、横竖、长短、弯曲
等不同的外轮廓线型组合成不同的形体，实用又美观，具有明显的时代特
点。经典样式有玉壶春瓶、梅瓶、扁腹瓶、直颈瓶等，一般在器物的口、
颈、腹等部位产生变化，有的修长秀美，有的短颈稳重，形成了不同的风
格。再如壶、炉、盒、枕等也有曲直方圆、高矮挺柔等不同的形态，呈现
出别样的造型之美。

四、装饰之美

装饰是构成一个物体艺术之美的一个十分重要的组成部分。从我国古
代工艺美术来看，由于以实用性为出发点和归宿点，装饰工艺美术主要是
指附于器物上的装饰。图案作为装饰，是工艺品中必不可少也十分出彩的
一部分。如宋瓷的装饰纹样，题材丰富，形式自由活泼。常用的装饰纹样
有花卉、龙、凤、鹤、鸳鸯、鸭、婴戏、山水等，除此之外，曲带、云头
等也是间饰和边饰的常见纹样。历代匠师用不同的处理手法，表现出了不
同的神情意态，巧妙结合器物的形体设计完美的图案纹样，还有利用可控
烧制技术表现自然装饰的新装饰手法，在瓷器史上为陶器美学开辟了一个
新的境界。宋瓷的釉色沉静素雅，既注重釉色之美，也追求质地之美。龙
泉釉、哥窑釉等釉色不是普通的浮薄浅露、一览无余的透明玻璃釉，而是
可以展露质感美的乳浊釉和结晶釉。这些作品都是我国陶瓷历史画廊中的
杰作。它们的形态设计是后世陶瓷业长期追仿的典范，千载岁月未能消磨
美的神韵。

五、工艺之美

所谓"百工"，按照我国传统的解释，就是百工之艺；而按照现代人的理解，就是物品制作所采用的方式和方法。采用不同的制作工艺，便会产生出不同的效果。工艺美要显现出物质形态，就需要有相当的工艺技巧。造型艺术的工艺美也是通过工艺技巧手段实现的。

以蜡染工艺和扎染工艺为例，蜡染是把蜡加温熔化，然后将蜡液绘于布料上，再进行染色。由于沾蜡的地方不能着色而出现白花纹，形成参差斑驳的冰裂纹效果。扎染工艺即将面料运用打结、捆绑、缝缀等不同的扎结方法进行处理，然后染色，形成深浅虚实的色晕纹理，克服了画面、图案呆板等弊端，使得花色自然天成，生动活泼。白族传统扎染的底版全都是靛蓝色，蓝底上起白花是其特色。蓝色的天，蓝色的海，蓝色的山，宁静而和平，造就了世世代代在苍山洱海边生活的白族人民宁静和平的心理素质。以白为净，以白为尚，以白为美，成为白族人民的又一传统审美习尚。

瓷器是我国古代的伟大发明之一。瓷器是由陶器发展而来的，它始于宋代，成熟于元代，在明清两代成为主流。明清还发明了釉下青花与釉上彩相结合的斗彩。康熙、雍正、乾隆三朝，瓷器生产的工艺水平达到了历史的高峰。青花是中国最具民族特色的瓷器装饰，青白相映，素雅苍翠，与中国传统的水墨画有着异曲同工之妙，符合中国人内敛含蓄的品格，又借"青出于蓝而胜于蓝"的寓意表达美好的愿望。青花瓷以含氧化钴的青料在坯胎上绘画，罩以透明釉，经1300℃的高温烧成，具有着色力强、发色鲜艳、烧成率高、呈色稳定的特点，素雅苍翠，有"国瓷"之称。

景泰蓝是一种瓷铜结合的独特工艺品。制作景泰蓝先要用紫铜制胎，接着工艺师在上面作画，再用铜丝在铜胎上根据所画的图案粘出花纹，然后将色彩不同的珐琅釉料镶嵌在图案中，最后经反复烧结、磨光镀金而成。景泰蓝与玉器、牙雕、漆器合称中国工艺美术"四大名旦"，其制作既运用了青铜和瓷器工艺，又融入了传统手工绘画和雕刻技艺，堪称中国传统工艺的集大成者。它出身高贵，气质典雅，工艺精美，原是专供皇室贵族享用，是象征权力与地位的珍贵艺术品，后经过技艺精湛的民间艺人的传承，日益显现动人光彩。

第十章 中国饮食文化的审美

烹饪是一种实用艺术，具有食用性与审美性的双重特性。"民以食为天"，饮食是人类的基本需求，在基本的生存需要得到满足之后，人们对饮食提出了更高的要求，尤其是对味道与审美的追求不断提高，如色、香、形、味、滋、器、意等，在品尝美食的过程中追求心理上的愉悦和享受，乃至于更高的精神境界。在色彩上，冷暖相配，浓淡相宜；在气味上，香气扑鼻，清醇诱人；在造型上，变化多端，精美和谐；在滋味上，五味调和，脍炙人口；在器皿上，质地精良，形状美观；在饮食氛围上，讲究清静优雅，情趣盎然。在某种意义上，中国饮食寄寓了中国人的哲学思想、审美理想、伦理观念和艺术精神，是科学、哲学和艺术相结合的一种文化现象。旅游者在观赏自然景观、人文景观的同时，品赏美味佳肴，可以更加深刻地感受到中华文化的博大精深，获得丰富的审美享受。

第一节 中国菜肴文化的审美特征

一、烹饪技艺高

中国幅员辽阔，气候多样，各种地形地貌纵横交错，物产极为丰富。据不完全统计，中国的烹饪原料总数可达 1 万种以上，其中常用的有 3000多种。鱼肉禽蛋、山珍海味、瓜果蔬菜、花鸟虫鱼等均可入菜，选料之广泛为其他国家所不及。在此基础上，经千百年经验积累，形成了中华饮食极其精湛、丰富的烹饪技艺。

我国菜肴的烹调技法多达数百种，常用的有蒸、煮、熬、酿、煎、炸、焙、炒、煨、炙、炖、烩、腊、烧、熏、酱、爆、涮、汆、烫、扒、糟、拌、卤、拔丝、挂霜等几十种。我国传统的烹饪技术特点具体表现在取材广泛、选料精严、刀技精湛、技法多样、变化多端、运用灵活、品种繁多、注重火功、讲究质地、调味多变、讲究卫生、富于营养、色形美观、艺术性强、风格独特等方面，具有丰富细致的技术内容。

二、菜肴色彩造型美

理想的肴馔，应悦目爽神，具有明丽润泽的色彩。中国菜肴主要是用食品的天然色彩调色的，即利用蔬菜、肉食、水产品等食物本身具有的天然色彩进行调色。蔬菜的色彩很多，如红的有番茄、胡萝卜、红辣椒，黄的有冬笋、黄花菜、老姜，绿的有菠菜、韭菜、蒜苗，青的有青葱、青椒、青笋，白的有白菜、白萝卜，黑的有黑芝麻、黑木耳等。色的配合非常重要，配色虽然不会直接影响菜的口味和香气，但会影响人的食欲。一道菜如果色彩单一，就显得单调、乏味，如果是"万绿丛中一点红"，那就别有情趣了。所以，中国菜肴在色彩上，讲求冷暖相配，浓淡相宜。色有暖色与冷色之分。红黄色称为暖色，蓝青色称为冷色，绿与紫色，称为中性色。在烹调过程中，调味品具有增加菜肴色彩的作用。如金黄色和红色的菜肴，可用酱油、面酱、豆瓣酱等酱色调味品，在烹制上多用烤、烧、炸等方法。暖色可使人兴奋，刺激食欲，还可以增加宴席的热烈气氛。蔬菜以青绿色为多，这种冷色菜肴点缀其他色彩，能增加色彩的对比和美感，特别在宴席配菜上，红、黄、青、白的菜都有，才能显示出丰富性。

中国饮食不仅追求悦目的色彩，还讲究造型别致，栩栩如生，甚至山川树木、亭台楼阁、花鸟鱼虫、珍禽异兽，都能尽收盘中，呈现出富有意境的景色和图案，给人以艺术享受，有时美得叫人不忍动筷。菜肴"形"的优美，不仅使人精神愉快，赏心悦目，增加食欲，而且起着潜移默化的审美教育作用，使人产生美的联想，激励人们热爱生活。中国饮食在造型上变化多端，精美和谐，以巧妙的艺术构思和细致的操作手法，使食品呈现出丰富多彩、形象悦目的形态。

三、饮食器具美

中国菜肴在餐具的选择使用上是十分考究的，古语云"美食不如美器"，人们从来就把使用和欣赏制作讲究、美观淡雅、朴素大方、搭配合理的餐饮具，视为一种享受。精制的饮食器具可以把菜肴衬托得更加美观生动，给人悦目爽心之感，使人食欲大增。中国菜肴在餐具和菜肴的配合使用上讲究和谐统一，器具与饮食之间在色彩搭配、花纹图案、形态空间上的和谐，使得佳肴耀目，美器生辉。中国传统的饮食观讲究色、香、味俱全，这个色不仅是指食物本身的色，还有盛放菜肴的器具与菜肴的合理搭配。

总之，中国饮食器具之美，美在质，美在形，美在装饰，美在与食品的和谐统一。精美的饮食器具不仅可以美化肴馔、装饰宴席，还能以餐具表示规格，体现礼仪。而且精致的餐具美器更是美食之外的另类享受，这种美，给人们以文化的熏陶、艺术的美感，同时带给人们审美的愉悦和精神的享受，是中华饮食的魅力之所在。

四、就餐环境美

餐厅是为就餐客人服务的直接现场，餐厅的设计装潢、功能布局、装修装饰风格所体现的文化主题和内涵，应与其经营的菜系相协调、匹配。和谐统一、赏心悦目、美观雅致的就餐环境会使客人心情愉快。中国饮食文化讲究进餐环境清净，舒适优雅，主要表现在餐厅的建筑和装饰上。造型优美、选材讲究、色调和谐、风格迥异的建筑外观能使客人产生美的心理感受，并使人产生各种丰富的联想，给人留下深刻的印象。

五、饮食礼仪美

中国自古为礼仪之邦，饮食礼仪有着几千年的历史底蕴。《礼记·礼运》："夫礼之初，始诸饮食。"在中国，根据文献记载可以得知，至迟在周代时，已形成一套相当完善的饮食礼仪制度。这些食礼在以后的社会实践中不断得到完善，在古代社会发挥过重要作用，对现代社会依然产生着影响，成为文明时代的重要行为规范。中国饮食文化讲究"礼"，礼指一种秩序和规范，宴席的座次、方向、箸匙的排列、上菜的次序、劝酒敬酒的礼节等都体现着"礼"。中国饮食礼仪是一种精神，贯穿在整个饮食活动中，已演变为包含在饮食文化中的伦理、道德，是中华饮食文化光辉的思想结晶。

六、菜名美

中国菜的原料大多取自江河湖海、山野密林。那些原料的名字来自自然，有的充满野趣，有的平淡无奇，有的可能粗俗，但入馔成菜后，菜名若能完整地体现菜肴的面貌、特点，菜品则被提升至一个美的境界。中华菜肴有的以精妙的比喻来取名，如"珊瑚牛肉""白云猪手""兰花飞龙""珍珠鳜鱼""百花大虾""玉兰豆腐"等；有的菜名源于诗文，如"佛跳墙"

就源于"坛启荤香飘四邻，佛闻弃禅跳墙来"之说；有的菜则因诗的流传而让佳肴声名远播，如湖北名菜"蟠龙菜"，有诗赞曰"满座宾客呼上桌，装成卷切号蟠龙"；有的菜肴命名新奇别致，幽默风趣，如"蚂蚁上树"（川菜）、"百燕打伞"（徽菜）、"喜鹊登梅"（滇菜）、"金猴卧雪"（豫菜）、"莲蓬献佛"（五台山佛门寿宴）、"金鱼戏莲"（满汉全席）等，无不意象动人，趣意毕肖。

第二节　中国茶酒文化的审美

一、中国茶文化的审美特性

茶文化是指人们在发现、种植茶树，并以茶作为食品、饮品、礼品、贡品和祭品的过程中，以茶为载体，表达人与人、人与自然之间各种理念、信仰、情感、爱憎等思想观念的各种文化形态之统称。

中国茶文化历史悠久，源远流长，它经历了萌芽、形成、发展的过程，不仅包括物质文化层面的内容，还作为一种文化进入文人雅士的精神领域，上升到精神层面。茶的精神渗透了宫廷和社会，深入中国的诗词、绘画、书法、宗教、医学。几千年来，中国不但积累了大量关于茶叶种植、生产的物质文化，更积累了丰富的有关茶的精神文化。

1. 茶的物质之美

（1）茶色之美

茶色之美包括干茶的茶色、叶底的颜色及茶汤的汤色三个方面。茶之清新怡人的色泽，给人一种质量的美感。不同的茶类具有不同的标准汤色。有的茶汤清净透明而有光泽，有的汤色鲜明而有活力，有的汤色明亮略有光泽，有的茶汤清净透明。人们把色泽艳丽醉人的茶汤比作"流霞"，把色泽清淡的茶汤比作"玉乳"，把色彩变幻莫测的茶汤形容成"烟"。例如，唐代诗人李郢写道："金饼拍成和雨露，玉尘煎出照烟霞。"乾隆皇帝写道："竹鼎小试烹玉乳。"唐代徐夤在《尚书惠蜡面茶》一诗中写道："金槽和碾沉香末，冰碗轻涵翠缕烟。"

（2）茶香之美

茶香之美，有的甜润馥郁，有的清幽淡雅，有的高爽持久，有的鲜灵沁心。唐代诗人李德裕描写茶香为："松花飘鼎泛，兰气入瓯轻。"温庭筠写道："疏香皓齿有余味，更觉鹤心通杳冥。"在他们的笔下，茶的"兰气"

"疏香"使人飘然欲仙。宋代苏东坡写道："仙山灵草湿行云，洗遍香肌粉未匀。"在苏东坡的笔下茶香透人肌骨，茶本身就是一个遍体生香的美人。古代的文人特别爱用兰花之香来比喻茶香，因为兰花之香是世人公认的"王者之香"。王禹偁称赞茶香曰："香袭芝兰关窍气。"范仲淹称赞茶香曰："斗茶香兮薄兰芷。"李德载称赞茶香曰："搅动兰膏四座香。"高士奇赞美武夷茶香曰："香夺玫瑰晓露鲜。"

（3）茶味之美

茶味之美，美在甘爽清冽。茶有百味，其中主要有苦、涩、甘、鲜、活。苦是指茶汤入口，舌根会感到不适；涩是指茶汤入口有一股不适的麻舌之感；甘是指茶汤入口回味甜美；鲜是指茶汤的滋味清爽宜人；活是指品茶时人感受到舒适、美妙、有活力。古人品茶最重茶的"味外之味"。不同的人，不同的社会地位，不同的文化底蕴，不同的环境和心情，从茶中品出的"味"不同。"吾年向老世味薄，所好未衰惟饮茶。"历尽沧桑的文坛宗师欧阳修从茶中品出了人情如纸、世态炎凉的苦涩味："蒙顶露芽春味美，湖头月馆夜吟清。"仕途得意的文彦博从茶中品出了春之味："森然可爱不可慢，骨清肉腻和且正。雪花雨脚何足道，啜过始知真味永。"豪气干云、襟怀坦荡的苏东坡从茶中品出了君子味。

2. 茶道精神之美

茶文化精神内涵是指通过品茶陶冶情操，修身养性。茶文化中蕴涵了丰富的哲理。唐代陆羽的《茶经》把儒、道、佛三教融入饮茶中，强调"精行俭德"的人文精神，注重烹瀹条件和方法，追求恬静舒适的雅趣，首创中国茶道精神。

（1）茶德之美

古人常在饮茶中寄托自己高风亮节的精神追求。饮茶亦成为一种高雅的时尚，同时也是一种陶冶情操和交流情感的方式。另外，烹茶、煮茶对器具、水源都有严格的要求，水源必须十分洁净，不能有其他物质掺杂其中。因此，人们常将茶与人品相关联。强调茶的君子特性。韦应物在《喜园中茶生》里写道："洁性不可污，为饮涤烦尘。此物性灵味，本自出山原。"在这里，诗人把茶的淳朴特性升华到了人格品质的高度，以此来表达美。由此可见，茶对当时人们的人品修养产生了重要的影响。

（2）中和之美

茶文化中蕴含了儒家的中庸、和谐思想。儒家哲学的中庸、和谐思想的核心是"和"。所谓"和"是恰到好处，是理性的节制。"和"是事物两端间的平衡。中庸不是没有原则的调和主义和折中主义，而是对立中求统一。目的在于将事物保持在一个相对稳定的秩序中，既非"过"又非"不及"，是一种事物内部矛盾双方及事物与外部之间保持一种相对稳定、有序的存在状态。茶性平和，饮茶之人在饮茶时享受的是一种轻松、平和的氛围。传统儒士多饮茶，就是在饮茶时感受那种和谐的意境。儒家把这种思想引入茶文化中，主张在饮茶中沟通思想，创造和谐气氛。

（3）与自然交融之美

"道法自然"出自《老子》第二十五章中的"人法地，地法天，天法道，道法自然"。其语意是抽象哲学范畴的"道"要"法""自然"，且须"法""自然"。这表明，自然是道家最尊崇的哲学层次。一切万物皆应效法自然，适应自然并从中汲取规律。茶性温和，饮茶使人保持一种清醒自然的状态，是一种人与自然的精神交流，既可从品尝茶汤的过程中感受大地山川等自然之物的奇妙，又可从饮茶中体味不断微妙变化的真味、真香、真气，从而领悟自然之真谛，享受人与自然相互交融的精神感受。

二、中国酒文化的审美特性

我国已有 5000 年的酿酒历史，被公认为世界酒的故乡。中国的酒文化和茶文化一样，贯穿中国的历史，渗透进中国人的精神。如果没有酒，中华文化的缺失将不可估量：李白不会写出《将进酒》等名诗，王羲之不会写出《兰亭序》等名书法，苏东坡不会"把酒问青天"，问"天上宫阙，今夕是何年"，《三国演义》中不会有青梅煮酒论英雄的故事，历史上也不会有赵匡胤杯酒释兵权之举……酒始终与人类的政治、经济、军事、文化艺术等紧密相连，逐渐积淀升华成一种精神范畴的文化，成为中华民族传统文化宝库中一颗灿烂的明珠。中国人饮酒，不是为了饮酒而饮酒，更多的是为精神生活，讲究"酒礼""酒德"，讲究天、地、人的合一，注重饮酒的情趣，在饮酒的同时辅之以赋诗作令、猜谜及各种游戏活动，把饮酒升华为高级精神活动。中国人四时八节，红白喜事，来往应酬，无酒不动。从自斟自饮、保健养生、亲朋聚餐、文士雅集、节日庆典、婚丧嫁娶到官场酬酢、军旅出征、敬天祭祖……酒的世俗意味和礼仪价值在中国人的日常生活中处处可见，也酿造了中国审美文化的酒之美。

1. 酒品与酒具之美

饮酒始于选定酒品，好酒需用精美器具。中国人饮酒，酒品的认识和酒具的讲究不可或缺。或"樽酒家贫只旧醅"（杜甫），或"新丰美酒斗十千"（王维），酒美的意识从判别酒品发端。不论是自酿浊酒还是品牌名酒，在选择了酒的种类和香型后，近窥其色泽清浊，摇视其挂杯程度，轻嗅其酒气的清淡或馥郁，进入了感官的全面体验，这是一种综合的美感。饮者选品牌，往往是口味嗜好的认定，酒价的高低并不重要。既可"会须一饮三百杯"（李白），亦可"三杯两盏淡酒"（李清照），其中包含着不计功利的审美心态。

酒具的造型之美是中华酒文化的重要元素。早在商周陶器和甲骨文中已见酒具，《诗经·周南·卷耳》记录了"金罍"和"兕觥"两种材质、样式不同的大容量酒具。"觥"，椭圆形，三足或四足，上部或侧面有提梁。觥的样式非常华丽，盖子都被做成龙、象等大型动物的样式，腹部也雕刻着复杂的花纹。这种酒器均由青铜制成，在商代晚期至西周早期流行。除了觥之外，上古时期还有爵、角、觚、觯、斝、尊、壶、卣、彝等与酒相关的器皿，它们按照功能的不同，可以分为贮酒器、盛酒器和饮酒器三种。酒具的美感对应着不同的心理需求，体现着不同的文化层次。先秦两汉的陶制和青铜酒具大多兼有礼器的功用，造型的端庄高雅体现了中国审美观念中的均衡之美。高雅之士的精觚美壶，平民百姓的粗杯浅盏，隐居高士的随身葫芦，豪杰义士的巨盅海碗甚至持瓶抱坛，酒具在很大程度上成了个性情感和审美标准的象征。

2. 酒风与酒德之美

酒风和酒德是传统道德礼义之美在饮酒中的体现。"酒以成礼，不继以淫，义也"（《左传·庄公二十二年》），酒在中国文化中，自古即与礼仪密不可分。除了敬天祭祖的仪式，日常生活中的酒礼也有具体的规矩。例如，主、宾对饮时要相互跪拜敬酒，主人向客人敬酒称为"酬"，客人回敬主人称为"酢"；敬酒者和被敬者须举杯起立，称为"避席"。晚辈与长辈共饮时只能居次席而称"侍饮"。

时至今日，饮酒不再受到提倡，但是传统的酒文化尤其是其中的文化内涵是历史的客观存在，认识酒文化不是提倡饮酒，而是学习酒文化背后的优秀传统文化。

第十一章 中国民俗风情审美

民俗，即民间风俗，指一个国家或民族中广大民众所创造、享用和传承的生活文化。民俗包括居住、饮食、服饰、生产、交换、交通、婚姻、家庭、村落、结盟、岁时、节日、丧葬、信仰、风尚、礼仪、禁忌等方面的民间风俗习惯。民俗起源于人类社会群体生活的需要，在特定的民族、时代和地域中形成并不断扩布，最终演变为民众的日常生活观念和习惯。民俗一旦形成，就成为规范人们的行为、语言和心理的一种基本力量，同时也是民众习得、传承和积累文化创造成果的一种重要方式。

第一节 中国民俗风情的审美历程

一、居住民俗

居住民俗指一个国家、民族或特定地域的广大民众在居住活动中所创造、享用、传承的属于本群体的独特的民俗习惯模式。由于各地的气候环境、建筑材料和日常生活存在差异，居住习俗也是不同的，其住宅也具有各自不同的特色。举例如下：

四合院：中国最典型的民居建筑。在北京城大大小小的胡同中，坐落着许多由东、南、西、北四面房屋围合起来的院落式住宅，这就是四合院。四合院的布局以南北中心线为主轴，建造的房屋左右对称。院落的北部坐北朝南的房屋为"正房"，多为长辈住所，院的东西两侧房屋为"厢房"，多为晚辈住所，或者用作书房、餐室。正房两侧各有一间较矮的房屋为"耳房"，耳房多为仓库或厨房。

窑洞：黄土高原上居民的古老居住形式，"穴居式"民居的历史可以追溯到四千多年前。在中国陕甘宁地区，黄土层非常厚，有的厚达几十公里，当地民众创造性地利用高原有利的地形，凿洞而居，创造了被称为"绿色建筑"的窑洞建筑。窑洞一般有靠崖式、下沉式、独立式等形式，其中靠山窑较多。这种窑洞冬暖夏凉，保温隔音效果较好。

徽派民居：徽派民居是我国汉族传统民居建筑的一个重要流派，它集中地反映了古徽州的山地特征、风水观念和地域审美倾向。徽式民居结体多为多进院落式集居形式（小型者以三合院式为多），一般坐北朝南，倚山面水，以中轴线对称分列，面阔三间，中为厅堂，两侧为室，徽派民居厅堂前方称天井，采光通风，院落相套，造就出纵深自足型家族生存空间。民居外观整体性和美感很强，高墙封闭，马头翘角，墙线错落有致，黑瓦白墙，色彩典雅大方。在装饰方面，徽州民居的"三雕"之美令人叹为观止，青砖门罩、石雕、漏窗、木雕楹柱与建筑物融为一体，建筑整体精美如诗，堪称徽式民居的一大特色。

客家土楼：客家土楼也称福建土楼，是广东、福建等地的客家人的传统住宅形式。为了防范骚扰，保护家族的安全，客家人创造了这种庞大的民居——土楼。这种土楼多建于明清，但它的起源可追溯至西晋。由于当时中原战争频繁，黄河流域的一部分汉人为了躲避战乱，便渡江南徙，迁至今江西、福建、广东等地，因是外来迁入，故被称为"客家"。客家人把简单的泥瓦房改造成坚固美观的土楼，土楼再逐渐从单层发展成多层。

二、服饰民俗

服饰民俗是人们穿戴的风俗习惯。各民族因在经济生活、文化传统、审美观念、自然环境等方面存在差异，便形成了丰富多彩的服饰民俗，在服饰上呈现出诸多的美。我国有 55 个少数民族，各有各的民族服装。就是在同一民族中，其服饰也还有区域、性别、年龄、时令甚至社会地位的区别。服饰民俗包括四个方面：衣着、各种附加装饰物、对人体自身的装饰，具有装饰作用的生产工具，护身武器和日常用品。在汉族中，陕北农民往往头扎白羊肚毛巾，配以黑色对襟袄、黑裤黑鞋，这就成了黄土高原上典型的农民形象。戴斗笠，头布半遮面，穿短小衣服、宽大裤子的惠安女的服饰形象，则成为福建惠安的著名风俗景观。蒙古族男女老幼都喜爱穿长袍，系腰带，穿蒙古靴；首饰多用玛瑙、珍珠、宝石、金银制成，在逢年过节、喜庆宴会、探亲访友时穿戴；佩挂首饰、戴帽是蒙古族习惯。他们认为头是人体之首，帽子是头衣，扎腰带是重要的礼节，戴帽扎腰表示尊严。

三、饮食习俗

我国各民族的饮食民俗异常丰富多彩，既有营养学价值又有美学价值。总的来说，各民族的主食以稻米、小麦为主，辅以蔬菜、肉食和豆制品等。面食也是出了名的，如山东煎饼、陕西锅盔、山西刀削面、华北抻面、四川担担面、江苏过桥面等都是有名的面制风味食品。中国饮食讲究并善于烹饪，不同地区以炒、烧、煎、煮、蒸、烤和凉拌等烹饪方式，形成了不同的地方风味，于是便有了川、粤、闽、皖、鲁、湘、浙、苏等八大菜系。

四、婚嫁习俗

婚礼是人们生活中的重要礼仪。婚俗文化既是人类文明、人类文化中的一部分，又是人类文明、人类文化发展链条上的一个环节、一种特殊形态。经过几千年的发展和传承，婚礼习俗已经作为一种独特的文化现象植根于整个中华文化之中。学习研究婚俗文化对了解中华民族的优秀传统文化、促进整个民族的发展，具有深刻而深远的意义。中国各民族婚俗有自己民族鲜明特色。在古代，传统的婚俗礼仪有纳采、问名、纳吉、纳徵、请期、亲迎六礼。另据《平阳府志》记载，明清以来，"婚礼各处不同，大约六礼之中，仅存其四：问名、纳采、请期、亲迎而已，亦有不亲迎者。"现今许多独特的婚礼形式还是保存了下来。在陕北一带，娶亲有"压轿"之俗，即有人要坐在去迎亲的轿里，到新娘家才下来，让新媳妇坐进去，而不能让花轿空着。在浙江西部，有抛新娘的水上婚礼，即在鼓乐齐鸣之时，两条披红挂彩的乌篷船互相靠拢，一方将船上的新娘凌空抛过船，由夫家船接住，女方船迅速离去。

五、岁时节日

岁时节日指人们在生产生活过程中为庆祝丰收、纪念某一特殊人物或事件及顺应节气而形成的在特定时间举行的活动。春节是中国民间传统的新年，所以又叫"过年"。在民间，春节活动持续时间很长，由腊月二十四日开始到正月十五日元宵节结束，主要活动有家人团聚、守岁、拜年、贴年画和春联、放爆竹、闹元宵等。壮族的"歌圩节"、彝族的"火把节"、白族的"绕三灵"、傣族的"泼水节"、苗族的"跳场"、阿昌族的"会街"、傈僳族的"刀杆节"等，都是传统民族节日。汉族有春节、灯节、端午节、中秋节等，以及在这些节日里举行的盛大的庆祝活动，如舞龙灯、舞狮子、踩高跷、跑旱船、扭秧歌、赛社、观灯、花会、赛龙舟等。近年来，随着旅游业的发展，许多地方组织节庆来开展旅游活动，吸引游客，如山东潍坊的风筝节、湖南的龙舟节等，充分挖掘民俗风情旅游景观的资源，使旅游审美活动更加丰富多彩。

第二节　中国民俗风情的审美特征

一、出于自然的纯朴美

从民俗文化作品的创作过程来讲，自发性体现在其创作的任性而作、随处可作的特点上。家喻户晓的民间传说、众口传唱的民谣山歌、奔放热情的劳动号子、俯拾皆是的笑话谚语、街头巷尾的杂耍、家家户户墙上的年画、飞梭织就的锦绣、姑娘送情的荷包……这些民俗文化产品，都是劳动人民在生活中自发制作的，用来丰富和美化自身生活的审美产品，它们出于自然、浑然天成，充分体现了民俗文化的自发创造性。事实上，许多民间文化作品是民众在生活实践过程中自发制作、本能创作的结果。这些作品虽然粗糙，但确实体现了自然的纯朴美。

二、人文气息浓厚的娱乐性

民俗有着极其丰富的娱乐内容，包括民间歌舞、民间游戏、民间竞技和民间杂技等内容。游艺民俗和节日民俗集中体现了民俗风情的娱乐性。民众通过参与和欣赏民俗活动，调节身心，开展求偶、社交等活动。每个民族都有很多游艺活动，而在这些游艺活动中往往会有一个大型的游艺活动，受到本民族所有成员的重视。例如，西北蒙古族的那达慕大会是内蒙古地区传统的娱乐节日，旨在庆祝丰收和祈求畜牧兴旺。会上，有赛马、摔跤、射箭、拔河等体育比赛，有歌舞、说唱等表演，还举办各种展览，进行商业交易等。哈萨克族的"叼羊"和"姑娘追"是本族男女酷爱的马上游戏，前者是男子之间的马上角力，竞争激烈，场面壮观；后者是男女之间的爱情游戏。傣族的泼水节，无论男女老少，都提桶端盆，不分民族、亲疏、主客、男女，互相泼水，以此表示祝福。三月节则是云南大理白族的传统节日，邻近许多民族的人们纷纷参加，表演传统的民族文娱体育节目，也进行物资交流。此外，传统节目还有维吾尔族的"达瓦兹"，东北满族的长鼓舞、跳板和荡秋千等，形式多样，丰富多彩。

三、内涵深厚的意蕴美

民俗风情的文化性和精神性是指民俗体现了一个民族、一个地区民众的文化意识和精神追求。人们通过传统的民族节日或追溯本族历史，或纪念本族英雄，或表达对土地的热爱和敬畏，无不具有充实的文化内涵和精神追求。各个民族通过本民族的传统节日，既增强了本族的团结意识，也体现了本族的精神信仰和价值观。例如，汉族的元宵节是汉族传统节日的大节，踩高跷、舞龙灯、耍狮子、打腰鼓、扭秧歌等活动，寄托了人们对新年的祝福。西北地区信仰伊斯兰教的少数民族的宰牲节是穆斯林传统节日的大节，人们在这一天宰牲献祭，以表达对真主的信仰。

四、主客互动的参与性

绝大多数游乐民俗是一种动态变化的且具有很高的审美价值的景观，不但有极强的观赏性，而且还有较大的参与性。旅游者可以亲身领略民俗活动的魅力，旅游者都可以直接参与其中。扭秧歌是汉族人民的代表性民间舞蹈，有东北秧歌、河北秧歌、胶州秧歌等种类，多在农闲或新年时化妆表演。表演时，秧歌队员左手舞绸，右手舞扇，踩着锣鼓点走场；歌手则伴随着唢呐、锣鼓声，演唱民歌。游客可参与活动，共同分享秧歌舞的快乐。这也是广大中外游客喜欢中国民俗旅游的主要原因。近年来，大连推出的渔村乡俗旅游、山东潍坊的千里民俗游览、江西鄱阳湖的连家船婚礼观赏游等，都是参与性很强的民俗文化旅游活动。

第十二章 中国传统戏曲的审美

　　中国传统戏曲、古希腊悲喜剧、印度梵剧，被共同誉为世界古代三大戏剧流派。中国戏曲起源于原始歌舞，是一种历史悠久的综合性舞台艺术样式。中国传统戏曲由文学、音乐、舞蹈、美术、武术、杂技及表演艺术综合而成，传统剧目数以万计。比较流行的著名剧种有京剧、昆曲、越剧、豫剧、湘剧、粤剧、秦腔、川剧、评剧、晋剧、汉剧、潮剧、闽剧、河北梆子、黄梅戏、湖南花鼓戏等五十多个剧种，其中京剧的影响最广泛，遍及全国，不受地区所限。中国戏曲讲究唱、做、念、打，富于舞蹈性，技术性很高，形成了有别于其他戏剧的完整戏曲艺术体系。

第一节 中国传统戏曲的审美历程

一、中国戏曲的起源——傩戏

　　原始社会，原始人类总将无法理解的自然现象归结为无形的力量的操控，认为是鬼怪在作祟。于是，人们借助可怕的形象来驱逐恶魔，形成了一种祭祀仪式——"傩"。随着祭祀仪式的不断发展，出现了专职的巫（女性）、觋（男性），从事侍奉天地鬼神和为人占卜、祈祷的活动，也即承担人与鬼神之间互相沟通的使命。在祭祀活动中，这些巫觋装扮成神，且歌且舞。他们歌舞的目的不仅在于娱神，也在于娱人。巫觋祀神的乐舞已经非常接近中国戏剧的初级形态。屈原的《九歌》是据此乐歌改作或加工而成的。《楚辞·九歌·云中君》中有"灵连蜷兮既留，烂昭昭兮未央"的诗句，描写的是巫觋祀舞的情景。以傩戏为代表的祭祀仪式为中国戏剧的发展奠定了基础。

二、中国戏曲的发展期

1. 汉代至隋代的百戏散乐

中国封建制度的建立，统一封建国家的产生，为戏剧的发展提供了稳定的环境。汉代的物阜民丰带动了艺术的繁荣。由各种杂技幻术、装扮人物或动作的歌舞、简单的叙事表演等古代乐舞、杂技表演集成的"百戏"，在汉武帝时达到极盛。张衡《西京赋》里描述过"总会仙倡"的演出场景，规模宏大、场面恢宏，这说明汉代百戏演出艺术达到相当高的水平。百戏当中最具戏剧因素的是角抵戏（大角抵），其中最出色的是《东海黄公》，演出时一人扮黄公，一人扮老虎进行角斗竞技，以规定的情节（黄公最后因法术失灵而被老虎杀死）去表现内容。可以说，《东海黄公》的演出具备了原始的戏剧形态，在中国戏剧史上具有重要意义。

南北朝以后，称百戏为"散乐"。其中《大面》（一称"代面"，又以故事内容名之《兰陵王》）、《踏摇娘》等以歌舞表演为主的歌舞小戏在演出形式（歌舞结合，唱白互用等）上和道具（面具、脸谱）的使用上对后世戏剧发展产生了重大影响。隋代百戏重兴，炀帝时"总追四方散乐，大集东都"，戏场绵延八里，演出盛况空前。百戏在唐代和北宋时期仍较流行。

2. 唐代的歌舞参军戏

盛唐时期，南北方文化的空前融汇，中外文化的大规模交流，为文学艺术的繁荣发展创造了良好的社会氛围。歌舞戏沿着《代面》《踏摇娘》等线索的流传日臻精妙，戏剧效果十分强烈；而由先秦俳优滑稽表演衍变发展而来的参军戏则成为唐代最主要的戏剧样式。参军戏以讽刺贪官参军（官职名）创制，有参军（被嘲弄者）、苍鹘（从旁戏弄者）二角色，以表演科白为主，以后逐渐加进歌舞及弦管鼓乐等内容，并有女演员参加表演歌唱。参军戏的"脚色"（角色）行当分类比较清楚（参军、苍鹘分别相当于后来净、丑二角），而且在情节上有较为固定的设计安排。参军戏在唐代流传非常广泛，唐代李商隐《骄儿诗》就有"忽复学参军，按声唤苍鹘"之句。

3. 勾栏瓦肆与宋杂剧

在宋代，唐"参军戏"和其他歌舞杂戏进一步发展融合，遂形成了宋杂剧。其副本一般由艳段、正杂剧和杂扮三部分组成，出场角色有末泥（男主角）、引戏（女生角）、副净（被调笑者）、副来（调笑者），或添装孤（扮演官人）一人。宋杂剧虽仍是滑稽短剧，但所形成的戏剧结构、角色行当等方面都已经具备中国戏剧的雏形，更加接近成熟的戏剧形态。宋杂剧的出现不是偶然的。宋代都市里已经有了固定的大型游艺场所——勾栏瓦肆。瓦肆又称"瓦舍""瓦子"，内设大小勾栏（用各种花纹图案勾连起来的栏杆，借以圈出演出场地）。勾栏瓦肆汇集各种民间技艺，吸引一批"书会才人"与艺人们共同创造。在这样的条件下，宋杂剧应运而生，成为当时非常盛行的戏剧艺术形式。周密《武林旧事》所载"官本杂剧段数"凡 280 本。

三、中国戏曲的繁荣期

元代是中国戏剧史上的黄金时代。元代戏剧凭借北曲杂剧（元杂剧）和南曲戏文（南戏）呈现出的成熟戏剧艺术形态和涌现出的大量杰出戏剧作品，成为当时文学艺术发展的主流，为中国戏剧发展开启了新的天地。

明清时期，传奇继承了元代戏剧艺术成就，尤其是沿着南戏的发展脉络，占领了明代初年至清代后期近 400 年的戏曲舞台。

清康熙末叶，各地的地方戏蓬勃兴起，被称为"花部"。乾隆年间，开始与称为"雅部"的昆剧争胜。至乾隆末叶，花部压倒雅部，占据了舞台统治地位，直至道光末叶。这 150 多年就是清代地方戏的时代。1840 年至 1919 年的戏曲称近代戏曲，内容包括同治、光绪年间形成的京剧，以及 20 世纪初出现的一段戏曲改良运动。

"五四"新文化运动中，传统戏曲受到激烈的批判，此后戏曲便进入现代戏曲时代。京剧的形成是清代地方戏发达的结果，而京剧成为全国性的代表剧种后，并没有压抑地方戏的发展。从清代地方戏的繁荣到京剧的形成与发展这一阶段，是中国戏曲极度繁盛的时期。

第二节　中国戏曲的主要种类

中国戏曲比较著名的戏曲种类有京剧、昆曲、越剧、豫剧、粤剧、淮剧、川剧、秦腔、评剧、晋剧、湘剧、黄梅戏等。其中京剧、评剧、豫剧、越剧、黄梅戏被称为"五大剧种"。

一、京剧

京剧之名始见于清光绪二年（1876 年）的《申报》，历史上曾有皮黄、二黄、黄腔、京调、京戏、评剧、国剧等名称。清乾隆五十五年（1790年）；四大徽班进京后与北京剧坛的昆曲、汉剧、弋阳、乱弹等剧种经过多年的融汇，并与来自湖北的汉调艺人合作，同时又接受了昆曲、秦腔的部分剧目、曲调和表演方法，吸收了一些地方民间曲调，通过不断的交流、融合，最终形成了京剧。京剧形成后，在清朝宫廷内开始快速发展，民国时期空前繁荣，时有"国剧"之称。现在它仍是具有全国影响的大剧种。京剧角色的行当划分比较严格，归为生、旦、净、丑四大行当。京剧较擅长于表现历史题材的政治、军事斗争，故事大多取自历史演义和小说话本。既有整本的大戏，也有大量的折子戏，此外还有一些连台本戏。京剧流派纷呈、行当全面、表演成熟、气势宏大，是近代中国汉族戏曲的代表。

二、昆剧

昆剧是中国古老的戏曲声腔、剧种。在历史的演变过程中，昆剧曾经有昆山腔（简称"昆腔"）、昆调、昆曲、南曲、南音、雅部等各种不同的名称。一般而言，着重表达戏曲声腔时称"昆山腔"，表达乐曲，尤其是脱离舞台的清唱时用"昆曲"，称表演艺术的戏曲剧种为"昆剧"。昆剧的产生，不仅是昆腔自身发展的成熟标志，还是中国戏曲发展成熟的标志。昆剧是受文人雅士、艺术专家精心呵护培育的特殊戏曲品种，昆剧音乐使用曲牌体音乐结构，经典曲目有《牡丹亭》《长生殿》《单刀会》等。

三、越剧

越剧发源于浙江嵊州，发祥于上海，繁荣于全国，流传于世界。越剧在发展中汲取了昆曲、话剧、绍剧等特色剧种之大成，经历了由男子越剧到女子越剧为主的历史性转变。越剧长于抒情，以唱为主，声音优美动听，表演真切动人，唯美典雅，极具江南灵秀之气；多以"才子佳人"题材为主，艺术流派众多，公认的就有十三大流派之多。越剧主要流行于上海、浙江、江苏、福建、江西、安徽等广大南方地区，以及北京、天津等北方地区。

四、豫剧

豫剧是在河南梆子的基础上经过不断继承、改革、创新发展起来的。因河南简称"豫"，故称豫剧。豫剧产生于地势平坦、沃野千里的中原大地。豫剧豪放，以呐喊为主调，具有平原地区的特色。豫剧以唱腔铿锵大气、抑扬有度、行腔酣畅、吐字清晰、韵味醇美、生动活泼、有血有肉、善于表达人物内心情感著称，凭借其高度的艺术性而广受各界人士欢迎。因其音乐伴奏用枣木梆子打拍，故早期得名河南梆子。据文化部统计，除河南省外，湖北、安徽、江苏、山东、河北、北京、山西、陕西、四川、甘肃、青海，以及新疆维吾尔自治区、台湾等省市区都有专业豫剧团分布。

五、评剧

评剧是中国京东唐山的传统戏剧，1909 年左右形成于唐山，习称"蹦蹦戏"或"落子戏"，又有平腔梆子戏、唐山落子、奉天落子、平戏、评戏等名称。1935 年，蹦蹦戏在上海演出时，因为上演剧目多有"惩恶扬善""评古论今"的新意，便采纳名宿吕海寰的建议，改称"评剧"。1936 年，白玉霜在上海拍影片《海棠红》时，新闻界首次把"评剧"的名称刊载于《大公报》，从此，评剧的名字传遍全国。评剧的艺术特点是：以唱功见长，吐字清楚，唱词浅显易懂，演唱明白如诉，表演生活气息浓厚，有亲切的民间味道。它的形式活泼、自由，最善于表现当代人民生活，因此城市和乡村都有大量观众。

六、黄梅戏

黄梅戏，原名黄梅调、采茶戏等，起源于湖北黄梅，发展壮大于安徽安庆。黄梅戏是安徽省的主要地方戏曲剧种，湖北、江西、福建、浙江、江苏、香港、台湾等地亦有黄梅戏的专业或业余的演出团体，受到了广泛的欢迎。黄梅戏唱腔淳朴流畅，以明快抒情见长，具有丰富的表现力；表演质朴细致，以真实活泼著称。一曲《天仙配》让黄梅戏流行于大江南北，黄梅戏在海外亦有较高的声誉。

第三节 中国传统戏曲的美学特征

综合性、虚拟性、程式性，是中国传统戏曲的主要审美特征。这些特征，凝聚了中国传统文化的美学思想精髓，构成了独特的戏剧观，使中国戏曲在世界戏曲文化的大舞台上闪耀着独特的艺术光辉。

一、综合之美

正如王国维在《宋元戏曲考》中所说："戏曲者，谓以歌舞演故事也。

然后代之戏剧，必合言语、动作、歌唱，以演一故事，而后戏剧之意义始全。"中国戏曲是一种高度综合的民族艺术。以歌舞演故事，一开始就是形成中国戏剧特征的根本因素，也是其区别于西方话剧的最本质特征。它把曲词、音乐、美术、表演的美熔铸为一体，既有音乐的旋律节奏，又有舞蹈的律动意蕴，还有诗词歌赋的文采、绘画的直观美感。同时，这种综合性不仅表现在它融汇各个艺术门类（诸如舞蹈、杂技等）而出以新意方面，而且还体现在它精湛深厚的表演艺术上。各种不同的艺术因素与表演艺术紧密结合，通过演员的表演实现戏曲的全部功能。其中，唱、念、做、打便是戏曲综合性最集中、最突出的体现。唱，指唱腔技法，讲究"字正腔圆"；念，即念白，是朗诵技法，要求严格，所谓"千斤话白四两唱"；做，指做功，是身段和表情技法；打，指表演中的武打动作，是在中国传统武术基础上形成的舞蹈化武术技巧组合。这四种表演技法有时相互衔接，有时相互交叉，构成方式视剧情需要而定，但都统一为综合整体，体现出和谐之美，充满着音乐的节奏美感。

二、传神写意之美

中国戏曲在处理艺术与生活的关系上不是一味追求形似，而是努力追求传神写意之美，达到神似。所谓"神似"，是指演员用一种变形的方式来比拟现实环境或对象，借以表现生活。中国戏曲艺术有着一整套虚拟性的表现方法，所谓"三五步行遍天下，六七人百万雄兵""顷刻间千秋事业，方丈地万里江山""眨眼间数年光阴，寸柱香千秋万代"。在舞台上，十万八千里路程只要走一个圆场就可抵达；漫漫长夜，几声更鼓就可以夜尽天明；千军万马，四个龙套即可代表。武打京剧《三岔口》，一张桌子放在舞台正中央，表示旅店的一个房间。舞台上虽然灯光明亮，但通过两个人的表演，表现的却是发生在一个黑暗屋子里的故事。《女起解》中苏三与崇公道，二人从洪洞到太原，百里行程，二人边说边走，片刻就到了太原。戏曲情节中所用的道具和布景也多是虚拟。如举杯做出饮酒动作即是喝酒，挥舞一根马鞭即是骑马，手握船桨表演即是乘船，新娘子出嫁亦无须花轿，只需轿夫和新娘配合做出抬轿、乘轿的程式化动作就是热闹的出嫁场面。《拾玉镯》是从生活中提炼出来的一些实例，演员一系列程式化的表演让观众从舞台上仿佛看到虚拟的赶鸡、喂鸡、搓绳、缝纫等生活场景。《打渔杀家》这出戏，萧恩和桂英这父女俩一出场，每人手里只各自拿了一件船具，观众即知道他们是在船上。戏台上表演骑马只是用一根马鞭，这种鞭子跟真正的马鞭也差得很远，可是观众却能被它吸引住，把它看成一匹真马的代表。

这种表演可以说把舞台的假定性发挥到了极致，也为戏曲观众所接受，审美主体与客体已达成了一种默契。

中国戏曲的虚拟性，既是戏曲舞台简陋、舞美技术落后的局限性带来的结果，也是追求神似、以形写神的民族传统美学思想积淀的产物。这是一种美的创造。它极大地解放了作家、舞台艺术家的创造力和观众的艺术想象力，从而使戏曲的审美价值获得了极大的提高。

三、程式之美

中国戏曲表演必须遵循一定的程式规则，舞台上不允许有自然形态的原貌出现。一切自然形态的戏剧素材，都要按照美的原则予以提炼、概括、夸张、变形，使之成为节奏鲜明、格律严整的技术格式，即程式。中国传统戏曲舞台上所表现的一切，都是程式化的，演唱中的板式、曲牌、锣鼓经，念白中的韵味、声调，表演中的身段、手势、步法、功架，武打中的各种套子，以至喜怒哀乐、哭笑惊叹等感情的表现形式，无一不是生活中的语言声调、心理变化和形体动作的规律化呈现，即程式化的表现。除了表演程式外，戏曲在剧本形式、角色行当、音乐唱腔、化妆服装等各个方面，都有一定的程式。脸谱、蟒袍、帽翅、翎子、水袖、长胡子，厚底靴、兰花手，以及各式各样的兵器、道具，无不具有程式之美。

1. 动作的规范化

我国戏曲中程式化运用在很多地方，来自生活又高于生活，具有独特的表演形式，如用梳妆、更衣、开门、关门、行路、乘马、坐轿等程式化动作来表现生活的千姿百态；用眼神、指法、水袖、扇子等表现人物的喜怒哀乐；用趟马、挥鞭、打出手、各路枪花等表现出征场景等。程式是戏曲反映生活的一种形式，它直接或间接来自生活。表演程式就是生活动作在戏曲表演中的规范化，如旦角出场时提领、摸鬓发等动作就是从生活中提炼出来的。旧时妇女头上簪花插翠，佩戴首饰活动时难免松动，用手按一按是生活中妇女常有的动作，用于舞台，久而久之，就形成了旦角出场时必不可少的程式动作。

2. 角色行当体制化

每个剧种都有自己的分行习惯，因此支系林立，名目繁多。以京剧为例，京剧的角色分为生、旦、净、丑四大行当，每基本行又可再分，且可再分为青衣、花旦、花衫、武旦、刀马旦等，每一行对角色特有的性格、道德品格和唱腔、念白都有具体规定。青衣也叫"正旦"，多演温柔贤惠、端庄典雅的青中年女性，通常命运波折，因常穿青色褶子而得名。青衣用假嗓，以唱为主，说韵白。花旦大多是小家碧玉或丫鬟，性格天真烂漫、活泼俏皮，服装颜色鲜艳，多穿不带水袖的上衣，配长裙或裤子。

3. 脸谱模式化

脸谱是中国戏曲独特的造型艺术，它以夸张的手法，运用各种不同的色彩和图案勾勒脸部来表现人物的忠奸、善恶、美丑及其性格特征，形成了基本固定谱式。戏曲脸谱艺术历史悠久，脸谱的起源与面具关系密切，人类早期的战争面具、傩舞面具、汉代百戏假面具都是戏剧脸谱的远祖。京剧兴起后，脸谱造型日臻完善，在构图上奠定了基本谱式，各类角色的脸谱进一步精致化、多样化，但仍然保持着传统脸谱的基本特点。

脸谱是千百年来中国戏曲艺术高度凝练的体现之一，中国传统戏曲脸谱有许多的颜色，这些颜色都代表一定的含义。传统戏曲脸谱的颜色是以一种颜色象征某个人物的品质、性格、气度，这种颜色称为"主色"，它是一个脸谱最主要的直觉表现手段。艺术家用红、蓝、白、黑、金、紫、银等颜色，以夸张的手法，突出剧中的人物形象。表现在形、神、意三个方面，寓意褒贬，爱憎分明，表现出人物的忠、奸、善、恶等。

中国传统戏曲脸谱的各种颜色分别代表的意义为：

红色：代表忠贞、英勇的人物性格，如黄飞虎、关羽。

蓝色：代表刚强、骁勇、有心计的人物性格，如窦尔敦。

黑色：代表正直、无私、刚直不阿的人物形象，如包拯。

白色：代表阴险、疑诈的人物形象，如曹操。

绿色：代表顽强、暴躁的人物形象，如武天虬。

黄色：代表骁勇、凶猛的人物，如宇文成都。

紫色：代表刚正、稳练、沉着的人物。

金色、银色：代表各种神怪形象。

4. 服装的同一化

以京剧为例，京剧中的服饰装扮也是程式化的，京剧服装大体上分为蟒、靠、褶、帔、衣五大类，其中地位最高的是"蟒"。蟒是戏剧中帝王将相、后妃公主等身份高贵者出席庄重场合的礼服。黄色蟒衣为皇帝所专用。蟒服源于明代的"蟒衣"，与皇帝的龙袍款式相同，因民间有"五爪为龙，四爪为蟒"的说法，所以蟒衣所绣之龙少了一爪。蟒上龙形图案和色彩的有机搭配，既体现了京剧巧妙运用服装塑造人物的高超艺术，也体现出戏曲程式化特点。

戏曲程式不仅体现在表演之中，还表现在角色行当、音乐唱腔、化妆服装，乃至剧本形式等方面，可以说在戏曲中程式无处不在。它在戏曲中被广泛运用，戏曲因而既反映生活，又与生活存在一定的距离；既取材于生活又与生活形态有所不同，它比生活更美、更精彩、更集中、更夸张，因此具有一种特殊的色彩与独特的美感。

高度的综合性、具有东方艺术之美的写意性和色彩独特的程式性是戏曲的三大特点，戏曲的独特艺术之美因此而生，它奠定了戏曲别具一格的美学品位和艺术价值。

第四节　中国经典传世名剧欣赏

一、《窦娥冤》

《窦娥冤》是元代戏曲家关汉卿的杂剧代表作，也是元杂剧悲剧的典范。此剧讲述了一位穷书生窦天章为还高利贷将女儿窦娥抵给蔡婆婆做童养媳，不出两年窦娥的夫君早死。张驴儿要蔡婆婆将窦娥许配给他不成，将毒药下在汤中要毒死蔡婆婆，结果误毒死了张父。张驴儿反而诬告窦娥毒死了其父，昏官桃杌最后做成冤案将窦娥处斩，窦娥临终发下"血染白绫、天降大雪、大旱三年"的誓愿。窦天章最后科场中第，荣任高官，回到楚州听闻此事，最后为窦娥平反昭雪。

《窦娥冤》是中国著名悲剧之一，是一出具有较高文化价值、广泛群众基础的传统名剧，约有八十六个剧种改编、演出过此剧。

经典唱词：

【滚绣球】有日月朝暮悬，有鬼神掌着生死权。天地也，只合把清浊分辨，可怎生糊突了盗跖、颜渊。为善的受贫穷更命短，造恶的享富贵又寿延。天地也，做得个怕硬欺软，却原来也这般顺水推船。地也，你不分好歹何为地？天也，你错勘贤愚枉做天！哎，只落得两泪涟涟。

二、《西厢记》

《崔莺莺待月西厢记》（简称《西厢记》，又称《王西厢》《北西厢》）是元代王实甫创作的杂剧，大约写于元贞、大德年间。全剧叙写了书生张生（张君瑞）与相国小姐崔莺莺在侍女红娘的帮助下，冲破孙飞虎、崔母、郑恒等人的重重阻挠，终成眷属的故事。该剧具有很浓的反封建礼教的色彩，作者写青年人对爱情的渴望，写情与欲的不可遏制与正当合理，写青年人自身的愿望与家长意志的冲突，表达了"愿天下有情的都成了眷属"的爱情观。全剧体制宏伟，用了5本20折连演了一个完整的故事，这在古代杂剧中是罕见的。该剧情节引人入胜，形象鲜明生动，文采斐然，极具诗情画意。

经典唱词：

【正宫·端正好】碧云天，黄花地，西风紧，北雁南飞。晓来谁染霜林醉，总是离人泪。

三、《汉宫秋》

《汉宫秋》为元代马致远创作的历史剧，全名《破幽梦孤雁汉宫秋》。该剧讲述汉元帝派毛延寿去民间挑选宫女，毛延寿借机收受贿赂，中饱私囊。王昭君因不肯向毛延寿行贿，被毛延寿画丑，因而被打入冷宫。后汉元帝巡视后宫偶然得见王昭君，遂加以宠爱，并封为明妃。毛延寿自知罪责难逃，投奔匈奴，并献昭君美图于呼韩邪单于，致使呼韩邪单于向元帝索要昭君为妻，不从则兵戎相见。汉朝文武百官畏惧匈奴，劝元帝忍痛割爱，以美人换取和平。元帝无奈，只得让昭君出塞，并亲自到灞桥送别。汉元帝回宫后，心情无比悲痛。而昭君不舍故国，在汉蕃交界处投水而死。

剧本以历史上的昭君出塞故事为题材，但对题材进行了艺术处理：故事发生的时代背景由汉强改为汉弱，人物身份由普通宫女改为汉元帝宠妃，原因也由选赐招亲改为小人出卖，态度由主动请求和亲改为被迫和亲，结局由贯彻和亲政策改为投水而死。通过对题材的整理，作者有意抒写家国衰败之痛，阐发在乱世中失去美好生活而生发的困惑和悲凉的人生感受。可以说，《汉宫秋》寄寓了作者对现实生活的感受。《汉宫秋》不以激烈的冲突、曲折的情节取胜，而以感人的抒情、优美的曲文见长，是一部典型的诗剧。

经典唱词：

第三折【梅花酒】呀！俺向着这迥野悲凉。草已添黄，兔早迎霜。犬褪得毛苍，人搠起缨枪，马负着行装，车运着糇粮，打猎起围场。他、他、他，伤心辞汉主；我、我、我，携手上河梁。他部从入穷荒；我銮舆返咸阳。返咸阳，过宫墙；过宫墙，绕回廊；绕回廊，近椒房；近椒房，月昏黄；月昏黄，夜生凉；夜生凉，泣寒蛩；泣寒蛩，绿纱窗；绿纱窗，不思量！

四、《赵氏孤儿》

《赵氏孤儿》，元朝杂剧，作者为纪君祥。《赵氏孤儿》是一部历史剧，情节主要取材于《史记》《左传》等史籍。

此剧是一部悲剧，内容取材于春秋时期晋国的历史事件"下宫之难"，但并非按照历史事实撰写，对历史上的人物关系做了修改。戏剧情节叙述春秋时期晋贵族赵氏被奸臣屠岸贾陷害而惨遭灭门，幸存下来的赵氏孤儿赵武长大后为家族复仇的故事。先是赵氏孤儿的妈妈（晋灵公的女儿）把孤儿托付给一位经常出入驸马府的民间医生程婴，为了消除程婴对于泄密的担忧，自己立即自缢身死；程婴把赵氏孤儿藏在药箱里，企图带出宫外，被守门将军韩厥搜出，没料到韩厥也深明大义，放走了程婴和赵氏孤儿，自己拔剑自刎；屠岸贾得知赵氏孤儿逃出，竟然下令杀光全国一月以上、半岁以下的婴儿，违抗者杀全家诛九族；程婴为了拯救赵氏孤儿，决定献出自己的独子，以代替赵氏孤儿，并由自己承担"窝藏"的罪名，一起赴死；原晋国大夫公孙杵臼以年迈之躯代替程婴承担隐藏赵氏孤儿的罪名，然后撞阶而死……20年后，程婴告诉了赵氏孤儿这一切，他把复仇的烈火射向了血债累累的屠岸贾。

全剧围绕"搜孤救孤"这一中心，展开了正义与邪恶、忠与奸的较量，情节惊心动魄。剧中强调"赵家枝叶千年永"正好替赵家出力做先锋，正是忠宋反元思想的表现。剧中英雄义士视死如归，前仆后继，正是中华民族英勇不屈的民族性格的反映，洋溢着一种悲壮的崇高美。《赵氏孤儿》情节紧张曲折，波澜起伏，戏剧冲突尖锐激烈，气氛紧张，始终扣人心弦。因此，戏剧效果特别强烈。18世纪此剧传入欧洲，1731年马若瑟译成法文，伏尔泰译改为《中国孤儿》（五幕《孔子的伦理》），认为"这出中国戏，无疑是胜过我们同时代的作品的"，歌德则将其改编为《中国英雄》。

五、《琵琶记》

《琵琶记》是元朝末年高明所创作的一部著名南戏，主要讲述书生蔡伯喈与赵五娘的爱情故事。琵琶记系改编自民间南戏《赵贞女》（更早时还有金院本《蔡伯喈》），但原故事中背亲弃妇的蔡伯喈变成了全忠全孝的人物。故事讲述了一位书生蔡伯喈在与赵五娘婚后想过幸福生活，其父蔡公不从。伯喈被逼赶考状元后又被要求与丞相女儿结婚。蔡伯喈为官后，家里遇到饥荒，其父母双亡，他并不知晓。他想念父母，欲辞官回家，朝廷却不允。赵五娘一路行乞进京寻夫，最后终于找到，结局圆满。

在封建时代，恪守道德纲常的知识分子，经常陷入情感与理智，个人意愿与门第、伦理的冲突之中。《琵琶记》在刻画人物方面取得了卓越的成就，形象具有典型意义。蔡伯喈在维护孝道伦理的动机下得到了违背孝道伦理的结果。作品揭示了封建伦理自身的不合理性，同时还写出了蔡伯喈的矛盾性格、精神痛苦，反映了知识分子的软弱性和复杂心态。赵五娘是剧中被塑造得最为动人的形象，她温顺善良、吃苦耐劳、忘我牺牲、坚韧不拔，在她身上，体现了中国劳动妇女的传统美德。作者为了塑造人物，摆脱了单线平涂的类型化的写法，多角度地展示人物个性和内心世界，在形象创作史上揭开了新一页。剧中语言的运用相当出色，其曲白既接近口语，又富于文采，还能根据剧中不同人物的身份和处境，写出不同风格的曲词。

经典唱词：

【前腔】糠和米，本是两倚依，谁人簸扬你作两处飞？一贱与一贵，好似奴家共夫婿，终无见期。丈夫，你便是米么，米在他方没寻处。奴便是糠么，怎的把糠救得人饥馁？好似儿夫出去，怎的教奴，供给得公婆甘旨？（不吃放碗介）（唱）

六、《牡丹亭》

《牡丹亭》是明代汤显祖的代表作，也是中国戏曲史上浪漫主义的杰作，与《崔莺莺待月西厢记》《感天动地窦娥冤》《长生殿》合称中国四大古典戏剧。作品通过杜丽娘和柳梦梅生死离合的爱情故事，表达了追求个人幸福、呼唤个性解放、反对封建制度的浪漫主义理想，感人至深。沈德符《顾曲杂言》说："《牡丹亭梦》一出，家传户诵，几令《西厢》减价。"

《牡丹亭》的主要内容是：贫寒书生柳梦梅梦见在一座花园的梅树下立着一位佳人，说同他有姻缘之分，从此经常思念她。南安太守杜宝之女名丽娘，才貌端妍，从师陈最良读书。她由《诗经·关雎》章而伤春寻春，从花园回来后在昏昏睡梦中见一书生持半枝垂柳前来求爱，两人在牡丹亭畔幽会。杜丽娘从此愁闷消瘦，一病不起。她在弥留之际要求母亲把她葬在花园的梅树下，嘱咐丫鬟春香将其自画像藏在太湖石底。其父升任淮阳安抚使，委托陈最良葬女并修建梅花庵观。三年后，柳梦梅赴京应试，借宿梅花庵观中，在太湖石下拾得杜丽娘画像，发现杜丽娘就是他梦中见到的佳人。杜丽娘魂游后园，和柳梦梅再度幽会。柳梦梅掘墓开棺，杜丽娘起死回生，两人结为夫妻，前往临安。杜丽娘的老师陈最良看到杜丽娘的坟墓被发掘，就告发柳梦梅盗墓之罪。柳梦梅在临安应试后，受杜丽娘之托，送家信传报还魂喜讯，结果被杜宝囚禁。发榜后，柳梦梅由阶下囚一变而为状元，但杜宝拒不承认女儿的婚事，强迫她离异，纠纷闹到皇帝面前，杜丽娘和柳梦梅二人终成眷属。

杜丽娘是中国古典文学里继崔莺莺之后出现的最动人的妇女形象之一，作者通过杜丽娘与柳梦梅的爱情婚姻，表达了要求个性解放、爱情自由、婚姻自主的主张，暴露了封建礼教对人们幸福生活和美好理想的摧残。

《牡丹亭》除了有深刻的思想内涵外，其艺术成就也是非常卓越的。一是把浪漫主义手法引入传奇创作，艺术构思具有离奇跌宕的色彩，情节离奇，曲折多变。二是在人物塑造方面注重展示人物的内心世界，发掘人物内心幽微细密的情感，使之形神毕露，从而赋予人物形象以鲜明的性格特征和深刻的文化内涵。三是语言浓丽华艳，意境深远。

经典唱词：

【皂罗袍】原来姹紫嫣红开遍，似这般都付与断井颓垣。良辰美景奈何天，赏心乐事谁家院！恁般景致，我老爷和奶奶再不提起。〔合〕朝飞暮卷，云霞翠轩；雨丝风片，烟波画船——锦屏人忒看的这韶光贱！〔贴〕是花都放了，那牡丹还早。

七、《长生殿》

长生殿是清初剧作家洪昇所创作的剧本，取材自唐代诗人白居易的长诗《长恨歌》和元代剧作家白朴的剧作《梧桐雨》，讲的是唐玄宗和贵妃杨玉环之间的爱情故事，但他在原来题材上发挥，演绎出两个重要的主题：一是极大地增加了当时的社会和政治方面的内容；二是改造和充实了爱情故事。作者批判了他们爱情生活所带来的政治后果，却又歌颂他们的爱情生活，同情他们的爱情悲剧。

故事描写唐玄宗宠幸贵妃杨玉环，终日游乐，将其哥哥杨国忠封为右相，三个姐妹都封为夫人。但后来唐玄宗又宠幸其姐姐虢国夫人，私召梅妃，引起杨玉环不快，最终两人和好，于七夕之夜在长生殿对着牛郎织女星密誓永不分离。为讨杨玉环的欢心，唐玄宗不惜耗费大量人力物力从海南岛为杨玉环采集新鲜荔枝，一路踏坏庄稼无数。由于唐玄宗终日和杨玉环游乐，不理政事，宠信杨国忠和安禄山，导致安禄山造反，唐玄宗和随行官员逃离长安。行至马嵬坡，军士哗变，强烈要求处死罪魁杨国忠和杨玉环，唐玄宗不得已让高力士用马缰将杨玉环勒死。杨玉环死后深切痛悔，受到神仙的原谅，织女星说："既悔前非，诸愆可释。"郭子仪带兵击溃安禄山，唐玄宗回到长安后，日夜思念杨玉环，闻铃肠断，见月伤心，对着杨玉环的雕像痛哭，派方士去海外寻找蓬莱仙山，最终感动了天孙织女，使两人在月宫中最终团圆。

经典唱词：

【前腔】淅淅零零，一片凄然心暗惊。遥听隔山隔树，占合风雨，高响低鸣。一点一滴又一声，一点一滴又一声，和愁人血泪交相迸。对这伤情处，转自忆荒茔。白杨萧瑟雨纵横，此际孤魂凄冷。鬼火光寒，草间湿乱萤。只悔仓皇负了卿，负了卿！我独在人间，委实的不愿生。语娉婷，相将早晚伴幽冥。一恸空山寂，铃声相应，阁道峻嶒，似我回肠恨怎平！

八、《桃花扇》

《桃花扇》是中国清代著名的传奇剧本，作者是孔尚任，是他经历十余年三易其稿而完成的。此剧表现了明末时以复社文人侯方域、吴次尾、陈定生为代表的清流同以阮大铖和马士英为代表的权奸之间的斗争，揭露了南明王朝政治的腐败和衰亡原因，反映了当时的社会面貌。即作者自己所说：借离合之情，写兴亡之感，实事实人，有凭有据。通过侯方域和李香君悲欢离合的爱情故事，表现南明覆亡的历史，并总结明朝亡国的历史经验，表现了丰富复杂的社会历史内容。

明思宗崇祯末年，"明末四公子"之一的侯方域来南京参加科举考试，落第未归，寓居莫愁湖畔，经杨龙友介绍结识李香君，两人情好日密。订婚之日，侯方域题诗扇为信物以赠香君。当时隐居南京的魏忠贤余党阮大铖正为复社士子所不容，得知侯方域手头拮据，遂以重金置办妆奁，托其结拜兄弟杨龙友送去以笼络侯方域，意欲借以缓和与复社的关系，被李香君看破端倪，义形于色，退回妆奁，阮大铖因此怀恨在心。李自成攻占北京，马士英、阮大铖在南京拥立福王登基，改元弘光，擅权乱政，排挤东林、复社士子。时镇守武昌的宁南侯左良玉以"清君侧"为名兵逼南京，弘光小朝廷恐慌。因左良玉曾得侯方域之父提拔，侯方域遂写信劝阻，却被阮大铖诬陷为暗通叛军，侯方域为避害只身逃往扬州，投奔督师史可法，参赞军务。阮大铖等逼迫李香君嫁给漕抚田仰，李香君以死相抗，血溅定情诗扇。后杨龙友将扇面血痕点染成桃花图，这就是贯穿全剧的桃花扇的来历。阮大铖邀马士英在赏心亭赏雪选妓，被李香君趁机痛骂以泄恨，但仍被选入宫中教戏。李香君托苏昆生将桃花扇带给侯方域，侯方域回南京探望，却被阮大铖逮捕入狱。清军渡江，弘光君臣逃亡，侯方域方得出狱，避难栖霞山，在白云庵相遇李香君，在张道士点醒之下，二人双双出家。

经典唱词：

〔离亭宴带歇指煞〕俺曾见金陵玉殿莺啼晓，秦淮水榭花开早，谁知道容易冰消！眼看他起朱楼，眼看他宴宾客，眼看他楼塌了！这青苔碧瓦堆，俺曾睡风流觉，将五十年兴亡看饱。那乌衣巷不姓王，莫愁湖鬼夜哭，凤凰台栖枭鸟。残山梦最真，旧境丢难掉，不信这舆图换稿！诌一套《哀江南》，放悲声唱到老。